はじめに

自分の持ち場で、自分ができる範囲で、自分なりに、社会正義の実現に貢献する。


こうした考え方に私たちを導くのが、本書で紹介する社会正義のキャリア支援です。

この本では、キャリアカウンセリング、キャリア教育、キャリアコンサルティングが、その始まりの時から現在に至るまで、本来、重視していたはずの「社会正義」という価値観に立ち返り、私たちの活動を新たな目で見つめ直す。そうした考え方を紹介します。

この本を手に取った皆さんは、人のキャリアに関わる活動をしながら、あと一歩、力及ばずと感じたことはないでしょうか。

キャリア支援にたずさわる者として、勉強もし、資格も取り、経験も積んできた。目の前のクライエント、若者たち、働く人々に対して、地道に、やれることはやってきた。

しかし、どうも限界がある。

キャリア支援が、個人を対象とするのは当然だ。それは重要なことでもある。

ただ、一人ひとりの支援をしているだけでは、とても乗り越えられない壁がある。

今まで、それを社会の問題、制度の問題、組織の問題だとして、自分の仕事ではないと考えてきた。しかし、本当にそうなのか。

自分がやれることは、眼の前の個人の悩みを解決すること以外にもあるのではないか。自分が持つ知識やスキルや経験は、もっといろいろな方面に活かせるのではないか。キャリア支援に関わる者として、もっとやれること、やるべきことがあるのではないか。

キャリア支援に関わる人は、このような形で、自分の仕事に独特の疑問を持ちます。どうしてこういう疑問を持つのでしょうか。それは、この領域に進んだ人の多くが、自分自身か、あるいは極めて親しい身近な人の職業の問題、キャリアの問題に期せずして遭遇し、その重さと大きさを深く心に刻み込んだ過去がある人だからです。

就職の問題でとても悩んだ。
せっかく入った会社をすぐに辞めてしまった。
会社を辞めた理由がハラスメントだった。
その時、誰も助けてくれなかった。
あるいは、自分はその人を助けられなかった。
家が貧しかった。だから十分に勉強できなかった。
子供が働きだしてすぐ体を壊して辞めてしまった。ニートのようになった。
彼女がひどい働かせられ方をしている。
母親がいつももっと働きたかったと言っていた。
知人が今で言うＬＧＢＴだった。
聴覚障害の人と工夫して働いた。

学習障害の子に勉強を教えるボランティアをしている。
外国人の人とアルバイトに入って大変だった。
バイト先の店長が忙しすぎて死にそうになっている。
実際、隣の店の店長は亡くなったらしい。
知人が夫と別れてシングルマザーとして苦労している。
うつで仕事を休んだ。復帰できなさそうだ。
部下が辞めた。
外国で働いたが日本の働き方との違いが激しい。
派遣で働いてきたが理不尽に辛かった。
生活保護受給者の支援をしていてショックを受けた。
がん患者の就労支援をしている。

これらは、すべて、キャリアカウンセリング、キャリア教育、キャリアコンサルティングに関わるようになった理由を私がたずねた時、いろいろな人が言ってくれたことです。すべて実話です。

そして、その時、キャリア支援に関わる人は、職業やキャリアに関する身近な問題に心を痛めた経験を持っています。その背後に潜む社会全体の問題、いわゆる労働問題や社会問題に関心を持った人でもあります。そういう人がキャリア支援に関わるようになります。

なぜ、そう断言できるのかというと、仮にそうでないのだとしたら、つまり、たんに個人を支援するということに問題関心があったのであれば、キャリア以外のもっと他の領域のカウンセリングや相談その他の支援に関心を持ったはずだからです。

いわゆる普通のカウンセリングの領域というのがあります。多くの人が医療機関や学校などで働いています。そういう道も選び得たはずです。しかし、そうはしなかった。それは、キャリア支援に関心を持った人が、たんに個人の支援だけに関心があったのではなかったからです。

個人を取り巻く、職業の問題、労働の問題、社会の問題に幅広く関心を持ったのです。だからこそ、キャリア支援の領域に足を踏み入れたのです。


しかし、幅広い問題関心を持つことが、あだにもなります。問題関心の幅広さゆえに、自分のキャリア支援に疑問や限界を感じることになるのです。

それは、自分の日々の取り組みを振り返り、反省し、内省すればするほど、そうなります。本来、持っていた社会の問題に対する幅広い関心を、自分の仕事だけでは解決できないという疑問を持つからです。

職業の問題、キャリアの問題は、常に、社会経済の動向、労働市場の動向、雇用情勢などが関連しています。そのため、個人の問題として対応しようとしても、自ずと限界があります。個人の外側に、その原因となる多様な要因が分厚く存在しているからです。

こうして、キャリアカウンセリング、キャリア教育、キャリアコンサルティングに関わる人は、自分の問題意識の広さと自分の仕事の狭さのギャップに悩み、そのギャップを自分の力では埋めることができないという独特の無力感に心を苛まれることになります。

実は、私が、そのように感じたことがあったのです。

私は、かれこれ30年前、大学の卒業論文の頃から、職業やキャリアの問題に関心を持ち研究者としての人生を歩んできました。

学生の頃の私の素朴な問題意識は、どうして、こうまで自分たちは就職に悩むのかというものでした。

私の就職活動の時代は、完全なるバブル就職の時代です。世間では、空前の売り手市場と言われました。企業に説明会やセミナー参加のハガキを出せば、それだけで何社も内定がもらえました。夏前にはいくつも手にした内定から、最終的にどこに就職するかを悩むことも一般的でした。

ですが、やはり大学生は、そういう時代にあっても、就職や進路、自分の将来について悩んだのです。

景気が良くて、応募すれば内定がもらえるのに、なぜ悩むのか。むしろ、それゆえに悩むのか。そもそも人は、どのように職業を選ぶのか、どのように自らのキャリアを形作っていくのか。そこで何を思い、何に悩むのか。それをいかに支援し、どう手助けをしていくのか。

そうしたことに関心を持って大学院に進学しました。当時、そのような名称はまだありませんでしたが、今で言うキャリア心理学を専攻し、この分野で研究活動を始めました。大学院のゼミで洋書を読んだり、大学生の就職活動をテーマに質問紙調査を行ったり、面接調査を行うことに明け暮れました。

就職活動を終えた大学生に面接してインタビューを繰り返すうちに、私はその学生が部屋に入ってくる様子を見ただけで、その学生の就職活動がうまくいったのかどうか、見抜けるようにさえなりました。

院生時代の私の主要なテーマは、パソコンでプログラムを組んで原始的な就職サイトのようなものを作り、そこでの意思決定過程を研究することでした。大学生は就職活動の時に何を考え、何に悩むのか。こうした研究を続ければ、就職に伴う苦しさを軽減する就職支援の方法を見つけられると考えたのです。

おおむね1990年代の前半を大学院生として過ごし、1990年代の後半に今の勤め先に就職し、本格的にキャリア支援の研究に取り組み始めました。

最初に割り当てられた仕事は、労働省編の職業分類改訂の仕事でした。隣のラインで行っていた「職業ハンドブック」や「OHBY」などの職業情報ツールの開発の仕事も手伝いました。個人的には、大学院時代からの研究も続け、博士号の取得に向けて、大学生の就職活動の意思決定過程に関する研究の取りまとめに向かっていました(1)。

しかし、専門的な研究者として歩みをはじめたちょうどその頃、日本経済全体が大きく下り坂を滑り出しました。その加速は速く、もはや誰の目にも、容易には回復しないであろうことが明白になりました。三洋証券が会社更生法の適用を申請し、北海道拓殖銀行は破綻し、山一証券は自主廃業を決定しました。証券や銀行は、私の知人や友人がバブル期に意気揚々と就職していった先です。

さらに2000年代に入って、友人や先輩の勤め先が次々とつぶれたり、合併したり、分裂したりしていきました。2003年は、大卒就職率が55・1%と戦後最低を記録した年です。2000年前後に話題になったフリーターに続いて、ニートが話題になったのも、この年です。

このような世間の厳しい状況を目の前にして、私は、ある時、思ったのです。自分の研究や仕事は、何かとても狭くはないだろうか。就職活動の意思決定過程の研究や、職業情報ツールの仕事も重要であることには違いない。しかし、それだけなのか。自分の仕事は、個人の支援に限定されるものなのか。

私の勤め先には、経済学や社会学、法学など様々な学問領域の研究者が何人もいて、労働の問題、社会の問題、経済の問題に取り組んでいました。私は、所内のフリーター研究のプロジェクト(2)にも参加していたので、そこでいろいろな分野の研究者と接するうちに、自分の研究が個人の話に終始して、ただそれだけで、広い社会経済全体の動向や問題意識とかけ離れたところにあるのではないか。社会は大きく動いているのに、自分はとても狭いところにいるのではないかという疑問を強く抱いたのです。

２００１年に完全失業率は５%を超えて、２００２年には５・４%、２００３年には５・３%と高止まりを続けました。友人や先輩の苦境が伝えられるなか、私は、個人の問題の背後に潜む社会全体の問題に、本来、関心を持っていたことに気づかされました。同時に、そうした社会全体の問題に、自分は徹底的に無力ではないかという根深い疑問を持つに至ったのです。

そうしたなか、ある時、海外から取り寄せた洋書に、少し変わった本を見つけました。「変化する労働市場と成人ガイダンスおよび雇用カウンセリングの役割(3)」という書名でした。その本は、確かに、キャリアカウンセリングの本ではありました。しかし、アメリカ発の普通のキャリアカウンセリングの洋書に書いてあるようなキャリア理論や1対1の相談のことは、ほとんど書いていないのです。

むしろ書いてあるのは、キャリアカウンセリングが、なぜ今、この社会に必要なのかでした。目次を見ても、キャリアカウンセリングの本にもかかわらず、雇用創出、長期失業、社会的排除といった言葉が並びます。そして、変化の激しい労働市場において、カウンセリングがいかなる役割を果たすべきなのかを論じています。

結局、その本が言いたいのは、労働市場の激変に伴って生じる一時的な失業が、長期失業や社会的排除に至らないようにするための対策として、カウンセリングが有効であるということだったのです。そのため、1対1のキャリアカウンセリングの中身というよりは、むしろ、キャリアカウンセリングが社会で果たす役割、機能、システム、制度、体制といった事柄を論じていたのです[4]。

私は、その本の内容に驚きつつ、惹かれていきました。自分が関心を持つキャリアカウンセリング、キャリア教育、キャリアコンサルティングを社会全体の大きな問題を解決する重要な手段として適切に位置づけていると感じたからです。つまり、キャリア支援は、個人に役立つだけでなく、社会全体の役に立ち、貢献しうるということが示されていたからです。

私は、ここに、何かとても新しいキャリア支援の可能性を見た思いがしました。キャリアカウンセリング、キャリア教育、キャリアコンサルティングの射程が一気に広がる思いがしたのです。

後から振り返ると、これが、欧州キャリアガイダンス論の特徴というものでした。

ヨーロッパ系のキャリアガイダンスの文献は、探せばいくらでもありました。そのいずれもがキャリアガイダンスと社会経済との関わりを論じるものでした。

これらの文献には、2000年代を超えたあたりから、頻繁に登場する語句がありました。それが、本書で取り上げる「社会正義」でした。

ヨーロッパ系のキャリアガイダンス研究が、社会経済全体における機能を論じ続けて、たどり着いた1つのゴールが、キャリアガイダンスは、社会全体の多様性や公平性、公正性を重視し、最終的に、社会正義を目指すものであるということだったのです。

同時期、アメリカやイギリス、カナダ、オーストラリアなどの英語圏でも、「社会正義」をキーワードとした論文がどんどん出てきました。こちらは、スーパー亡き後、90年代に盛んになった多文化キャリアカウンセリング論の延長線上に出てきた理論動向です。

さらに、研究を進めていくと、そもそも、アメリカのカウンセリング学会そのもので、「社会正義」に対する問題関心を深めていることが分かりました。こちらは、コミュニティ心理学の研究者が、その論理的・理論的帰結として、社会正義に着目した結果です。

こうして、「社会正義」をキーワードにしたキャリア支援論が、全世界に拡大していることが分かってきました。

では、日本ではどうでしょうか。こうした理論的な動向は、キャリアカウンセリング、キャリア教育、キャリアコンサルティングに関心を持つ人々の間でも、ほとんど知られていません。

そこで、キャリア支援に関わる人たちに、自分たちの実践を考えるにあたって、「社会主義」という視点があることを、ぜひ、お伝えしたいと考えました。

私たちの仕事は、職業やキャリアの問題で思い悩む個人の支援を通じて、社会全体の社会正義の実現に貢献している。私たちが習い覚えた知識やスキルは、社会全体の問題の解決に役立てることができる。

社会正義のキャリア支援論は、そう力強く肯定し、私たちに、前に進む力を与えてくれる。そうしたある種の使命感を帯びた強い意志を、多くの人と共有したいと考えたのです。

この本では、日本でまだ十分に紹介されていない社会正義のキャリア支援を網羅的に取り上げました。

この本で取り上げた社会正義論および関連する研究者の名前は、目次に挙げただけでも14名にのぼります。この14名は、社会正義のキャリア支援をリードする研究者として良く知られています。

また、難しい議論も多い社会正義のキャリア支援の研究を、ですます調で、できるだけ平易に、高校生や大学生が読んでも分かるように解説しました。

その分、説明が簡単すぎて、物足りないと思ったり、簡単なことをくだくだしく言うと感じられるかもしれません。それでも、私は、できるだけ多くの人にお伝えできるように書くことが必要であると思いました。

実は、この本は、これまで各地で行われたキャリアカウンセラーが集まる研修会や研究会、講座やセミナーなどで、何度もお話をさせていただいた内容に基づいています。その際、参加した方の感想は、次のようなものです。

「社会正義の実践の大切さが分かった」

「自分の実践を、社会正義の視点から考え直したいと思った」

「具体的に何をやれば良いか、考えてみたいと思った」

こうした声を受けて、キャリア支援における社会正義の重要性についての説明を充実させつつも、具体的な実践を社会正義の観点から見つめ直せるような記述を厚くしました。

外国の研究は、必ずしも、社会正義のキャリア支援の具体的な実践まで手とり足とり説明することはしません。社会正義のキャリア支援は、分かりやすく簡単な技法に落とし込めるものではないからです。

むしろ、私たち自身のスタンスや価値観を問題にするのが、社会正義のキャリア支援論の特徴でもあります。

ただ、そうは言っても、日本で何かを説明するにあたっては、理論だけではなく、具体的な実践やそのための具体的な方策が求められることも確かです。ですから、何をやれば良いのかについて、できるだけ書き込むようにしました。

その意味では、今現在、キャリア支援の実践現場を持っていない方にも、大きな示唆を与えると思います。

というのも、社会正義のキャリア支援ではいわゆる1対1の相談室における個別相談だけがキャリア支援ではないと考えるからです。

現在、キャリアコンサルタントの資格を持ちながらも、活動の場を持たない人が資格取得者のうち4分の1くらいいます。そうした人も、工夫しだいでは、いろいろな活動をすることができます。

社会正義のキャリア支援は、狭い意味でのキャリアカウンセリングの実践の機会がない方にも有益な視点や、将来の活動の手がかりを与えるものだと思います。

自分の持ち場で、自分ができる範囲で、自分なりに、社会正義の実現に貢献する。

私たちが、この道を志した時から、私たちが本当に関心を持っていた問題に、再び、立ち返ることにしましょう。

注

(1) 下村英雄（２００３）．大学生の就職活動における就職関連情報の探索方略に関する研究　博士（心理学）　平成15年6月　筑波大学（博乙第１９４０号）．

(2) 小杉礼子編（２００２）．自由の代償／フリーター──現在若者の就業意識と行動　日本労働研究機構．

(3) Watt, G. (1996). The role of adult guidance and employment counseling in a changing labour market. European Foundation for the Improvement of Living and Working Conditions, Dublin.　本書で後で取り上げるWattsとは別名の別人です。

(4) それらの議論に関しては、次の拙著もご参照ください。下村英雄（２０１３）．成人キャリア発達とキャリアガイダンス──成人キャリア・コンサルティングの理論的・実践的・政策的基盤　労働政策研究・研修機構．

社会正義のキャリア支援
―個人の支援から個を取り巻く社会に広がる支援へ―

第2章 多文化キャリアカウンセリング論 99

第4章 3つの可能なプラクティス①―深い意味でのカウンセリング―

第5章 3つの可能なプラクティス②　―エンパワメント―

第6章 3つの可能なプラクティス③ ――アドボカシー――

終章 社会正義の実践に向けて 325

序章 社会正義のキャリア支援とは何か

1 社会正義に対する世界的な関心

最も重要なキーワード「社会正義」

これからの時代のキャリア支援を考える時、最も重要なキーワードとなるのが「社会正義（social justice）」です。

「社会正義」は、今、キャリア支援に関わる世界中の人が注目し、自らの実践に取り込もうとしているキーワードです。日本でも、キャリア支援の各領域（企業、学校、公的機関等）で重視すべきであり、個人・組織・社会のどのレベルでも有効なキーワードです。

例えば、世界のキャリア支援が社会正義を重視している一例として、キャリア支援関連の国際学会では社会正義の話題を必ず取り上げます。

2012年IAEVGドイツ大会　大会テーマ
「社会正義、繁栄、持続的な雇用のためのキャリアガイダンス」
2013年NCDAボストン大会　大会テーマ
「希望、社会正義、レガシーを創るキャリア発達」
2015年IAEVG日本大会基調講演テーマ
「文化に配慮したキャリアカウンセリングと社会正義アドボカシー」

国際キャリア教育学会（IAEVG）①と全米キャリア発達学会（NCDA）②は、キャリア支援に関する世界の二大学会ですが、2010年以降、何らかの形で必ず社会正義を取り上げています。また、社会正義という言葉を使わない場合でも、社会正義に関連するテーマを掲げることが多いです。

2016年IAEVGスペイン大会　大会テーマ
「ガイダンスで平等を促進する」
2019年NCDAヒューストン大会　大会テーマ
「壁を破るキャリア支援を作り出す：生活を向上させ、平等を達成する」

現在、世界では、社会正義やそれに類するキーワードを用いてキャリア支援を考えることが多くなっているのです。

では、具体的に、どのような考え方で、どのようなことを行うのが社会正義のキャリア支援なのでしょうか。

社会正義コミュニケ

社会正義のキャリア支援とは何かを示すために、まず、ＩＡＥＶＧの「キャリアガイダンス・キャリアカウンセリングにおける社会正義コミュニケ[3]」を紹介します。コミュニケとはフランス語で「声明文」のことです。キャリア支援の国際学会が、いかに社会正義に関心を持っているかを、世間に向けてはっきりと公表したものです。

コミュニケは、次の書き出しから始まります。

> 社会的な不公平や分断が近年とみに増加しており、経済的・社会的格差は国の中でも国の間でも拡大している。

つまり、社会正義のキャリア支援の出発点は「不公平」と「分断」にあることが分かります。

世界を見渡せば、様々な国で、いろいろな形の不公平、分断、格差が問題となっています。それは、裕福な人と貧しい人、恵まれた人とそうでない人、豊かな人と豊かでない人といった経済的な面での不公平・分断・格差だけではありません。

社会の中の主流・中心・多数派として生まれた人もいれば、そうでない人もいます。社会の中心に近いところで生活してきた人もいれば、そうでない人もいます。

そうした格差は、国の中だけでなく、国と国どうしでもあります。

過去には、ある程度の格差は、自由主義・資本主義の経済社会ではやむを得ないという考え方もありました。しかし、今となっては、さすがに格差が広がりすぎ、問題だとする見方が多くなりました。ですから、社会正義のキャリア支援論とは、まずは人々の不平等や格差、それによって生じる分断に着目する考え方だということになります。

コミュニケでは、さらに次のように述べます。

> これまでにも多くのキャリアガイダンスの実践者たちが社会正義に深く関わり、生徒やクライエントのために（中略）社会正義を訴えてきた。しかし、我々おのおのが社会正義に向けて一定の役割や責任を果たしてきたのだとしても、人々を抑圧し続ける構造的・社会的な障壁については立ち向かっていく必要がある。

従来から、キャリア支援に関わる実践者たちは、進路や職業、キャリアに思い悩む人々を助けてきました。その意味では、もともと社会正義の実践で一定の役割や責任を果たしてきたのです。

しかし、そうだとしても、今なお人々を苦しめる社会の「障壁」があるのだとすれば、それに「立ち向かっていく必要」がある。つまり、私たちの先達が以前からやってきたことではあるが、今後、よりいっそう進めていく必要があると言っているのです。

社会正義のキャリア支援論は本質に立ち返る

このように、社会正義のキャリア支援論は、どちらかと言えば、キャリア支援の「本質」に立ち返ろうという主張です。

普通、どのような分野でも、ある理論やアプローチを紹介する時には「新しい」ことを強調します。キャリア理論の歴史の中でも、キャリアを取り巻く環境が大きく変動した時には、いくつもの「新しい」理論が登場してきました。

それに対して、社会正義のキャリア支援は、必ずしも新しいことを主張するわけではありません。むしろ、本来のキャリア支援に立ち返ろうと主張します。本来、キャリア支援とは何をすることだったのか。問題を抱えて困っている人のキャリアを支援するとは、本来、どういうことだったのか。その根本的な部分に改めて帰ろうという主張です。

ですので、社会正義のキャリア支援論では、キャリア支援の始祖であるフランク・パーソンズの話がよく出てきます。

例えば、NCDAがパーソンズ没後90年を記念して行ったシンポジウムをまとめた論文には、次のような部分があります。

キャリア支援による社会正義への着目は、職業心理学者の創始者パーソンズまで、その起源をさかのぼる。パーソンズは複雑で少し矛盾に満ちた人でもあったが、彼の社会活動の遺産は今日の職業心理学の様々な分野に貢献している。例えば、個人のキャリアカウンセリング、学校の進路指導、特別な事情を抱えた人を対象としたキャリア支援、その他の職業研究などである。明らかに、キャリアカウンセラーや職業研究者は、創始者フランク・パーソンズが始めた社会正義の豊かな伝統を引き継いできた。(4)（67ページ）

社会正義のキャリア支援では、始祖パーソンズが、もともと社会正義の観点から職業・進路・キャリアの支援を始めたことを強調します。

ここには、これまで漠然と意識してきた社会正義を、より自覚的にはっきりと意識して実践を行っていこう。そういう主張が込められています。

「普通とは違う進路」「非主流の集団」「社会の縁辺」

では、社会正義のキャリア支援論が、具体的な対象層として想定するのは、どのような人たちでしょうか。

この点について、ＩＡＥＶＧの社会正義コミュニケは次のように述べます。

キャリアに関する実践家は、普通とは違う進路に進む人、非主流の集団に属している人、社会の縁辺に置かれている人、容易にはガイダンスや支援を受けられない人などに手を差し伸べていくことが求められる。

コミュニケが重視するのは「普通とは違う進路に進む人」「非主流の集団に属している人」「社会の

縁辺に置かれている人」「容易にはガイダンスや支援を受けられない人」です。

現代社会では、経済的・社会的格差がはっきりと生じています。そのため、いわゆる「普通」の進路から外れる人が出てきます。それは、たいていの場合、世間の主流の人ではなく、非主流の人、社会の縁辺（はじっこ）にいる人です。

例えば、日本では、いわゆる「普通」の進路として、「高校を卒業し、大学を卒業して、正社員として就職する」ことを、今も多くの人が思い浮かべます。しかし、前著『キャリア教育の心理学』[5]でも述べたとおり、そういう「普通」の進路を歩む人は、割合としてはむしろ少ないです。

仮に、高校1年生の在籍者数をざっと100万人とした場合、高校・大学を無事卒業し、正社員として就職し3年間勤め上げるのは約20万人に過ぎません。そこに至る前に、高校や大学を中退したり、そもそも大学に行かなかったり（行けなかったり）、就職できなかったり、就職しても数年経たずに退職してしまうということが起きます。

問題なのは、いわゆる「普通」の進路を歩まない人の中には、もともと経済的・社会的な条件に恵まれなかった人が多く含まれるという点です。いろいろな事情から、経済的に余裕のない家庭に育ったり、十分に社会的な支援が受けられなかった人は、いわゆる「普通」から外れていく可能性が高くなります。

ですから、社会正義のキャリア支援論は、経済的・社会的に恵まれずに「普通と違う進路に進む人」を対象者として想定することになります。そうした人々が、十分に恵まれなかった分だけ、十分に支援を提供することになります。

ちなみに、「普通と違う進路に進む人」「非主流の集団に属している人」「社会の縁辺に置かれている人」とは、容易には支援を受けられない人々でもあります。

例えば、22歳のフリーターと22歳の大学生の就職活動を思い浮かべた時、就職のための支援を受けやすいのは大学生の方です。

大学に行けば、充実したキャリアセンターがあります。情報・相談・セミナーのどれをとっても、身近な場所で自分に合った支援サービスを受けられます。大学のキャリアガイダンスサービスは、その大学に在籍している学生向けにカスタマイズしたサービスだというのは、見落としがちな点です。

それに対して、フリーターは、就職の支援を受けたくても、ハローワークやその他の若年就労支援機関に行くしかありません。場所が遠い場合もあれば、本人のニーズと合っていない場合もあります。

同じような例は、高校3年生と高校中退者、正社員と非正社員など様々な組み合わせで示せるでしょう。ひとたび「普通」の進路から外れた場合、支援を受けるハードルはがぜん上がってしまうこととなるのです。

こうしたことをふまえて、ＩＡＥＶＧの社会正義コミュニケは次のように宣言します。

ＩＡＥＶＧは、事業者、実践家、学者、政策担当者に対して、自らの実践を導く中心的な価値として社会正義に取り込むべく努力するように要請する。

キャリア支援に関わる実践家のみならず、事業者＝企業、学者＝研究者、政策担当者＝行政官のいずれもが、社会正義の価値観を持って、それぞれの持ち場で、それぞれができる実践に取り組む必要があるということになります。

2 ＯＥＣＤ、ＩＬＯ、世界銀行の社会正義論

キャリアガイダンスの3つの目標

社会正義のキャリア支援論は、学会だけで議論を行っているわけではありません。ＯＥＣＤ（経済協力開発機構）やＩＬＯ（国際労働機関）、世界銀行（World Bank）などの国際機関でも盛んに論じています。

例えば、２０００年代前半には、ＯＥＣＤやＩＬＯ、世界銀行がキャリアガイダンス[6]に関する報告書を相次いで発行しました。

なかでも、ＯＥＣＤの２００４年の報告書は、後の社会正義のキャリア支援論に大きな影響を与えた報告書です。

その報告書で、キャリアガイダンスの目標は次の3つだとしています[7]。

- ・労働市場（labour market goals）
- ・教育訓練（learning goals）
- ・社会的公正／社会正義（social equity/social justice）

キャリアガイダンスの目標が「労働市場」だというのは、分かりやすい話です。キャリア支援の中

心には職業選択の支援があります。そして、その支援の目的は労働市場のミスマッチの是正です。つまり、人と職業をぴったり当てはめてマッチさせることは、基本中の基本です。

例えば、こちらにトラックの運転ができる人が余っていて、あちらでトラックの運転をする人を求めている場合、適切にキャリアガイダンスを行って人と職業を結びつける。これで労働市場における需要と供給のどちらのニーズも満たされます。労働市場で人が余ったり、働き口が余ったりすることがなくなります。労働市場に無駄がなくなり、誰もが望みが叶う状態になるわけです。

これが、キャリアガイダンスの1つの目標となるのは、分かりやすい話です。

ただ、仮にトラックの運転の経験はないけれども、新たにやってみたいと考える人がいたとします。にもかかわらず、トラックの運転手になるために必要な免許は何か、どこでどう勉強すれば良いのか、免許をとったらどんな風に働けるのかなど、分からないことばかりだったとします。

この場合も、適切にキャリアガイダンスを行って、きちんと情報提供をし、相談に乗ってあげれば、不安が無くなり、やる気も出て、免許取得やその後のスキルアップがうまくできる可能性が高まるでしょう。つまり、キャリアガイダンスは、教育訓練の段階でも当然ながら重要になります。ですから、これもキャリアガイダンスの重要な目標の1つになるでしょう。

これに加えて、3つめの目標として社会正義があると説明します。そして、この「労働市場」「教育訓練」「社会正義」の3つの目標は、OECDだけでなく、ILOも世界銀行も引き継ぎました。国際機関が共有する目標となったのです。

世界銀行の社会正義論

世界銀行の報告書[8]は、キャリアガイダンスの3つめの目標である「社会正義」に多くの記述を割いています。次のように、社会正義とは何をすることかを箇条書きで書いています。

・教育と雇用に関する平等な機会を支援する。
・恵まれない人々や疎外された人々のニーズに対応する。
・マイノリティの社会統合を支援する。
・女性の労働市場参加を支援する。
・労働市場におけるジェンダーセグメンテーションに取り組む。

まず、世界銀行は「教育と雇用に関する平等な機会」を実現することが、社会正義のキャリアガイダンスがなすべきことだとしています。

右で示したとおり、キャリアガイダンスの1つめと2つめの目標は、労働市場と教育訓練のミスマッチの是正でした。ですので、まずは、この2つの領域で平等な機会を提供できるようにすることが重要になります。

ただ、キャリアガイダンスによって人と仕事（教育機会）をうまくマッチングできたとしても、それでかえって、不平等や格差が生まれてしまってはいけません。そこで、3つめの目標として「社会正義」を掲げる必要が生じることになります。

「恵まれない人々」「疎外された人々」という言葉も出てきます。英語では、恵まれない人は「disadvantaged」、疎外された人は「marginalized」です。平等な機会が得られるように支援するにあたって、不利益を被り、周辺に追いやられた人々のニーズに手厚く対応します。

世界銀行は、おもにマイノリティと女性を例として挙げていますが、もちろん、それに限りません。例えば、社会正義のキャリア支援論の対象者には、次の人たちがいます。

移民、難民、外国人、シングルマザー、ＬＧＢＴ、若年者、高齢者、障害者、非正規就労者、公的扶助受給者、低賃金者、失業者、無業者、未就職者、学校中退者、低スキル・低学歴の就労者、受刑者……

これらの人たちは、むしろ「○○でない者」として考えることができます。○○には、ある社会、ある文化、ある環境で、主流で多数を占める集団や人たちが入ります。そして、そこから外れた人、周辺に追いやられた人、端に捨て置かれた人が、社会正義のキャリア支援論で手厚く取り扱う人々となります。

つまり、裕福な家庭に生まれず、資質に恵まれず、高い学歴を持たず、大きな組織に正規就労者として勤めておらず、十分な収入ややりがいのある仕事に恵まれなかった場合、その人には、社会正義の視点からキャリア支援を提供することになるでしょう。

したがって、社会正義のキャリア支援は、ゼロから何かを積み上げてプラスのものを獲得するためのキャリア支援ではなく、むしろ、マイナスの状態を可能な限りゼロに戻すための支援であるという捉え方ができます。
キャリア支援はゼロからプラスに向けた相談とされることも多いですが、それをある程度まで前提としつつも、そこから外れ、こぼれ落ちた人に支援を提供する補完的・補償的な機能を果たすのが、社会正義のキャリア支援だと整理できます。

ＩＬＯの社会正義論

ＩＬＯは「International Labour Organization」の頭文字であり、国際労働機関と訳します。労働条件の改善や職場の安全、平和的な労使関係の推進などを目的とした国連の専門機関です。ＩＬＯの「国際労働機関憲章」の前文1行目から社会正義の言葉が出てくるとおり、もともと社会正義を基盤に活動を行っている機関です。
それはＩＬＯが掲げるミッションの最初の部分にもはっきりと示されています。

国際労働機関（ＩＬＯ）は社会正義と国際的に認知された人権と労働権を促進し、社会正義は普遍的な永続的な平和に不可欠であるという創設の使命を追求することに専念している。[9]

ですので、例えば、ＩＬＯが２００６年に発行したキャリアガイダンスに関する報告書[10]には次の記述があります。

社会的平等と社会的包摂の目標。

疎外された不安定な集団の教育・訓練・雇用への再統合を促進すること。除外された集団を一般的な訓練プログラムや労働市場サービスへと統合（主流化）すること。

「疎外された不安定な集団」とは難しい言い方ですが、多くの人が普通「良い」と思うキャリアから外れた人たちといった意味です。多数派・主流の人たちが「良い」と思うルートを外れると、とたんに仕事も生活も不安定になるのは、私たち日本人も身にしみて分かります。

ＩＬＯは、そうした人々を、再び、教育なり、訓練なり、雇用なりに取り込むこと、それを促進することがキャリアガイダンスでは重要だと述べているわけです。

そして、そのことを、疎外された人々、除外された人々を「主流化（メインストリーミング）」するという用語で言っています。

「社会的平等と社会的包摂」の実現を「主流化」と言い表すのが適切か、少し議論がありそうですが、ここでは素直に、普通一般に「良い」とされるルートに戻す取り組みを、キャリアガイダンスの基本的な目標としていると理解しておくことにしましょう。

さて、ここまで、２０００年代前半にＯＥＣＤ、世界銀行、ＩＬＯが相次いで発刊した報告書を紹介しました。これらの議論は、その後、欧州キャリアガイダンス論では現在に至るまで繰り返し引用されています。

その意味で、キャリアガイダンスの３つの目標（労働市場、教育訓練、社会的公正≒社会正義）は、現在でも、ほぼ定説として受け止められていると言って良いでしょう。

3 社会正義のキャリア支援の様々な機能

貧困、格差を少なくする

ＯＥＣＤやＩＬＯ、世界銀行などの国際機関は、社会正義のキャリア支援を、社会の様々な問題と結びつけて論じています。

まず、ここまで述べてきたとおり、貧困や格差との結びつきを強調します。例えば、先に引用したＯＥＣＤの２００４年の報告書は、欧州キャリアガイダンス論で頻繁に引用されるとても重要な文献です。当然ながら、キャリアガイダンスの目的の１つである社会正義についても、次のように噛み砕いて説明しています。

キャリアガイダンスが社会的平等に貢献することを支持する強い議論がある。多くのキャリアガイダンスの実践は、性別、社会的背景、民族的要因にかかわらず、人が自分の才能を最大限に生かせるように努めている。その際、恵まれていないグループは、より恵まれたグループよりも、教育や労働市場に関する情報に接しにくい可能性が高い。また、恵まれていないグループは、複雑な学習システムへのアクセスに自信がなかったり、未熟であったり、使ったことがなかったりする。彼らは、自分の才能を最大限に引き出す機会を見つけたり、これらの機会にアクセスできるようにするために、より多くの助けを必要とする(11)（32ページ）。

この引用箇所では、冒頭から、キャリアガイダンスが社会的平等に貢献する、そういうことを強く主張しうると言っています。

普通、一般的なキャリアガイダンスは、性別や社会的背景、民族的要因に関係なく、個人個人が自分の才能・資質・能力を最大限に生かせるように考えてあります。

しかし、そうは言っても、いろいろな意味で恵まれた人々とそうでない人々では、教育を受けるにしても働くにしても、有益な情報に接しにくかったり、そもそもどういう情報をどこで入手すれば良いのかが分からなかったりします。

例えば、高校を卒業して、そのまま地元のショッピングモールの洋品店で店員をしていた女性がいたとします。彼女の勤めるお店でも、パソコンを使って入力したり、本部と連絡をしなければならない仕事が増えてきました。そこでパソコンの勉強をしたいと思うようになりました。また彼女は、学校時代には数学が少し得意だったので、パソコンはよく覚えられるだろうし、勉強したら楽しいだろうとも思っています。

ただし、具体的にどうすれば良いのかが分からず、どう調べれば良いのかも分かっていません。身近な友人や知人も似たような子ばかりで、パソコンのことなど、少しも知りません。「学習システムへのアクセスに自信がない」とは、そういう状況です。

ここで、適切なキャリア支援が提供されれば、この女性にとって良い方法が比較的容易に見つかるはずです。得意の数学の資質を生かして十分にパソコンを使いこなすことでしょう。しかし、そのためには、十分な手助けを必要とします。

基本的に「恵まれていないグループ」は、教育や労働市場に関する情報やシステムがあったとしても、それを利用するハードルが高いです。そもそも、そうした情報やシステムの存在を知らない場合もあります。

しかし、何らかの手助けをすることで、その人本来の資質や能力を存分に伸ばし、開花させ、生計を立て、社会に貢献していくことができます。

「自分の才能」が社会的な制約で制限されている場合、その制約を取り払うことで、社会全体としても才能や資質がすみずみまで行き渡ります。こうして、制約されている才能や資質を自然に伸ばせるように支援することが、社会正義のキャリア支援論の根本であると言えるでしょう。

非行や犯罪を防止する

日本ではあまり言いませんが、社会正義のキャリア支援論でよく議論されることとして、キャリア支援に非行や犯罪を防ぐ機能を見て取るということがあります。

これは、開発途上国のキャリア支援に関心を持つ世界銀行やＩＬＯなどで顕著に見られます。ＩＬＯや世界銀行がキャリアガイダンスに関心を持つ理由は、どちらも開発途上国の経済成長のためには人的な開発が不可欠だという問題意識を持っていたからです。

開発途上国では、普通、自分がどのような能力を身につけるべきなのか、そのためにどのような学校に通うべきなのか、また、学校を出たらどこに就職先があるのか、就職するにはどうすれば良いのかといった、本人が自らのキャリアを考えるべき材料がほとんどありません。

そのため、身の回りの狭い範囲での限られた情報源をもとに自分のキャリアを決めてしまいがちになります。

世界銀行は、身近な人の誘いでインフォーマル経済の世界に参入していくことについて次のように述べています。

> 南アフリカでは労働力の30％しかフォーマルセクターで働いていない。チリでは74％である。どちらも残りの大部分はマイクロビジネスまたはサバイバルビジネスに従事している。また、非公式セクターの経済は、先進国では全国の事業収入の約10分の1であるのに比べ、ロシアとトルコでは約3分の1を占めると推定されている[12]（5ページ）。

ここで「インフォーマル経済」とは、国や政府の公式な記録から外れるような法律や契約にしたがっていない経済領域のことです。そして「マイクロビジネスまたはサバイバルビジネス」とは、生計を立てるのに十分ではない零細な家業のことを意味しています。例えば、露天商、行商、ゴミ拾いなどです。

開発途上国では、公的な給付制度が十分に発達していないため、やむをえずフォーマルな経済の外側で収入を得る必要があります。「インフォーマル経済」「マイクロビジネスまたはサバイバルビジネス」が必ずしも犯罪や違法行為と結びつくわけではありませんが、部分的には常に接点を持ちやすいと、世界銀行の報告書は述べます。

結果的に、少年であれば非行に走り、そのまま犯罪へと巻き込まれていく可能性が高まります。

当然ながら、このような職業選択は、本人が本来持つ能力が発揮されず、十分な収入が得られないことも多く、経済的な困窮に結びつくことが多いです。こうして適切なキャリア支援がないということとが、貧困や犯罪が増加し、社会全体の不安定化へとつながっていきます。したがって、こうした適切でない職業選択を防ぎ、本人の進路や職業を少しでも望ましい方向に導く重要な手段としてキャリア支援に注目が集まったということになります。

人々が本来持っている資質や才能を十分に引き上げ、活かす場を提供して、本人が持てる能力や技術を存分に使って、社会や経済を良い方向に進めていくことが人的開発ということの意味となります。日本も、過去に、この人的な開発に何度か成功したからこそ、先進国の一員であり続けているという言い方もできるでしょう。

民主主義的な社会の基盤となる

こうした議論の流れから、先に引用した世界銀行の報告書では、繰り返し、キャリア支援は民主主義的な社会の基盤であると述べます。

①（キャリアガイダンス）サービスは、個人が自分の人生を自由に決定する権利を促進する。したがって、それは民主的な社会の重要な政策手段となる（iページ）。

②（キャリアガイダンスは）「活動的な個人」を強調し促進し、自分の生活を自由に決める個人の権利と政策目標とを調和させる。したがって、これは民主的な社会における主要な政策手段である（1ページ）。

③キャリアガイダンスサービスは、市場ベースの民主社会の価値をはっきり肯定する。その価値とは、透明な機会構造の中で、自分の職業生活に関する意思決定を自由に行う権利である。そ

れによって、個人の目標と社会経済的なニーズは結び付けられる（4ページ）。

英語を訳したものなので難しい言い回しですが、ここでは、人は誰しも、自分の人生を自分で自由に決める権利があると言っています。

これは、当たり前のようですが、とても大事です。普通、人は、この権利が侵害されて、自由でなくなった時、苦痛を感じ、不幸せに思います。逆に、嫌なことがあっても辛いことがあっても、それを自分でコントロールして、自分で続けるかやめるかを決められるならば、そう不幸には感じません。

究極的には、キャリア支援は、この最も大事な権利を保証するための営みだと言えます。キャリア支援は、人生の幸せ、不幸せに直接、関わるような活動をしているのです。

右の引用部分では、もう1つ大事なことを言っています。自由に意思決定をできるということが、民主的な社会を成り立たせる上で重要だということです。

民主的な社会を、ここでは人々が（民が）中心になって、話し合って物事を決める社会だとしましょう。その社会では誰もが自分の考えを自分で自由に決められるということが、とても重要です。

なぜなら、何かを物事を決めるために話し合うのだとしても、人それぞれが自分で自分の考えや意見を決めることができなければ、話し合っても意味がないからです。なぜ話し合うかと言えば、人それぞれ、自分で考えて自分で決めて自分なりの意見を持っているからです。だからこそ、話し合う意味も生まれます。誰かが勝手に考えや意見を決めているのだとすれば、その誰かに聞けばそれで十分ということになります。

例えば、5人で昼食に何を食べるかを相談しているとします。みんなであれを食べよう、これを食べようと話し合うのですが、なかなか決まりません。いろいろ意見があって決まらないので、民主的に、多数決で決めようという話になったとします。

しかし、この5人の中に1人、金持ちがいて、どうしてもカレーを食べたいとします。この金持ちがカレーを食べようとしたら、いろいろな手段があります。いちばん簡単なのは、残り4人のうち2人に、自分がおごるから賛成してくれと持ちかけることです。そうすればカレー派は3人になるので、表面上は多数決という公式の手続きによって、民主的に正式にカレーになります。

結局、金持ちの金の力によって、民主的な手続きであるはずの多数決は歪められ、金持ちの意志が実現します。こうなるのは、金持ちが残り2人におごってやれるほど経済的な格差があり、財力を持ち、豊かだからです。そのため金持ちの意見を止められません。

こうして、経済格差があると、正式な手続きによって、民主主義そのものが破壊され、やがては人々の様々な自由が奪われ、多くの人が隷属状態に置かれることを、問題視しているのです。

自分で考えや自分の意見を持つためには、誰にも考えや意見を強制されたり、歪められたりしないということが重要です。そして、そのためには、自分の人生や生活を自分で自由に決める権利が保障されているということが重要になります。

このように考えると、キャリア支援は、たんに進路選択や仕事探しの手助けをしているだけではなく、私たちが生きる民主的な社会全体を作る手段になっていることが分かります。世界銀行は、そういう意味で、キャリア支援は、民主的な社会でとても重要な政策手段になると言っているのです。

欧州キャリア支援論については、拙著『成人キャリア発達とキャリアガイダンス―成人キャリア・コンサルティングの理論的・実践的・政策的基盤』(13)もご参照ください。

4 日本における社会正義のキャリア支援

「生産性」とキャリア支援

ここまでの話は、おもに国際学会や国際機関の話でした。

それでは、日本のキャリア支援には、どのように結びつくでしょうか。

まず、日本でも、適切にキャリア支援を行わなければ、人は簡単に身近の職業に流れていきます。日本の場合、それが直ちにインフォーマルな経済やビジネスに関わる職業となるわけではありません。しかし、適切なキャリア支援を提供することによって、本人の知識やスキルをより発揮できる職業に就く可能性は高まります。また、その後、本人が持つ職業能力を高める機会を得る可能性も高まります。

それに先立って、学校で勉強したり、訓練機関で訓練を受けることで、より良い形で仕事を探すことができます。その際、適切にキャリア支援を受けることによって、そのために何を勉強したり、訓練すれば良いかについても、何らかのアドバイスやサポートを受けたりすることができます。

このように適切に、労働市場、教育訓練に関わる支援を受けることによって、本人の力を最大限に活かすことができ、その分収入も、多く得られることとなります。結果的に、経済的な困窮はいくらかでも緩和し、貧困や犯罪を防ぎ、社会全体の安定化が果たされ、民主主義を維持することができます。

このような話の流れで、日本でも、労働市場、教育訓練、社会正義の3つをキャリア支援の目的と考える意義があることとなるでしょう。

さらに加えて、日本で重要なのは「生産性」とキャリア支援の関係についてです。

平成30年版労働経済の分析に示されているとおり、日本の労働生産性はOECD主要国であるG7（フランス、米国、英国、ドイツ、日本、イタリア、カナダ）の中でも最低水準です。

これは日本ならではのサービス品質の良さを十分、勘案しても、そういう結果になります。日本生産性本部が日米のサービス品質を調整して比較した結果、1〜2割、日本の労働生産性は引き上げられるものの、やはりアメリカとは大きな開きがあるとしています。

日本の1人あたりのGDPの低さなどに象徴されるように、個々人の力や能力が十分に発揮されていない可能性が、最近はよく指摘されます[14]。

そうした議論の1つの焦点は、日本の生産性を向上させるためには、個々の労働者のスキルや知識を上げることです。

そして、個々の労働者が自らの職業経験を振り返り、どのようなスキルや知識をアップさせれば良いのかを考えさせること、それを支援することは、海外のキャリア支援論ではとても重視します。

つまり、生産性の問題とは、めぐりめぐってキャリア支援の問題とも言えるわけです。

その際、日本人の中で、本来、潜在的な資質や能力を十分にもっているのに、それが活用されていない場合、大きな問題になります。

特に、様々な事情から、いわゆる「良い」とされるキャリアから外れてしまった個人が持つ潜在的な資質や能力を、再度、有効に活用できるようにするために教育・労働・訓練に統合していくことが重要になります。これは一義的には本人のことを考えてのことです。しかし、ここまでの話の流れから、そうすることが日本社会全体の生産性向上にとっても必要だということが分かります。

人口減少下の社会経済の中でこれまでと同じような生活を続けようとするのであれば、様々な社会的・経済的な制約から本来の資質や能力を活かせていない人を、そのまま放置しておくことはできません。本来、一人ひとりが持っている貴重な資質や能力を、本人の側からも社会の側からも存分に活用できるようにすることが大事です。

そして、ここに来て、日本の生産性向上、キャリア支援、社会正義の三者が互いに交わり、交錯することになるのです。日本における社会正義のキャリア支援は、現在の日本社会全体の要請と無関係ではないことは、強調しておきたい論点となります。

「格差問題」とキャリア支援

社会正義のキャリア支援論は、どの論者も共通して格差問題に着目します。

日本でも話題になったピケティの『21世紀の資本』が決定的でしたが、それ以前から、日本でも目に見えて格差が問題となる素地がありました。それは巷で言うように新自由主義的な政策によって生じたという面もあるにはあるのでしょう。ただ、それ以前に、戦争が終わって平和な時代が長く続き、ピケティの言うような意味で資産を蓄えられる人と、そうではない人との間に次第次第に差が開いていった。それが、90年代以降、成長を止めた日本では、顕著に人々の目に見えるようになったということです。

ただ、日本が格差社会であると言われても、ピンと来ない方もいるかもしれません。日本は、昭和の頃、中間層が分厚く格差が少ない国だったのではないか。それが崩れたとは言え、それほど大きな格差なのかと感じる人もいるでしょう。

しかし、日本は、いつしか世界でも有数の格差社会になってしまいました。例えば、相対貧困率（所得再分配後）がアメリカに次いで先進国中2位であること、ジニ係数は所得再分配前後ともにOECDの平均を上回っていることなど、様々な指標が、日本の格差は他の先進国並みかむしろそれ以上であることを示しています。

そのような感じがしないのは、日本の場合、いくつかのグループごとに格差があるからです。男性と女性の賃金格差、大企業と中小企業の賃金格差、正社員と非正社員の賃金格差、都会と地方の賃金格差など、言われれば、思い当たるものが多くあると思います[15]。

こうしたグループ間の格差が激しいため、男性で都会の大企業に正社員として勤めている者どうしでは、大した格差がないように感じますが、そこから少しでも外れると、とたんに収入面で極端に大きな格差がつくことになります。女性で田舎の中小企業に非正社員として勤務している場合、相当に収入が低くなります。これが、シングルマザーのようなひとり親の貧困、さらには子どもの貧困の問題に直結していきます。

こういう性別、企業規模、就業形態、就業地の間にある格差そのものを縮小することは、キャリア支援の専門家とはまた別の専門家の役割であると言えば、それはそうです。根本的には、社会科学系の専門家が考えるべき問題です。

一方で、個別にキャリア支援を丁寧に行うことによって、何もしなければ、日本の様々なサブグループ間の格差に巻き込まれ、直撃を受けるところを、ある程度まで緩和することができます。

その方法を考えていこうというのが、社会正義のキャリア支援ということになります。

「働き方」とキャリア支援

日本の労働問題で、最近の重要トピックは「働き方改革」ということになるでしょう。世間一般には、残業時間の削減やそのための対策に焦点が当たっています。そのため、「働き方改革」は労働時間を短くしようという話だろうと、そう理解している人もいます。もちろん、それも重要な部分ですが、それ以外にも様々な改革が推進されています。

例えば、「雇用形態に関わらない公正な待遇の確保」もその1つです。これは、同じ企業の中にある正規雇用と非正規雇用の間の説明がつかない待遇の差などをなくそうという改正です。具体的には、職務内容やその他の事情を考慮した上で、不合理な待遇差があったり、差別的な取り扱いがあったりする場合にはこれを禁止しようというものです。また、非正規雇用の労働者は、待遇に疑問がある時には説明を求めることができるようになります。さらには、紛争解決の手段まで定められます。

本書の観点からは、まさに社会正義の観点から働き方の改革が行われているものと見ることができるでしょう。

そもそも、働き方改革の目的とは、多様な働き方を選択できる社会を実現することにあります。そのために、長時間労働の是正、多様で柔軟な働き方の実現、雇用形態にかかわらない公正な待遇の確保を実現しようというものです。

本書で、後で何度か出てきますが自ら多様な働き方を自分で選択できるような社会とは、社会正義のキャリア支援論のまさに理想とするような社会です。

ワーク・ライフ・バランスの実現は、社会正義のキャリアカウンセリング論の理想でもあります。

そして、このような多様な働き方をしても、公正に取り扱われるということこそ、社会正義のキャリア支援が、まさに「社会正義」という言葉で言いたいことでもあります。

その意味では、日本で急ピッチで進められている「働き方改革」とは、人々の働き方における社会正義の実現を目指しているとも言えるでしょう。

否応なく、社会正義のキャリア支援と密接に関連します。

むしろ、法律や制度の面で十分な整備がなされた後は、個々の職場や組織の最前線で、一人ひとりの労働者と一緒に、この改革に魂を入れて十分に実効あるものへと実現させていく重要な役割を、キャリアカウンセラー・キャリアコンサルタントは担うと言えるでしょう。

表面上、「働き方改革」とキャリア支援の関連性は見えにくい面もありますが、実際には、社会正義のキャリア支援論はこの方面でも大いに活躍することが期待されると言えるでしょう。

「キャリア権」とキャリア支援

本書で論じる社会正義のキャリア支援の議論と、とてもよく似ていて、かつ日本でよく知られている議論として「キャリア権」があります。

「キャリア権」は、法政大学名誉教授の諏訪康雄先生が提唱したものです。キャリア権に関する主著「雇用政策とキャリア権―キャリア法学への模索[16]」の中でも、最も中心的な論考である「キャリア権の構想をめぐる一試論」では、様々な形でキャリア権が説明されています。

・キャリア権は、労働権を中心において、職業選択の自由と教育（学習）権とを統合した性格の権利である[17]（151ページ）。
・キャリア権は個人の主体性と自由意思を尊重する性格をはっきりと示す。個人の発意により、その能力、適性、意欲をもっとももよく体現できる職業が選択できる可能性を認める[18]（153ページ）。
・キャリア権は職業をめぐる人間の自己実現の権利そのものである[19]（153ページ）。
・人が、職業キャリアを準備し、開始し、展開し、終了する一連の流れを総体的に把握し、これら全体が円滑に進行するように基礎づける権利として、キャリア権の概念（理念）が構想される[20]（168ページ）。

こうした「キャリア権」の提唱の背景の1つとして、日本型雇用慣行の崩壊・変容、それに伴う外部労働市場の機能拡充が指摘されています。つまり、1つの企業に長く勤めるという前提が崩れ、特定の企業での雇用安定・雇用保障が想定できなくなった以上、人々のキャリアをあたかもその人が持つ財産のように考え、そのキャリアの保障を考える必要があります。

そして、そうしたキャリア保障の1つの手段として、諏訪はキャリアカウンセリング、キャリアカウンセラーにも言及しています。

・キャリア権の視点からは、より個々人を重視した組織編成と運用、自発性を要請する自己啓発、各種の資格制度、個人ごとのキャリアという視点に対応したキャリアカウンセリングなどが注目される[21]（159ページ）。

・市場の円滑な機能には、情報の提供、優れた仲介者の育成なども不可欠であり、インターネットを用いた職業情報提供、キャリアカウンセラー、キャリアコンサルタントのような支援専門職などが存在することなしには、労働者個人が適切な判断をすることは期待しがたい[22]（224ページ）。

・従業員のキャリア問題に対処する企業内キャリア・センターや部署をつくり、個人への相談体制を整え、キャリアの視点から社内の諸問題を洗い出す。その結果、未来形のキャリアに不安を感じ、キャリア展望がたたないといって若者が辞めていったり、中堅層がメンタルヘルスに不調をきたしたりしていた現象のかなりの部分が改善されたという報告も聞く。相談担当者に守秘義務のあるキャリア相談で思いのたけを話すだけでも、ずいぶんと明るい表情になって帰っていく社員が少なくない。いわゆるカウンセリング効果である[23]（240ページ）。

人のキャリアを権利としてとらえ、その保障を考えるにあたって、キャリアカウンセリングのような個別支援に着目するのは、社会正義のキャリア支援と類似の理念です。

特に、社会正義のキャリア支援の視点からみて、重要なのは、組織主導のキャリア開発と個人主導のキャリア開発には相反するものがあるとみて、個人の能力開発に対して国や地方公共団体が担うべき責任は高まっているとする指摘です。

企業や組織が行う「共助」、個人が行う「自助」を前提としつつも、国などが行う「公助」と分業・協業して、良いバランスをとりながら、人々の能力開発を行い、それによってキャリア権を保障していく。[24] こうした指摘は、本章で紹介したOECDやILO、世界銀行などによる公共政策としてのキャリアガイダンス≒キャリア支援と極めて類似した考え方です。

他の先進国で「社会正義」のキャリア支援が議論されたちょうど同じ時期に、同じ視点から提出された議論として「キャリア権 Right to a Career」の議論は世界水準のものであると言えます。日本で、社会正義のキャリア支援を考える際には、「キャリア権」の概念を間に入れると、よりスムーズに説明できるでしょう。[25]

「労働の人間化」とキャリア支援

日本のキャリア支援の動向により近いところでは、近年、木村周が強調する「労働の人間化」が、社会正義のキャリア支援と直接、関連しています。[26]

「労働の人間化」は古い概念ですが、おもに一九七〇年代にヨーロッパを中心に広がりを見せた国際的な動向で提唱された言葉です。労働の内容や質をより人間的にしようという運動で、当時の言い方ではME化（マイクロエレクトロニクス化）によって細分化された職務を、より人間的な労働に再編成することなどを議論していました。

この時、労働の内容は次のような要件を備えなければならないとされました。

①【変化】労働の内容に手応えがあること。単に忍耐を要するというだけでなく、適当な変化があること。

②【学習】仕事から学ぶことがあること。継続的に妥当な量の学習があること。

③【自立性】自分で判断する余地があること。自分の責任で決められること。

④【他人との協力関係】人間的なつながりがあること。同じ職場の人々が互いに他人を認め合う関係にあること。

⑤【社会的意義】仕事に社会的意義があること。自分の労働と社会をつなげて考えられること。

⑥【成長】将来にとってプラスになること。何らかの意味で良き将来につながること。

木村は、この「労働の人間化」という概念を援用して、これからのキャリアコンサルティングやキャリア支援の中心に据えます。

特に、木村は、キャリア支援者は官民を超えた「公」の視点を自覚しなければならないと述べます。その際、右に示した「変化」「学習」「自律性」「他人との協力関係」「社会的意義」「成長」の6つの側面から、個人と組織に対して「人生いかに生きるかを支援する人」がキャリアコンサルタントであると述べます。

キャリアコンサルティングを考える際にこうしたことを、私たちは基本的な価値観として考えていかなければならないということを強調しているのです。

「労働の人間化」の考え方は、現在の日本の職場環境、キャリア環境をより良いものにするためには不可欠のものです。日本における社会正義のキャリア支援は、直接的には、この「労働の人間化」の根底にある価値観と結びついていると言えるでしょう。

5 キャリア支援の用語の定義

ここで本書の用語について説明します。

日本では、キャリア支援、キャリアカウンセリング、キャリア教育、キャリアコンサルティング、キャリアガイダンス、キャリアデザインなど、キャリアに関する支援を指し示す言葉がたくさんあります。

そして、この用語をめぐって、その定義は何か、概念どうしの違いは何かをはっきりさせようとする議論を行う場合があります。

この点について、本書では、総じて、これらの用語や定義、概念の違いに関する議論には立ち入りません。

本書では、総じて「キャリアカウンセリング」「キャリア教育」「キャリアコンサルティング」「キャリアガイダンス」などの用語をすべて含めて、「キャリア支援」と表記します。

確かに、本書でも、「キャリアカウンセリング」はキャリア支援の中でも1対1の個別相談、「キャリア教育」は学校などでより集合的な形で実施するキャリア支援、「キャリアコンサルティング」はキャリア支援を示す日本の労働行政における名称、「キャリアガイダンス」はキャリア支援の英訳であるなど、これらの概念に一応の区別をつけることはできます。

しかしながら、本書では、これら「キャリア」が頭につく用語群を相互に交換可能な用語として取り扱います。つまり、どれも、だいたい同じような意味の用語として取り扱います。

いずれも人のキャリアを支援する取り組みであるという点は共通点が多く、用語の意味の違いを細かく論じ立てることに積極的・建設的な意味が乏しいからです。

もっとも、概してOECDなどのヨーロッパの国際機関では、キャリアカウンセリングやその他のキャリア支援を含めた全体を「キャリアガイダンス」と呼ぶことが多いです。

一方、アメリカの心理学関係の文献では、おおよそどのようなキャリア支援の取り組みも「キャリアカウンセリング」という言葉で呼ぶことが多いです。

ただ、基本的に、海外のキャリア支援に関する研究では、用語、定義、概念については無頓着で、その違いをあまり厳密には区別して議論しないということがあります。総じて、人のキャリアを支援するという意味では、おおまかに同じ意味であると捉えることが多いのです。

その特徴が最も良く現れるのは、ここまで何度か引用したOECDの2004年の報告書の定義です。キャリアガイダンスは次のように定義されています。

> キャリアガイダンスは、人の生涯にわたるあらゆる年代およびあらゆる時点で、教育・訓練・職業の選択をすること、およびキャリアを管理することを支援することを目的としたサービスである[27]（19ページ）。

この定義のあと、自分の興味や関心、資格や能力を振り返ること、労働市場や教育制度を理解すること、職業を考えたり選択する方法を教えることなど、およそ日本で考えうるキャリア支援はすべて含めます。

そして、1対1で相談に乗るいわゆるカウンセリングを中核としながらも、グループワーク、情報提供、研修、職業体験から電話相談に至るあらゆる媒体、学校から大学、ハローワークから企業、地域に至るあらゆる機関が提供するキャリア支援をすべて含むと述べます。

その上で、どのような時に、どのような場所で、誰が、誰にどのような内容のキャリア支援サービスを提供するのが有益・有効なのかを論じます。

キャリア支援の利用者に合った内容のサービスを、利用者が利用しやすい時に、利用しやすい場所で、利用しやすいように提供していこうという議論を行うのです。

そして、このような議論の進め方に、既にして、社会正義のキャリア支援論の特徴が含まれていることになります。

OECDのキャリアガイダンスの定義には、「人の生涯にわたるあらゆる年代およびあらゆる時点」でキャリア支援を提供しようとする明確な意図があります。社会正義の観点から、すべての人に等しくキャリア支援を提供することを表明したものです。

キャリア支援の用語の区別を議論するよりは、そこはざっくりキャリア支援とまとめておいて、そのうえで実際にあらゆる年代のあらゆるどういう支援をどう提供すべきかの議論の方をずっと大事だと考えるのです。

なお、このOECDのキャリアガイダンスの定義が発表されてから既に10年以上が経過しています。しかし、欧州キャリアガイダンスの論者は、基本的には、この定義を踏襲し、この定義にそった形で議論を行っています。

したがって、欧州キャリアガイダンス論は、原則的に、社会正義の観点を重視し続けていると言えるでしょう。

注

(1) IAEVG：International Association for Educational and Vocational Guidance

(2) NCDA：National Career Development Association

(3) IAEVG Communiqué on Social Justice in Educational and Career Guidance and Counselling (https://iaevg.com/_pdf/Communique-Social-Justice-_sept13.doc)

(4) O'Brien, K. M. (2001). The legacy of Parsons: Career counselors and vocational psychologists as agents of social change. The Career Development Quarterly, 50, 56-76.

(5) 下村英雄（２００９）．キャリア教育の心理学　東海教育研究所．

(6) 概してＯＥＣＤなどのヨーロッパの国際機関では、キャリアカウンセリングやその他のキャリア支援を含めた全体を「キャリアガイダンス」と呼ぶことが多いです。一方、アメリカの心理学関係の文献では、およそどのようなキャリア支援の取り組みも「キャリアカウンセリグ」と呼ぶことが多いです。ここではＯＥＣＤやＩＬＯなどのヨーロッパの行政官や研究者が中心の報告書に関する話なので「キャリアガイダンス」と表記します。なお、この点については、本章末尾「5　キャリア支援の用語の定義」も参照してください。

(7) OECD (2004). Career guidance and public policy: Bridging the gap. Paris: OECD. p.18

(8) World Bank (2004). Public policies for career development: Case studies and emerging issues for designing career information and guidance systems in developing and transition economies. Washington, DC: World Bank.

(9) ＩＬＯホームページより　https://www.ilo.org/global/lang-en/index.htm

(10) ILO (2006). Career guidance: A resource handbook for low-and middle- income countries. Genova, ILO.

(11) OECD (2004). op. cit.
(12) World Bank (2004). op. cit.
(13) 下村英雄（2013）．成人キャリア発達とキャリアガイダンス―成人キャリア・コンサルティングの理論的・実践的・政策的基盤　労働政策研究・研修機構．
(14) デービッド・アトキンソン（2018）．新・生産性立国論　東洋経済新報社．
(15) その他、日本で格差が大きくなる理由として、高齢化がどの国よりも激しく、かつ一般的に高齢者は所得格差・資産格差が大きいため全体としてみれば格差が開くこと、単身世帯が増えた結果、所得の低い世帯が増えたことなども、よく指摘されます。
(16) 諏訪康雄（2017）．雇用政策とキャリア権―キャリア法学への模索　弘文堂．
(17)～(23) Ibid.
(24) Ibid. p.205.
(25) さらにキャリア権に関心がある方は、「NPO法人キャリア権推進ネットワーク」がイベント開催、メールマガジン発行等の積極的な活動を行っていますので、HPをご覧ください。http://www.career-ken.org/
(26) 木村周（2018）．キャリアコンサルティング　理論と実際5訂版―カウンセリング、ガイダンス、コンサルティングの一体化を目指して　雇用問題研究会．
(27) OECD (2004). op. cit.

第1章
欧州キャリアガイダンス論

1 欧州キャリアガイダンス論のパイオニア―ワッツ

社会正義のキャリア支援の3つの源泉

社会正義のキャリア支援論は、誰か一人の論者が言ったものではありません。分かりやすく、誰々の何とか理論というものではないのです。

現在の社会状況や経済状況を受けて、同時多発的に出てきた論調を総称したものが社会正義論だと言えるでしょう。

ですので、本書に出てくる外国のキャリア研究者・理論家・実践家が活動している国も、極めて多様です。思いつく限りを挙げても、イギリス、ドイツ、フランス、デンマーク、スペイン、マルタ、ニュージーランド、オーストラリア、南アフリカ、インド、インドネシア、アメリカ、カナダなどです。実に、様々な国で社会正義のキャリア支援を論じているのが分かります。

ただ、これら同時多発的に出てきた様々な社会正義論も、大まかに集約すれば、いくつかの流れにまとめることができます。

本書では、それを、(1)欧州キャリアガイダンス論（第1章）、(2)多文化キャリアカウンセリング論（第2章）、(3)社会正義のカウンセリング論（第3章）の3つの系統に整理して説明していきたいと思います。

欧州キャリアガイダンス論の始祖ワッツ

一口に欧州キャリアガイダンス論[1]と言っても、イギリス、ドイツ、フランス、南欧では、少しニュアンスに違いがあります。

ただし、それらすべての国に共通するパイオニアとなるキャリア研究者がいます。

それが、前章でも出てきたイギリスのトニー・ワッツです。

国際機関がキャリアガイダンスを公共政策の枠組みで考える背景には、ワッツがいます。欧州キャリアガイダンス論を1から作り上げたのがワッツだと言っても過言ではありません。欧州キャリアガイダンス論の大家であり、第一人者です。

ちょうど、アメリカのキャリアカウンセリング論の大家であるスーパーと対応するのが、欧州キャリアガイダンス論のワッツです。ワッツの考え方に影響を受けた欧州キャリアガイダンスの研究者を「ワッツィアン（Wattsian）」と呼ぶこともあります。そのくらい、ワッツに影響を受けたキャリアガイダンスの研究者が多いということです。

ワッツの業績を一言でまとめれば、従来、個人に焦点を当てた心理学的な領域であったキャリアガイダンスの領域を、より広く、社会、経済、教育を含めた政策科学的な領域に拡大したことです。

特に、ワッツは、「社会経済の中でのキャリアガイダンス」という研究課題を常に持ち続けました。そして、ワッツの研究が発展するにつれて、EUやOECD、世界銀行などの国際機関がワッツをアドバイザーとして迎え、政策提言を求めました。

ワッツもそれに答えて、キャリアガイダンスの理論的なバックボーンを用意し、報告書を執筆し、政策的なアジェンダを設定していきました。

こうして、ワッツは、キャリアガイダンス研究を、世界的な広がりを持つ政策的な研究領域に拡大することに成功したのです。

従来、キャリアガイダンスの領域は、キャリアの問題を抱える個人に、どのように自己理解を促し、そのためにどんな検査やテストを実施し、それをどう解釈するのか、どのような職業情報をどんな媒体で提供するのか、啓発的経験として、どのように職業体験やインターンシップの機会を与えるのかなど、具体的に何をするのかを議論してきました。

もちろん、それらは現在も重要で、キャリアガイダンスを論ずる際に不可欠のことです。しかし、それだけでなく、広く、社会・経済とキャリア支援の関わりを論じる必要があります。目下、どのような社会状況にあり、経済状況にあるのか。そのために必要となるキャリア支援はどういうものか。誰を対象にどのような媒体でどのようなキャリアガイダンスを提供するのか。こうしたキャリアガイダンスを取り巻く周囲の環境の問題もあわせて論じる必要があるわけです。

ワッツは、この道を切り開いた研究者だったのです。

「個人の問題」よりも「社会の問題」が大きい時代

ワッツは現在では「個人の問題」と「社会の問題」の大きさが違っていると述べます。従来と現在の時代背景の違いは次のように整理できます。[2]

従来：個人の問題∨社会の問題→個人にフォーカスしたキャリア支援
現在：個人の問題∧社会の問題→社会にフォーカスしたキャリア支援

個人の問題が社会の問題より大きかった時代とは、比較的、社会が安定していた時代と言えるでしょう。そのため、社会の中でいかに個人がうまく生きていくか、どのように自分を活かして、自己を実現していくかが重要なテーマでした。

こういう時代に必要だった支援は、個人を対象とした支援、言い換えれば個人にフォーカスした支援でした。

そして、そのための典型的な支援が、1対1の個別相談であり、キャリアカウンセリングでした。

しかし、現在では、個人にフォーカスして個人の悩みだけを解消・解決しようとするのでは不十分になりました。

クライエントの問題が、必ずしも個人の問題の範囲に収まらなくなってきたからです。

例えば、大学進学に関するキャリアカウンセリングで、クライエントが自分の将来やりたいことが分からない、どのような勉強をしたら良いか分からないという悩みを持っていたとします。

この場合、クライエントの悩みは、従来型の個人にフォーカスしたキャリア支援で解決できる可能性が高いでしょう。各種のアセスメントを行い、そこで得られた職業興味なり、進路適性なりを手がかりとして、相談支援を進めていくことができます。

しかし、このクライエントの問題が、実は家計が貧しく、そのため大学に通うことができない、特に私立大学などの高い授業料の学校に通えないということである場合には話が違ってきます。

職業興味や進路適性の話もさることながら、大学に通うためのお金をどうするかを一緒に考える必要があります。奨学金の話をしたり、一度働いてからお金を貯めて大学に通ったり、働きながら大学に通ったりといった方策を考える、授業料があまりかからない学校を探すなど、相談の方向は違ってきます。

そして、個人にフォーカスしたキャリア支援より、社会にフォーカスしたキャリア支援のほうが難しく、かつ、数も増えてきていることが、現場のキャリアカウンセラーに多く感じられるようになっているのです。

こうして、現代という時代にあわせて、社会にフォーカスしたキャリア支援が求められるようになったとワッツは考えます。その求めに応じて出てきたのが、社会正義のキャリア支援論になります。

キャリアガイダンスの4つのイデオロギー

ワッツの議論の中でも、多くの論文に頻繁に引用されるのが「キャリアガイダンスの4つのイデオロギー」の図式です。[3]

これは、キャリアガイダンスと社会との関わりを、その時々の社会的・経済的な動向と対応づけて整理したものです。そして、キャリアガイダンスの根底に流れるイデオロギーには4つのタイプがあることを主張します。

この図式は、キャリアガイダンスのイデオロギーを「社会に焦点がある―個人に焦点がある」×「変革を目指す―現状維持を目指す」の軸で4つに分けます。**図表1-1**をご覧ください。

歴史的に最も古いのは、左下の「コンサバティブ（社会統制）」です。社会に焦点がある現状維持のアプローチになります。コンサバティブは日本語では「保守的」という意味ですが、これをワッツは「社会統制」という言葉に言い換えています。

このタイプのキャリアガイダンスは、社会のニーズを満たすために、人を適職にはめ込んでいくアプローチです。いわゆる適材適所論です。キャリアガイダンスの焦点はあくまで社会にありますが、目下の社会のニーズを満たすために人材を職業に当てはめていく点で、現状維持的なアプローチです。

そのためコンサバティブ＝保守的であり、社会を管理（コントロール）するための社会統制的な考え方です。キャリアカウンセラーになじみのある言い方では、いわゆるマッチング理論がここに該当します。

	社会に焦点	個人に焦点
変革	ラディカル （社会変革）	プログレッシブ （個人的変化）
現状維持	コンサバティブ （社会統制）	リベラル （非指示的）

図表1-1　キャリアガイダンスの4つのイデオロギー

次が右下の「リベラル（非指示的）」です。コンサバティブの考え方は過度な適材適所論にとらわれ、個人よりはむしろ社会を重視する考え方でした。

それに対して、リベラルでは個人の自由を認め、人が自分の可能性を追求する手助けをすべきだと考えます。人は指示をし、統制しなくとも、自分で自分の可能性を伸ばす職業やキャリアを考える。だから、ロジャース的な意味で非指示的なアプローチのキャリアガイダンスが望ましい。このように考えます。

これが1950年代の自己実現論をベースとしたキャリアガイダンス論であることは明白です。個人の自由を尊重する点でリベラルであり、本人の可能性を信じる点で非指示的です。私たちになじみのあるキャリア理論ではキャリア発達理論がここに該当します。

その次が右上の「プログレッシブ（個人的変化）」です。コンサバティブ、リベラルの次の時代のキャリアガイダンスのアプローチになります。

個人に焦点を当てる点で、その前の時代のリベラルと似ていますが、個人の変革はどこまでも可能だと考える点で異なります。リベラルは現状のままの自分に大きな可能性があり、それを非指示的に支援すれば、素直に伸ばせると考えます。

その点、プログレッシブは、現状に飽き足らず、どこまでも個人の能力を高めようとする考え方です。良い学校に進学するために努力をする。良い就職先に就職するために能力を高める。就活を頑張る。出世のために努力する。どんどん自己を高める。

個人の能力をどこまでも高めようという考え方がプログレッシブ（進歩的）です。いわゆる自己啓発本やそこで展開されるキャリア論として、現在でも優勢な考え方です。

ただ、この考え方こそが、新自由主義的で自己責任論だと批判されやすくもあります。

ラディカル・キャリアガイダンス

コンサバティブ、リベラル、プログレッシブの３つのイデオロギーに対して、ワッツが重視したのが左上「ラディカル（社会変革）」です。

現状維持ではなく変化を求める点でプログレッシブに似ていますが、変化の対象が個人ではなく社会である点が違います。

つまり、個人を対象とするのではなく社会に働きかけ、社会をより良いものにすることで、問題を解決しようとする考え方です。

貧しくて進学できない生徒に、一生懸命に努力して高成績をとり、優秀な学生向けの奨学金を獲得しようと頑張らせることがプログレッシブな考え方です。

一方、貧しい学生の授業料の免除やより容易な条件で獲得できる奨学金の整備を働きかける等の考え方が、ラディカルになります。

また、もう１つの意味として、キャリアガイダンスを適切に行うことが、それ自体、社会をより良くする重要な手段になるという発想もあります。先述したとおり、キャリアガイダンスによって、失業や貧困、格差や不平等、非行や犯罪を防ぐことができます。キャリアガイダンスには社会をより良いものへと変革する機能があるというわけです。

ワッツのキャリアガイダンスの４つのイデオロギー説が提起されたのは、比較的古く、初出は１９７６年です[4]。同じ頃、日本にも紹介されています。

しかし、この4つのイデオロギーは、発表当初はあまり注目されませんでした。このワッツの考え方が、多くのキャリアガイダンスの研究者に本格的に受け止められるようになったのは、社会正義のキャリア支援論が盛り上がりを見せ始めた2000年以降です。

その頃、ようやく、ワッツの示した図式に世の中が追いついたのです。

キャリアに問題を抱えたクライエントをラディカルな社会変革という視点から支援すること、他方、そうしたキャリアガイダンスの実践そのものが、少しずつ社会を変革していくという側面を持っていること、この2つの発想が30年の時を経て、社会正義のキャリア支援論の根幹をなす理論背景となりました。

現在でも、欧州のキャリアガイダンスの研究者は、ワッツに頻繁に言及し、引用します。社会正義のキャリア支援の大いなる源流の1つです。

公共財としてのキャリアガイダンス

ワッツは、前項で紹介した4つのイデオロギーのみならず、常に、社会正義のキャリア支援論の端緒となる議論をリードし続けました。

例えば、次の引用はワッツの1999年の論文からですが、既に社会正義論の大まかな輪郭が論じられています。

> キャリアガイダンスは私的な財産ではなく、公共財でもある。キャリアガイダンスは教育からのドロップアウトや、労働市場のミスマッチを減らすからである。

例えば、キャリアガイダンスは、教育・訓練の提供者にも利益をもたらし、学習者をニーズにあったプログラムに結びつけることで、その有効性を高める。さらには、雇用主が求める資質とモチベーションの高い従業員を提供することで、雇用主にも利益をもたらす。

そして、政府に対しては2つの意味で利益をもたらす。1つは、人的リソースの配分と活用を効率化することによって。もう1つは、教育の機会、職業の機会へのアクセスの社会的な公正を進めることによって[5]（5ページ）。


ワッツは社会正義（social justice）ではなく、社会的公正（social equity）という言い方を好みます。

右の引用部分では、キャリアガイダンスが教育機会や就職機会を平等にするということを指摘しています。自分で機会を見つけてやれる人には自分でやってもらい、自分ではうまく機会を見つけられない人には、適切にキャリアガイダンスを提供する。そのことによって少しずつ、機会を平等に近づけることができます。

その意味で、ワッツが常に口にしたのが、キャリアガイダンスはたんに特定の個人の支援を行うためのものではなく、誰もが利用でき、みんなの役に立つ社会全体の公共財だということでした。また、そうしたものとして考えて、正しく整備すべきだと主張しました。

そのため、ワッツ以降は、キャリアガイダンスを、国なり、社会なり、組織なり、一定のシステム全体を援助するものとして考える傾向が強まります。

つまり、キャリアガイダンスを、まずは個人の支援を行い、そのことで最終的には国全体、社会全体に役立つと考えるのではなく、まずもって国全体、社会全体に役立つ公共政策・社会政策の問題として考えるという視点が切り開かれていきます。

ワッツは、さらに次のように述べます。

キャリアガイダンスはソフトな政策手段である。しかし、これからの新しい世紀では、過去のマッチョ（男らしい）な手段よりは、むしろソフトな手段の方がより効果的になる（5ページ）[6]。

マッチョな政策手段とは、規制や規則の導入、補助金や助成金の提供、課税などのハードな政策手段を言っています。しかし、これからの時代は、むしろ、キャリアガイダンスのようなソフトな政策手段が効果的であると言っているのです。

2 社会正義論の代表的な論者―サルタナ

解放的キャリアガイダンス

ワッツの考え方を引き継いで、発展させ、突き詰めたのが、ロナルド・サルタナです。

サルタナは、もともとワッツとともに、ＯＥＣＤなどの国際機関でキャリアガイダンスに関する報告書を書いていた研究者です。ワッツの共同研究者でした。地中海に浮かぶ島国にあるマルタ大学の教育学、社会学の研究者です。

サルタナ、さらには次節以降で紹介するアービング、フーリーは、おおむね類似の主張をする研究者たちです。ヨーロッパの社会正義のキャリアガイダンス論の本丸と言えます。

その主張を一言で言えば、心理主義、自己責任論、新自由主義を批判する立場からキャリアガイダンスを論じるというものです。

例えば、サルタナは「解放的キャリアガイダンス」という用語を提示しています。(7)

この用語は、著名な社会学者ハーバーマスの著作『認識と関心』にある「技術的関心」「解釈学的関心」「解放的関心」の3つの用語から来ています。

サルタナは、この3つの用語に対応するキャリアガイダンスを論じます。

まず、技術的関心に基づくキャリアガイダンスとは、マッチング理論的なガイダンスであり、それをテストや検査、情報技術によって実現させようとする点で「技術的関心」に基づくキャリアガイダンスと呼んでいます。

次に、解釈学的関心に基づくキャリアガイダンスとは、個人の成長や発達、自己実現に重きを置くタイプのキャリアガイダンスです。キャリア発達理論的な考え方であり、自己理解を求め、自分の能力や希望に気づき、最大限に花開かせようとします。

これらに対して、サルタナは、解放的関心に基づくキャリアガイダンスを重視します。

サルタナは、キャリアガイダンスの研究者として、技術的な関心に基づくキャリアガイダンスも、解釈学的関心に基づくキャリアガイダンスも全否定はしません。

ただ、それだけで良いのかと警鐘を鳴らします。むしろ、そうした状況から人々を解き放つ役割も、キャリアガイダンスは担うべきなのではないかと言うわけです。

特に、サルタナは、有名な哲学者フーコーから「責任化」という言葉を好んで引用します。これは、おおむね、日本で言う「自己責任論」と同じ議論です。

これからの時代は、自分で自分のキャリアに責任を持たなければならない時代だと人々に信じ込ませ、実際に個人が自分で考えなければ長く働いていけない制度に作り変え、厳しく、個人の自己責任を求めていきます。サルタナは次のように言っています。

例えば、「キャリア・マネジメント・スキル」を強調することは、容易に「責任化」の術中に陥ることになる。個人が職を得られないのは、多くの人が失業せざるを得ないような経済の舵取りの失敗のせいではなく、本人が一生懸命勉強しなかったり、訓練を受けなかったせいにされる。職探しのスキルを身につけなかったり、うまく履歴書を書けなかったり、面接で自分を雇うべきだと自分自身を演出できなかったせいにされる。(8)

ここで「キャリア・マネジメント・スキル」とは、ヨーロッパのキャリアガイダンス論でよく使う用語で、自分で自分のキャリアを作り上げるスキルくらいの意味です。日本の「キャリア自律」とほぼ同じようなニュアンスの言葉です。

違うところがあるとすれば、キャリア・マネジメント（＝自律）を欧州キャリアガイダンス論ではスキルと捉えており、自律のような漠然とした概念として捉えていないという点です。スキルである以上、学ぶことも教えることもでき、したがって習得することができ、そのスキルを活用することもできるという考え方が生まれてきます。

ただし、これをあまりに強調すると、結局、仕事に就けていないのは、その人のキャリア・マネジメント・スキルが低いからだという話になってしまいます。

人が仕事に就いていない理由は、全面的に本人のせいにされてしまい、その人が一生懸命勉強しなかったり、訓練を受けなかったり、履歴書がうまく書けなかったりしたせいだとされてしまう。本人に責任があるとされてしまうわけです。

そこで、むしろ、仕事やキャリアの問題で苦境に陥っている人を解放する方向性を持ったキャリアガイダンスを考える必要があると、サルタナは主張します。

「自己責任論」をふまえたキャリアガイダンス

サルタナが言っているのは、日本で言ういわゆる「自己責任論」なのですが、日本の自己責任論とも少し違います。

日本ではここからキャリア支援全般を、自己責任化を促す個人主義的、心理主義的、新自由主義的な取り組みであるとして、全面的に批判・否定していく論調が多いです。

それに対して、サルタナは、この問題にキャリア支援の枠内で対応しようとします。むしろ、キャリア支援の枠内でこそ対応しなければならないという使命感があります。

なぜ、キャリア支援で解放的な関心を実現する必要があるのでしょうか。

それには、キャリア支援に対して常に言われてきた根強い批判が関係しています。

これは社会科学系の研究者が言うことが多いですが、キャリア支援はその場しのぎの「弥縫《びほう》策」に過ぎないという批判があります。「弥縫」という言葉は、縫い合わせるという意味であり、物事を根本的に解決せず、破れたところをとりあえず縫い合わせて一時的にしのぐ、といったくらいの意味です。

背景にある大きな社会全体の問題を無視して、社会問題を根底から解決しようとせず、目の前の対策でしのごうとするという趣旨で批判する時に使う言葉です。

この点については、キャリアガイダンスに関するEUの公的な報告書も触れています。

ガイダンスとは、自分が招いたのではない状況に個人が「対処」するのを助けるせいぜい苦痛緩和剤に過ぎず、最悪の場合には、無意識のうちに既得権と結託して、人生でチャンスに恵まれないことに対する非難の矛先を経済から個人に移すサービスである。(9)

本来、個人のキャリアの問題は、もっと根本的な社会問題として解決していくべきなのに、たんに「苦痛緩和剤」を与えて「対処」させるものに過ぎない。本当は、社会全体の問題として「経済」全体の問題として考えるべきなのに、個人の問題に矮小化している。

キャリア教育やキャリアカウンセリングと自己責任論を単純に結びつけて、その全体を否定する論調は、日本でもよく見られるものです。

しかしながら、おおよそ、こうした批判に対するリアクションや反応として、社会正義のキャリア支援論は生じてきた面があるのです。

キャリアガイダンス批判に対する再批判

サルタナの社会正義論の特徴は、その批判の矛先が、キャリアガイダンスを痛烈に批判し、社会全体の問題のみを重視する、いわゆる「左派」の論者にも向かう点です。キャリアガイダンスを安易に批判する議論に対して、再批判を行いながら、サルタナは次のように言います。

> 私は、私自身も含めた左派の学者たちによる安直な批判やガイダンス・バッシングにいささか飽きている。そこでは、プレゼンスキルや面接の椅子の座り方、魅力的な履歴書の書き方などを若者に教えるといった形で失業問題に取り組むキャリアガイダンスの実践家を、象牙の塔の高みから好き放題に小馬鹿にする傾向がある[10]（8ページ）。

確かに失業問題は社会全体の大きな問題であり、それ自体、解決すべき問題であることには違いありません。しかし、サルタナは、ではプレゼンスキル、椅子の座り方、履歴書の書き方を教えることは、まったく失業問題に貢献していないのかと問います。

少なくとも、自らの職業の問題に悩む目の前の人間に何らかの支援を提供することが、それほど批判に値することなのかと問題提起するのです。

サルタナは次のようにも言います。

> 1対1の相互作用のレベルで、やれることをやっているキャリアガイダンスの実践家を嘲笑す

るのは、戦地でけが人の手当てをする救急隊員を、戦争を止めることに反対しないと批判するのと同じくらい、無礼でひねくれている[11]（8ページ）。

日本国内におけるキャリア支援は弥縫策に過ぎないという批判に対しても、同じように言うことができるでしょう。なぜ、「けが人の手当てをする」ことと「戦争をやめる」ことが両立しないと考えるのか。

公的な予算のような限られたリソースをどう振り分けるかを考えるために優先順位の議論が必要なのだと考えたとしても、マクロなレベルで「戦争をやめる」ことと、ミクロなレベルで「けが人の手当をする」ことは、双方あわせて、考えて初めて功を奏するというものです。

また、仮に「戦争をやめる」方が優先順位が高いと考えるのだとしても、その大義のために、目の前のけが人を放置して、すべてのリソースを「戦争をやめる」ことに注ぎ込むべきだと主張できるでしょうか。

むしろ、現実の施策として展開するにあたっては、目の前のけが人の手当ても、あわせて考えるのが普通でしょう。そして、目の前のけが人の手当てをしつつ、同時に、戦争そのものの終結に向けて、やれることをやる。然るべき人に、現場の惨状を訴えて、いろいろな仕組みを変える。また、世の中にそれを訴えて世間の問題関心を集める。さらには、国や政府に働きかけてもっと大きな政策・施策を推進してもらう。

これらは、必ずしも、目の前のけが人の手当てと両立しないわけではありません。

社会正義のキャリア支援論とは、こういう視点から、目の前で困っている人にプレゼンスキル、椅子の座り方、履歴書の書き方を教えつつ、かつ、社会全体の問題解決にも力を注いでいこうとするものです。

ここには、大きな社会問題の解決を図ることに関心を持つ研究者や実践家双方が手を携えて、協力しつつ、専門家として少しずつ貢献していこうとする姿勢が示されています。

3 社会正義の3つの捉え方

ところで、ここまで読んで、しかし、そもそも「社会正義」という言葉を、どう考えれば良いのかという疑問を持つ方もいると思います。

例えば、人前で社会正義のキャリア支援の話をすると、そもそも「社会正義」の定義は何かと聞かれることが多々あります。

これは、海外の文献でもよく取り上げられる重要な論点です。「社会正義」の中身をある程度整理して考えないと、いろいろなことが同じ「社会正義」という言葉のもとで論じられてしまうからです。そこで、社会正義のキャリア支援論では他領域の「正義」に関する議論を参考にして、「社会正義」を細かくいくつかに分類して考えてきました。

特に、欧州キャリアガイダンス論の論者がよく言及する「応報的正義」「分配的正義」「承認的正義」の話をここでは紹介します。

応報的正義―頑張った人は頑張った分だけ報われる

まず、「応報的正義」ですが、これは頑張った人は頑張った分、報酬を得る。一方で、頑張らなかった人は頑張らなかった分だけ、報酬が減るというタイプの正義です。競争するにしても、公平・公正なルールのもとで競争する。

自由な競争を肯定するタイプの正義であり、その意味で弱肉強食的な考え方をそのまま肯定する新自由主義的、競争主義的、悪い意味での市場主義的な考え方だと捉える人もいるでしょう。

しかし、この考え方は、社会正義を実現するために、徹底的に自由競争を肯定する考え方です。ですので、例えば、もともと不利な人には適切にハンディを与えなければならないとする考え方でもあります。そうでなければ、公平・公正な競争にならないからです。

つまり、この考え方では、障害がある人には適切に支援を提供すべき、家庭が貧しくて進学できない子には奨学金を与えるべきという発想があります。頑張った人は頑張った分だけ報酬を得る、そういう公明正大な競争をするにはスタートラインで不利があってはいけない、だから、スタートラインは平等にする。こういう発想が、この応報的正義論からは出てくるわけです。

そして、この正義の考え方が、生活保護などの公的扶助、奨学金、年金などの公的支援を支えるロジックとなります。

大方の日本人は、この考え方ならばまったくその通りだ、これはまさに社会正義の1つだろうと思うことでしょう。

分配的正義―多く持っている人は、少ししか持っていない人に分け与える

それに対して「分配的正義」は、分配的というくらいなので、報酬を多く得ている人は少ない人に分配し、分け与えるという意味での正義になります。

この正義を、簡単には「結果の平等」と言うこともあります。それに対して、先の応報的正義は「機会の平等」と言います。本人の頑張りとは関係なく、結果だけを見て、多く持っている人は少ししか持っていない人に分けるという意味で公平・公正を追求します。

これでは、頑張った人が損をするじゃないかと一瞬、思います。

ただ、この考え方では、今現在、少ししか持っていない人も、必ずしも頑張らなかったからではないと考えます。例えば、どんな人であっても病気をしたり、ケガをしたりすることもあります。また、会社がつぶれて職を失うこともあります。運不運は誰にでもつきものです。

ここで話のポイントは、誰しも、いつ自分がそうなるか分からないという点です。いつか自分が不運なことに巻き込まれて、持たざる者になるかもしれない。そうである以上、結果として不利な状況にある人にも何らかの意味で分け与える仕組みがあって良いでしょう。

また、さらに考えたいのは、報酬を得ている人、持てる者、富を集めた人間が、果たして純粋に本人自身の頑張りのみによって、それを得たのかということです。いろいろな面で資質に恵まれて生まれてきた人は多いでしょう。それなりに努力もしたでしょうが、運が良かった面も否めないでしょう。けっして、応報的正義が前提とする単純な因果応報が成り立つとは言えません。

こうして、分配的正義は、富裕層から富を集めて困窮した人に分け与える課税等による再分配政策

や、万が一に備えた社会保障制度の考え方につながっていきます。

承認的正義—少数派の存在を認め、声を聞く

ただし、社会正義論の多くの論者が、こぞって重視するのは「承認的正義」です。承認的正義とは、そもそも存在が認められ、承認されるということです。

普通、みんなで話し合って、議論が分かれた場合、多数決をとることになります。その結果、多くの人が賛成した案を採用します。

話し合いをして多数決をして決めるというプロセスは、誰も否定しようのない民主主義社会における意思決定の重要な手段です。

しかし、それでは、多数決で負けた少数派の意見は反映されにくくなります。数が少ない少数派は意見を聞かれないどころか、数が少ないので、その存在さえ認めてもらえません。もはや応報的とか分配的とか以前の問題です。

そこで、まず、少数派が存在しているということを認めるのが大切であり、それこそが社会正義の大前提であるという考え方が生まれたのです。

例えば、この承認的正義に関する海外のキャリアガイダンスの文献では「ボイス（voice）」という単語がよく出てきます。少数派の声を聞かなければならないということです。

なぜ、存在を認め、声を聞かなければならないかというと、そうすることで少数派は、はじめて自分のアイデンティティを獲得することになるからです。

難しい議論ですので、身近な例に置き換えて説明します。

皆さんは、まだ十分に慣れ親しんでいないグループに入っていかなければならない状況に、これまで何度も出会ったことがあると思います。その時、既にグループのメンバーである人たちは何やら楽しげにおしゃべりをしていますが、新入りの自分は、まだ空気のような存在です。誰からも存在を認められていません。

しかし、たまたま話題が、自分がよく知るテーマになったとします。みんなが思い出せない人名があって思い出そうとしている時、自分はすぐに分かったのでぱっと言ったとします。その時、みんなに「それそれそれだよ！」と言われて、はじめて少しだけそのグループの仲間になったような気になります。

自分の存在を認められ、自分の発言が聞き届けられたことによって、自分は、はじめてその集団内で確固たる自分らしさ、自分というアイデンティティを確立したのです。

ひとたび存在を認められれば、次からは少しずつ、自分を出していくことができます。自分はこういう人間だという自己表現が可能になります。そして、そのグループ内のちょっとした意思決定に参加し、自分の思うとおり判断し、決定することができます。

この「承認─自己アイデンティティの確立─自己表現─自己決定」の一連のプロセスを、承認的正義は重視するのです。

4 社会正義のキャリア教育論―アービング

批判的・承認的正義論

社会正義のキャリア教育論の代表的な研究者に、ニュージーランドやイギリスで活躍するバリー・アービングがいます。アービングは、右に紹介した承認的正義の考え方をさらに発展させて、自らの考え方を「批判的・承認的正義論」と呼んでいます。

ここで付け加わった「批判」という言葉は、日常的には、物事を検討し、判断して、悪いところや誤ったところがあれば、それを指摘するくらいの意味です。

アービングが承認的正義論の頭に「批判的」という言葉をつける時、何に批判的なのかというと、「グローバル資本主義的、新自由主義的、市場主義的な社会」に批判的だということになります。

つまり、「グローバル資本主義、新自由主義、市場主義」に批判的な視点からキャリア教育を考えようということです。こういう意味で「批判的」と言うのは、アービングのオリジナルではなく、教育学者でもあるアービングが「批判教育学」から持ってきた言葉です。この批判教育学にはジルー、アップルといった有名な研究者がいます。

例えば、アービングは、ジルーとアップルの次のような言葉を引用しています。[12]

①〈キャリア教育に関わる教育者やキャリアガイダンスに関わるカウンセラーは：アービング注〉

人種、性別、階級の関係に組み込まれている不平等の問題に取り組まなければならない。分離の政治の限界を認識し、複雑で相互に絡み合う様々な形の抑圧に立ち向かっていかなければならない。
②あらゆる制度、政策、実践がどのようなものであるかを理解する最も良い方法は、最も力のない立場から見ていくことである[13]（5ページ）。

アービングは、ジルーとアップルの批判教育学を引用しつつ、キャリア教育・キャリアガイダンスに関わる実践者は、まずもって不平等の問題を考えなければならないと述べます。その上で、「分離」されている人々が抑圧されている様子に立ち向かわなければならないと考えます。そして、抑圧されている最も力のない立場から見ていくことが、あらゆる制度、政策、実践を理解する上で重要だと述べます。この場合、キャリア教育・キャリアガイダンスのあらゆる制度、政策、実践を理解するには、最も力のない立場の人が不平等によって分離され、抑圧されている様を見つめるべきだと主張していることになるでしょう。

雇用主の要求と関連した道具的価値

アービングは、社会正義のキャリア教育論の考え方を濃厚に伝える研究者ですので、少し引用を続けます。アービングは次のように述べます。

キャリア教育・キャリアガイダンスは、グローバルな労働市場における雇用主の要求と結びついた道具的価値をあまりに強調しすぎてきた。批判的・承認的社会正義の哲学を組み込み、差異を受け入れ、批判的で反省的な取り組みを模索し、社会変革を主張することで、キャリア教育・キャリアガイダンスはすべての人に公平な結果をもたらすことに貢献できるだろう(14)（10ページ）。

難しい言葉づかいが多いので解説しますが、まず「グローバルな労働市場における雇用主の要求と結びついた道具的価値」という言葉が出てきます。

グローバル化という時代の流れがあることは、ここまで何度も出てきたのでここでは説明しません。世間でも普通によく言うことです。そして、世界的な競争に勝つために、それに応じた人材が求められるという言い方もよく聞きます。

だから、雇用主（＝企業）も、そういう人材を欲しいと要求します。これは、口悪く言えば、グローバルな競争に勝ちたいので、そのために役立つ道具がほしいと言っているのと同じです。この場合、道具＝人材ということになります。

グローバルな競争に勝とうとすることそのものは、企業の1つの目的であり、目標であり、戦略でもあるので、そのこと自体を問題だとすることはできません。

ただ、キャリア教育・キャリアガイダンスに関心を持つ私たちにとって問題になるのは、そういう目的や戦略をあまりに無自覚に無意識に受け入れ、重視し、強調しすぎてきたのではないかということです。

将来、企業にうまく就職し、良く働いていけるようにすることは、キャリア教育・キャリアガイダンスの重要な目的です。それは、アービングも分かっています。

ただ、子どもに提供すべきキャリア教育で「道具的価値」のみを重要と考える、そうした考え方の行き過ぎを、アービングの社会正義のキャリ教育論は批判するわけです。

「自己理解」「職業理解」「批判的理解」

では、企業に就職して役立てるためのキャリア教育以外に、ほかに何があるのでしょうか。それが「批判的・承認的社会正義」を組み込んだキャリア教育ということになります。

そうしたキャリア教育のポイントは、第一に、人々には互いに違いがあり、極めて多様であるが、その差異を受け入れることです。

第二に、仮に、そうした多様性や差異が無視されて、押しつぶされている現実を目の当たりにした時、それに適応しようとするのではなく、むしろ批判的に受け止めて、何かできることはないかを、我が身を振り返って反省的に考えることです。

第三に、最終的には、社会変革を主張し、そのために何らかのアクションを起こすということになるでしょう。

ですから、アービングは、普通、キャリアガイダンス・キャリア教育で言うところの「自己理解」「職業理解」に加えて、「批判的理解」ということを言います。

「批判的理解」とは次のようなことです。

仕事の成り立ちや分配に影響を与える様々な政治的、経済的、社会的な考え方を吟味し、精査して、それが私たち全体の将来および自分自身の生活にいかに影響を与えるかを考えること[15]（19

ページ)。

アービングのキャリア教育論は抽象的で、日本人の私たちにとっては、何の話をしているのか、何が話のポイントなのかがつかみにくい面はあります。

また、仮に、自己理解、職業理解と並び立つ批判的理解に賛同したとして、どう日本のキャリア教育の環境に取り入れていくのかは、難しい問題だと考える人も多いでしょう。

ただ、日本でも、批判的理解をうながすキャリア教育は、ある一定の対象層を想定した場合には可能です。

例えば、いわゆる進学校と呼ばれるような生徒を想定した場合です。普通科の中でも、入学難易度が高い大学などに卒業生を多く送り出す学校では、そのうちの多くの生徒が、将来的には、社会の然るべきポジションに就くでしょう。

この子たちに限って言えば、本当に社会を動かし、場合によっては、社会を変革する力を持つことが、必ずしも絵空事ではありません。まさに、アービングが言うような「仕事の成り立ちや分配に影響を与える様々な政治的、経済的、社会的な考え方」を吟味できる立場になることが多いでしょう。

ですから、そういう子どもたちには、文字どおり社会を変革する力をよくよく考えてもらうことを、キャリア教育の枠内に取り入れて良いでしょう。

もちろん、批判的理解や社会変革が、いわゆるエリート層の若者だけに求められるかと言えば、そうではありません。

当然ながら、本来、すべての人々に求められる基本的な資質です。

ただ、厳しい状況に置かれている人々は、自分で現状を打破して、社会を動かそうにも、ほとほと疲れ果てて、力が出ない場合が多いのです。自分ではどうにもできず、自分の生活を成り立たせるので精一杯です。

ですから、たまたま成績が良く生まれつき、この社会で恵まれた進路やキャリアを選べる可能性がある子は、その恵まれた資質を、自分自身の出世や名誉、金儲けに費やすだけでなく、より良い社会に向けて使う必要があります。

そうしたことを、いわゆる進学校に通う生徒に対しては、キャリア教育の枠内で強く伝えていくべきだと言えるでしょう。

5 最近の社会正義論―フーリー

社会正義の自己実現論

ここまで紹介したワッツからサルタナに至る社会正義の議論に連なる最も現代的な研究者としては、トリストラム・フーリーが代表的です。

まず、フーリーは、ワッツの「全員のためのキャリア（careers for all）」という考え方に着目します。これは「キャリア」という考え方がエリートのためだけに通用する考え方ではないかという議論を意識したものです。

例えば、キャリア形成をするとかキャリアデザインをするなどと言いますが、その背景には、自立的に発達して成長していく、いわゆるマズローが言うような「自己実現論」の考え方が潜んでいる。こういう批判はよくあります。キャリアカウンセリングにしてもキャリア教育にしても、そういうことが役立つのは、都会の大企業で働く一部のエリートに過ぎないのではないかという批判です。

現代の社会正義論の論者であるフーリーは、こういう批判は一定程度妥当だと認めます。その上で、それでもキャリアは全員のものである、エリートのためだけではないと言います[16]。

この矛盾する考え方を統合するために、フーリーは社会正義の概念を持ち出します。つまり、キャリアガイダンスが人々の自己実現を応援し、自分の持てる能力を最大限に発揮し、自分なりに最高の人生を歩めるようにするものであることは間違いない。

しかし、そういうことが難しい人も当然いる。だから、キャリアガイダンスは個人だけを対象とするのではなく、人が自己実現をしやすいような環境を整備したり、社会に向けて働きかけたりする必要がある。そういう活動も広く含むと主張するのです。

フーリーは、自己実現という概念を否定しません。だからこそ、それはエリートだけに許されたものではなく、誰にとっても大切な考え方であると展開します。誰にとっても自己実現が可能な社会になるように働きかけていくことが、重要なキャリアガイダンスの役割だと言うわけです。

キャリアは、数少ない幸運な人だけが手に入れられるエリートの概念であってはならないと彼（ワッツ）は言う。我々が「キャリア・フォー・オール」と言う時には、我々は、人生、学習、仕事を通じた個人の通った道を記述するものと再定義する必要がある。我々は多くの仕事をし、様々な役割をこなすが、我々はみな1つのキャリアを持つのである。（中略）

我々の自己実現の欲求は、必然的に、様々な社会的な要求と緊張関係にある。我々は、いつでも自分が望むことすべてを行うことはできない。しかし、だからこそ、多くの人が可能な限り自己実現に近づけるようにシステムをデザインすべきだと思うのだ[17]（4ページ）。

フーリーは最も年齢の若い現代の社会正義論の研究者なので、問題意識もより現代的です。自己実現が、誰でも望めば手に入るといった簡単なものではなく、常に現実の社会と緊張関係にあることを素直に認めます。

その上で、私たちは誰にとっても自己実現が可能となるように、社会の側も変えていくということを考えて良いのだ、考えるべきなのだと述べるのです。

フーリーの「5つの質問」

フーリーは、社会正義のキャリア支援を考えるにあたって、「5つの質問」というものを提起しています。この「5つの質問」を考えたり、クライエントや学生・生徒に考えさせたりすることで、将来のキャリアについて考えを深め、将来を切り開くことができます。

「5つの質問」とは次のとおりです。

①私は何者か（Who am I?）
②世の中はどのように動いているのか（How does the world work?）
③私は世の中のどこに属するのか（Where do I fit into the world?）

④私は世の中の他の人とどう生活していくのか（How can I live with others in the world?）
⑤私は世の中を変えることにどう取り組むのか（How do I go about changing the world?）[18]（7ページ）

5つの質問に込めている意味を、日本の環境にあわせて以下に説明します。

まず、この5つの質問のうち、①は普通に言うところの「自己理解」に関する質問です。一般的なキャリアガイダンスでは、自分がどのような職業に興味があったり、関心があったりするのかを、よく理解するように言います。これが自己理解ですが、フーリーが独特なのは、ここに働く世の中の理解、職業や産業の理解、業種や職種などに関する理解（一般的な職業理解）まで含めて考える点です。

②は「世の中はどのように動いているのか」という書きぶりから、普通に言うところの「職業理解」だと日本人には思えます。ただ、フーリーは、そういう普通の職業理解を右の①に含めます。では、②で何を言っているかというと、もっと広い世の中全体の仕組み、また、そこに至る歴史的な経緯などの理解を含めています。

ですので、例えば、キャリア教育とシチズンシップ教育を結びつける講演会なども実践例として挙げます。

つまり、キャリア教育の中に世の中や社会の仕組みの理解を含め、そうした理解をもとに市民として積極的に関わっていくことを考えています。言わば、社会全体に対する意識、社会観、さらには歴史観が社会正義を考える際には重要になるのです。

③の「私は世の中のどこに属するのか」はいちばん分かりやすく、ここが従来の言い方で言えば、

自分と職業のマッチングになります。フーリーも、ここは「通常のキャリアガイダンス」（就職支援）だと言っています。

ただ、言い回しから、社会の中に居場所を見つけるといったニュアンスが濃厚にあります。社会の中心から周辺に追いやられて少数派として存在している人々が、世の中のどこに自分を収めるのかという視点を重視していると言えるでしょう。

私は世の中を変えることにどう取り組むのか

最もフーリーが強調したいのは、④と⑤です。

④の「私は世の中の他の人とどう生活していくのか」という質問は、右の③と対応しています。③は個人として、自分が活用できる機会を見つけ、それを最大限に活かし、なければ新たに作るということを言っています。それに対して、④はそれを集団として、みんなでやるにはどうすれば良いかを考えるように求める質問です。

ここに社会正義のキャリガイダンス論の研究者であるフーリーらしさが、はっきりと現れています。フーリーは、キャリアの問題はたんに個人で解決するしか方法がないとは考えていません。みんなで協力してキャリアの問題を解決できると信じています。

そのため、フーリーは、この質問について「現在の状況を、共同で最大限、活用できるような方策を検討すること」であると説明しています。そして、実践例として、集団でビジネスを起こしたり、社会的企業あるいは社会事業、日本で言うＮＰＯなどの設立を行ったりして、自分たちで働く場を自ら作り出し、確保することを挙げています。

フーリーからすれば、キャリアの問題を一人で解決しなければならないと思い込むことは、まさにキャリアの問題の「個人化」「自己責任化」に他なりません。ですので、キャリアの問題を共同で、みんなで、集団で解決する可能性を指摘しています。

⑤の「私は世の中を変えることにどう取り組むのか」という質問は、右の④の延長線上にあります。共同で、みんなでキャリアの問題を解決するだけでなく、さらに発展させます。キャリアや仕事の問題で多くの人が困っていることがあるならば、力をあわせて変えていこうと考えるわけです。社会正義論では、常に、その最終目標は、みなで住みよい社会に変えていく行動へと結びついていきます。

とはいえ、フーリーは、とんでもなく難しいことを言っているのではありません。例えば、ここでは実践例として、「投票や呼びかけ、社会的・政治的な変革について議論することなど、市民としての役割を考えること」を挙げています。民主的な選挙が行われている日本のような国では、投票に行くことが最も現実的な選択肢となります。

さらに進んで、社会的・政治的な変革について話し合うことが出てきますが、これも、直接的な政治行動と理解する必要はないでしょう。

どのような人のどのような職業にも、社会に必要とされている以上、常に社会を良くしようとする側面が含まれています。自分が、今、従事している仕事を通じて、より良い社会にしていこうと常に意識すること。ここから「世の中を変えることにどう取り組むのか」を考えれば、必ずしもフーリーの言っていることは浮世離れしたことでもないでしょう。

フーリーもここに挙げたキャリアの問題を共同で、みんなで、集団で解決すること、さらに進んで社会をより良いものへと変革することを、簡単なこととは考えていません。また、こうした取り組みがすぐさま誰にでも可能であるとは考えていないでしょう。

しかし、私たちがこういう理想を掲げて、こういうビジョンを持って日頃の活動にあたることが、社会正義のキャリア論の第一歩となると考えているのです。

抑圧の5つの顔

欧州の社会正義のキャリアガイダンス論の研究者が好んで引用する学者がいます。

例えば、アメリカの政治哲学者アイリス・ヤングです。ヤングの主張は多岐にわたりますが、フーリーが好んで引用するのは、「抑圧の5つの顔」です。

ヤングは、世間一般で言う差別の問題を扱いますが、たんに差別されやすい人がいて、その人が差別されるから、その差別を無くそうということだけでは駄目だと考えます。

むしろ、社会全体に差別を生じさせる「抑圧」の構造というものがあり、その構造をきちんと考えなければならないと言います。

ですので、普通言うところのリベラルで自由主義的な社会であっても、自然と「抑圧」してしまっている場合があると考えます。

フーリーは、それはリベラルで自由主義的な社会におけるキャリアガイダンスでも同様だと言うのです。

つまり、私たちが、クライエントや学生・生徒のために普通良いと思っているようなキャリアガイダンスであっても、それが「抑圧」の側面を持つことがあると述べるのです。

どういう「抑圧」の側面を持つかを、ヤングの有名な「抑圧の5つの顔」を元に述べています。ヤングの「抑圧の5つの顔」では、抑圧には「搾取」「周縁化」「無力」「文化帝国主義」「暴力」の5つの顔（側面）があると述べます。

「搾取」とは、不当にしぼり取られてしまうことです。

「周縁化」とは、主たる文化、多数派に端に追いやられてしまうことです。

「無力」とは、はじっこに追いやられて無力感を感じさせられたり、ここは大事なところですが、自分でもその無力感を内面化してしまい、どうしようと駄目だと思ってしまうことです（学習性無力感と似ています）。

「文化帝国主義」とは、主たる文化（および多数派）が、自分たちの文化が一番正統・正当で正しいと押し付けてくることを言います。

「暴力」とは、端的に暴力です。これは物理的な暴力以外にも、精神的なものも、象徴的なもの（言葉や絵やデザインなど）も含みます。

そして、フーリーは、これをキャリアガイダンスの領域に持ってきて、キャリアガイダンスによって、これら5つの抑圧の側面にどう対抗・対応・抵抗しうるのかを論じます。

具体的には、次のような長いリストを示しています。

「搾取」
・不公平な賃金の問題に異議を唱える。
・不安定な雇用を批判する。
・被害を受けやすい脆弱な対象層のエンパワメントを助ける。

・女性労働に関する問題を議題にあげる。
・偏見に異議申し立てをする。
・セグメント化された労働市場が搾取を促進したことに敏感になる。
・様々な集団（若者、高齢者、移民、先住民、シングルペアレント、障害者、LGBTQ、長期失業者等）の周縁化に関する問題に取り組むスキルや力を意識し、身につける。
・斜陽産業で働くリスクについて意識を高める。
・福祉受給者を尊重し、「自業自得」という考え方と戦う。
・仕事で自律性を発揮する。
・クライエントが自己決定する余地を広げる。
・尊厳を欠いた扱いに異議を唱える。
・自虐的な考え方に対する個人あるいは集団の意識を高める（例：支配の確立によって私腹を肥やしている人物に立ち向かう）。
・個人的なものとして経験されがちな構造的な問題に焦点を当てる（例：自己責任論と戦う）。
・抑圧を「命名」する方法を学び、他の人が学ぶのを助ける。
・公共の場での「声」を効果的に投影する。
・社会運動への参加や、抑圧されたグループを代表したアドボカシーを通じて進歩的な議題を促進する。

「文化帝国主義」
・文化的な専横の常態化が「他者化」を招くプロセスを知る（例：「標準」から外れることが正当な多様性とは見られず、ネガティブに見られるかあるいは認識さえされない）。
・主流の文化による独特な正当性の考え方が、誰が変わった人間であるかを判定する区分けを生み出すということに敏感になる。
・差異を見えなくするやり方に立ち向かう。
・世界中の様々な生き方、あり方を認識し、尊重する。
「暴力」
・ガイダンスサービスの提供機関によるものも含めた、象徴的、道徳的、物理的暴力を絶対に許さない。
・自分自身、他人、さらには組織に埋め込まれている外国人恐怖症、性差別、同性愛恐怖症と闘うコミットメントとスキルを持つ。
・組織の脅迫からクライアントを保護し防御するために用意する[19]（7ページ）。

フーリーの評価

ここまで来ると、もはやキャリアガイダンスの話というよりは、まったく社会運動の話をしているように感じられることでしょう。

概して、欧州キャリアガイダンス論は、いわゆる左派的な傾向が強いです。なかでも、フーリーは最も左派的な傾向の強い研究者と言えます。

実際、フーリーは2019年には「解放に向けたキャリアガイダンス」という編著も出版します[20]。その論調は、現在の社会経済は新自由主義とグローバル化に行き過ぎており、結果的に、人々をバラバラに分離し、抑圧し、社会に隷属する状態へと追い込む。そうした社会経済を前提とした労働市場に人々を送り出すキャリアガイダンスも、基本的には新自由主義的な側面を持ち、そうした抑圧や隷属に加担している。というのも、個人や家族の幸せの追究に目を向けさせ、社会経済の問題から目を背けさせるからだ。だから、自分たちが行っているキャリアガイダンスをもっと自覚的に反省し、社会経済の仕組みに立ち向かい、闘争し、人々を解放へと導く実践へ舵を切っていかなければならないというものです。

フーリーの言いたいことは分かります。重要なことだとも思います。ただ、解放や闘争といった言葉に、フーリー自身も振り回されている側面があります。

キャリアガイダンスは、世の中の様々な社会の仕組みと関わります。学校、企業、国、自治体、その他の行政機関、経済団体、NPO、その他の団体など、ありとあらゆる仕組みと関わります。したがって、キャリアガイダンスに社会の縮図を見て、キャリアガイダンスにポイントを定めて、キャリアガイダンスから社会経済を大きく転換させていくことを企図するのは分かります。

しかし、世の中の様々な社会の仕組みと関わるからこそ、抜本的で極端な転換、変革、改革は難しいということが考慮されていません。大きな変革をすれば、その変革で救われる少数派もいますが、その一方で、その変革によって大打撃を受ける少数派も必ず生じます。世の中の様々な社会の仕組みと関わるからこそ、その変化の行方を読み切ることが難しいのです。

だからこそ、今ある仕組みは、少しずつ少しずつ、粘り強く、より良いものへ変えていかなければなりません。こうした主張は、中途半端に見えるため、称賛を浴びることもなければ、絶賛されることもありません。地味な取り組みになります。派手に何かをぶち上げれば、それで物事が良い方向に向かうわけでもありません。やはり、地道に少しずつより良い方向に向かっていく必要があります。

フーリーの考えには、心理学を中心としたキャリア支援では、どうしても個人主義的・新自由主義的な側面が知らず知らずのうちににじみ出てしまう。なので、せっかく良いキャリアガイダンスを提供しても、それが社会全体の問題に向かっていかないという問題意識があります。

果たして、私たち、キャリア支援を専攻し、実践する者にとって、それで良いのかという呼びかけがあると言えるでしょう。一見、極端な考え方のようですが、その分、最大限まで私たちの実践の可能性を広げて見せてくれているとも言えるでしょう。

フーリーの主張をそのまま日本に持ち込むことは、日本の風土や文化、環境から考えると、かなり検討の余地があります。

ただ、キャリア支援の仕事は、振り切れば、ここまで社会の問題を考えることができるという良い例ではあるでしょう。

注

(1) この章では、キャリアカウンセリング、キャリア教育、キャリアコンサルティングなどをすべて含めて「キャリアガイダンス」と表記します。欧州では、広い意味でのキャリア支援全般をキャリアガイダンスと一括して呼ぶことが多いです。これはＯＥＣＤなどの報告書で顕著な傾向ですが、いわゆるキャリアカウンセリング以外の様々な要素をすべて取り込んだキャリア支援全般の体制やあり方を論じる傾向が強いためです。特に、本章で引用する研究者は、欧州キャリアガイダンス論の代表的な研究者たちですので、本章では、すべて「キャリアガイダンス」という表記に統一しました。

(2) Watts, A. G. (1996). Socio-political ideologies in guidance, in Watts, A.G., Law, B., Killeen, J., Kidd, J.M. and Hawthorn, R. (eds) Rethinking Careers Education and Guidance: Theory, Policy and Practice. London: Routledge.（３５１ページ）

(3) Ibid.（３５５ページ）

(4) Watts, A.G. & Herr, E.L. (1976). Career(s) education in Britain and the USA: Contrasts and common problems. British Journal of Guidance and Counselling, 4(2), 129-142.

(5) Watts, A. G. (1999). Reshaping career development for the 21st century. CeGS Occasional Paper. Centre for Guidance Studies. Derby, UK: University of Derby.

(6) Ibid.

(7) Sultana, R. G. (2018). Precarity, austerity and the social contract in a liquid world: Career guidance mediating the citizen and the state. In Hooley, T., Sultana, R. G., & Thomsen, R. (Eds.) Career Guidance for Social Justice: Contesting Neoliberalism. pp.63-76. New York: Routledge.

(8) Ibid.

(9) CEDEFOP (2010). From policy to practice: A systemic change to lifelong guidance in Europe. CEDEFOP.（労働政策研究・研修機構（２０１４）：欧州におけるキャリアガイダンス政策とその実践①政策から実践へ―欧州における生涯ガイダンスに向けたシステム全体の変化　資料シリーズNo.131）

(10) Sultana, R. G. (2014). Pessimism of the intellect, optimism of the will? : Troubling the relationship between career guidance and social justice. International Journal for Educational and Vocational Guidance, 14, 5-19.

(11) Ibid.

(12) ①は Giroux, H. (1992). Border crossings: Cultural workers and the politics of education. New York: Routledge. ②は Apple, M.W. (2001). Educating the ‘Right’ way. London: Routledge. による。

(13) Irving, B. A., & Malik, B. (2005). Critical reflections on career education and guidance: Promoting social justice within a global economy. Oxon,UK: Routledge Falmer.

(14)～(15) Ibid.

(16) Hooley,T. (2015). Emancipate yourselves from mental slavery: self-actulaisation, social justice and the politics of career guidance. Derby: International Centre for Guidance Studies, University of Derby.

(17)～(18) Ibid.

(19) Hooley, T. and Sultana, R. (2016). Career guidance for social justice. Journal of the National Institute for Career Education and Counselling, 36, 2-11.

(20) Hooley, T., Sultana, R., & Thomsen, R. (2019). Career guidance for emancipation: Reclaiming justice for the multitude. New York: Routledge.

第2章 多文化キャリアカウンセリング論

1 リチャードソンのキャリア発達理論批判

ライフ・キャリア・レインボーから多文化カウンセリング論へ

２０００年代に花開く社会正義のキャリアカウンセリング論[1]の１つ前の考え方として、１９９０年代の多文化キャリアカウンセリング論がありました。

多文化キャリアカウンセリング論を説明するには、ドナルド・スーパーのキャリア発達理論にさかのぼらなければなりません。

スーパーは、１９４０年代から１９９０年代に至るまで、約50年間にわたってキャリア研究をリードし続けたキャリア心理学の第一人者です。キャリアカウンセリング関連の資格取得の勉強をした人は、必ず聞く名前です。

キャリア発達理論で有名なのは、図表2-1に示した「ライフ・キャリア・レインボー」です。

この図で重要なのは、次の4点です。

第一に、キャリアは子どもから成人、老年、死に至るまで生涯にわたるということです。学校から職業への移行を支援する職業指導を、生涯にわたるキャリア発達を支えるキャリア支援へと転換させたのがスーパーです。そして、スーパーの唱えたキャリア発達理論の内容が象徴的に現れているのが、このライフ・キャリア・レインボーです。

第二に、生涯にわたって人のキャリアは様々な形で変化していくということを、図表2-1は示しています。子供から学生、労働者、市民、家庭人など、様々に役割は変化します。年齢を重ねるに連れて、くるくると役割が変化する様子をカラフルな虹に例えたのだと言えるでしょう。

第三に、その際、狭い意味での職業に限定せず、およそ人生で経験する役割すべてを含めてキャリアと呼ぶこ

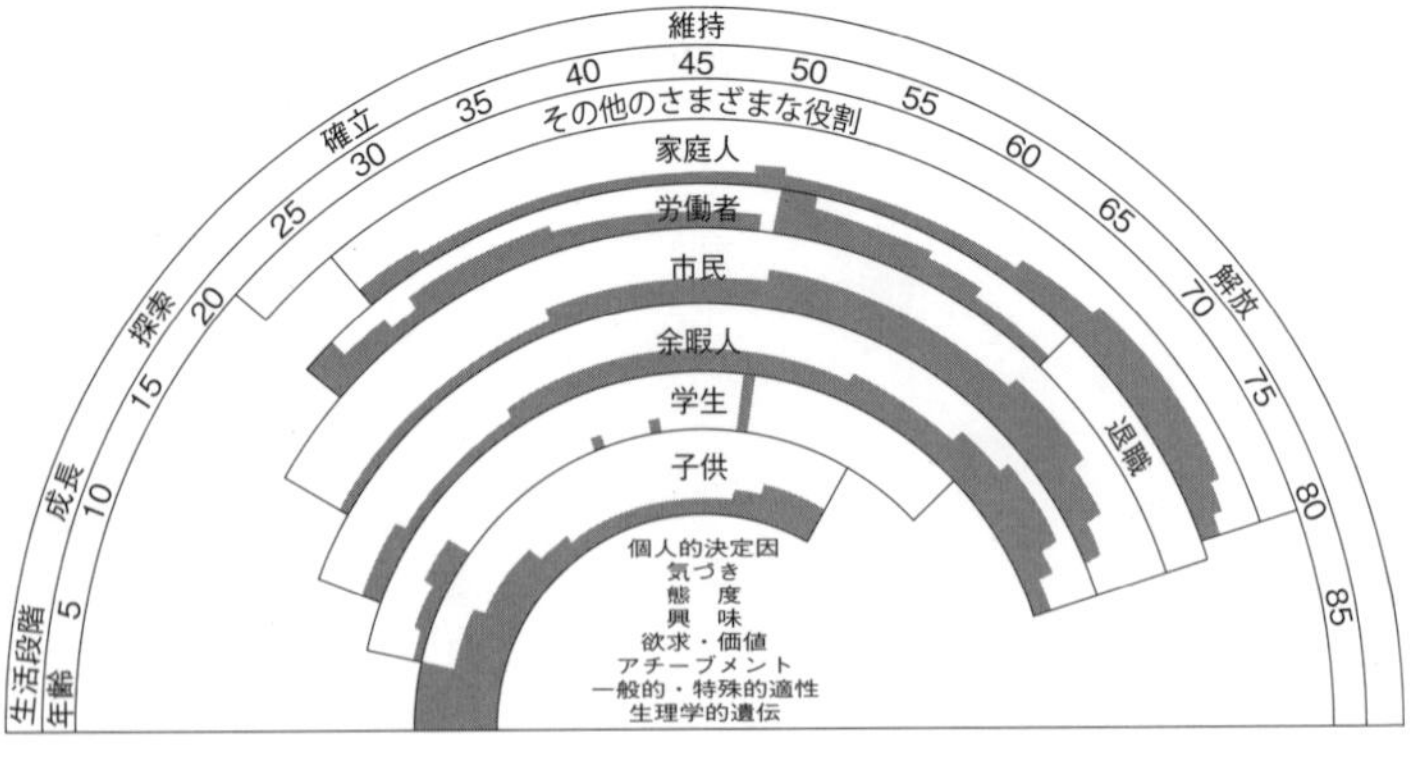

図表2-1　スーパーのライフ・キャリア・レインボー[2]

とを、スーパーは終生強調し続けました。こう考えることで、学校の勉強も、就職も、いったん家庭に入って家庭人と過ごすことも、無給のボランティアや非営利の活動に従事することも、すべて1つのキャリアとして考えることが可能となります。

第四に、これはあまり強調されませんが、45歳を頂点として、ここをターニングポイントとして、キャリアの方向性が反転することも重要です。仮にこれを強調するのでなければ、必ずしも虹の図にする必要はありません。アーチ形の分度器のような図にしたのは、人のキャリアにはピークと呼べるものがあり、キャリアを考える上での大きな転換点があるからです。

例えば、40代半ばのこの時期は、エドガー・シャインによる「中期キャリア危機（ミッド・キャリア・クライシス）」の概念でもよく知られています。ユングの「人生の正午」という用語で知っている人も多いでしょう。

この時期に多くの人はキャリア上の危機を迎えます。その危機とは、それまで上昇基調であったキャリアの方向が、下降基調へと変わるということです。多くは、この大きな方向転換についていくことができません。成功を目指し、成長・向上・上昇を目標としてきたのに、ここではしごを外され、方向感を見失い、自分はこれから何をやっていくべきかが分からなくなります。そのために危機が生じるのだと言えるでしょう。

スーパーのライフ・キャリア・レインボーの図は、人のキャリアの大きな方向性の転換を示唆していると解釈できるでしょう。

リチャードソンの批判

キャリア発達理論は、一貫してキャリア理論の中心であり続けました。1994年にスーパーが亡くなるまで、キャリア理論と言えば、すなわちキャリア発達理論でした。

しかし、キャリア発達理論は、スーパー晩年の1990年代に入った頃から表立って批判され始めます。

主な批判は、スーパーのキャリア発達理論は、あくまで「アメリカ白人男性ホワイトカラー」を中心としたものではないかということでした。

この世に生を受け、子ども時代を過ごし、学校に通い、就職し、結婚し、子どもを持ち、余暇を過ごし、地域に市民として関わる。年をとるごとに上昇し、頂点を極め、退職し、引退生活を送る。

こうした幸せなキャリアは、アメリカのような先進国に白人男性として生まれ、それなりの企業でホワイトカラーのような仕事に就いている場合に限られるのではないか。

アメリカ以外の貧しい国では、このようなキャリアを想定できるのか。また、アメリカに生まれても有色人種だったり、女性だったり、何らかの意味で社会の中心から外れている場合、年をとるごとにキャリアが発達するというイメージを持てるのか。

1990年代に入って、こうしたことが次々と問題とされたのです。

ここでは、1990年代のキャリアカウンセリング研究の特徴がよく現れているメアリー・スー・リチャードソンの議論を紹介します。

リチャードソンが提示した論点のうち、現在の視点から重要な指摘は2つあります。

1つは、先ほども述べたとおり、従来のキャリア発達理論は白人男性中流階級の理論に過ぎないという指摘です。もう1つは、それを構築主義・構成主義的なアプローチによって克服すべきだと指摘した点です。どちらも1990年代以降のキャリアカウンセリング論、キャリアカウンセリング理論の論点を先取りしています。前者が後の社会正義のキャリアカウンセリング論、後者が後のキャリア構築理論の潮流に影響を与えていきます。リチャードソンの論文の一節を紹介します。

> 人種や民族的な少数派、貧困層や下流階級は、いずれも抑圧された集団という特徴がある。こうした集団に関するキャリア発達研究の欠如は、(1)こうした集団が周辺に追いやられ無視されてきたということ、(2)キャリア発達を理解し支援してきた専門家が白人中流階級に焦点を絞り続けてきたこと、(3)これまで知られてきたことの大部分が抑圧された集団にとっては、良くて無関係なものであり、悪ければ社会構造の暗黙の人種差別、階級差別に加担してきたことを、はっきりと示す[3]（426ページ）。※(1)～(3)の番号は引用者付与

(1)にあるとおり、従来のキャリア理論は、マイノリティ、貧困層、下流階級を周辺に追いやり、無視してきました。そして、(2)にあるとおり、白人中流階級に焦点を絞ってきたために、結果的に「キャリア」概念そのものが中流階級的であり、それ以外の人間にとっては当てはまりません。さらには、(3)にあるとおり、キャリアカウンセリングは様々な差別に加担さえしてきたのではないか。そのようにリチャードソンは述べます。

「キャリア」と「ワーク」

そもそもリチャードソンは、「キャリア」という概念そのものを批判します。その理由は、先に述べたとおり、キャリアという発想そのものが、長い間、似たような仕事に従事し、そこに何らかの積み重ねがあるような古き良きアメリカの白人中流階級の考え方だからです。しかも、そこには人生の長い間、1つの仕事に従事し続けられる男性的な働き方のニュアンスさえある。キャリアという時間的な継続性、長く1つの仕事を続けられる恵まれた生活、自分の人生を1つの連なりとして考えられる人生。これが問題となるわけです。

「キャリア」という概念は、職業やキャリアを生涯にわたって連続するものと捉える点が重要でした。そのことによって、人は、キャリアの目標を立て、それに向かって計画し、進んでいくことができる。そうしたキャリアの発達を考えることができるのが、キャリア発達理論の最大のメリットでした。

しかし、リチャードソンは、その考え方こそ批判するのです。

リチャードソンが「キャリア」ではなく、かわりに使うべきだと考えるのが「ワーク」という言葉です。

「ワーク」と「キャリア」と言った場合、日本ではワークキャリアとライフキャリアという言い方が知られているため、ワークをキャリアの下位概念と受け取ってしまいます。

ですが、英語では「キャリア」よりもずっと意味が広く、「ワーク」は職業や仕事以外の仕事、例えば、典型的には家事やボランティア、電気料金の支払いや親元へ荷物を送るなど、やらなければならない仕事を全部含みます。

例えば、「To Doリストや予定表に書き込まれるタスク、「やるべきこと」のようなニュアンスで、リチャードソンはワークという言葉を使っています。仕事も仕事ではないこともすべて含む「やらなければならないこと」全般をすべて含むわけです。

つまり、ワークと言うことでリチャードソンが拾い上げたいと考えているのが、普段の生活の中の様々な文脈の中に生きる個人ということです。スーパーもそういうことを言いたくて「キャリア」と言ったはずですが、より生活に密着したものとして「ワーク」という言葉に焦点を合わせるのです。

ワークといった場合には、仕事以外にも家事全般があり、育児や介護やその他の地域活動があり、その他、様々な場面における様々な「To Do」「タスク」「やるべきこと」がある普通の人々に光を当てることができます。日々、生活していかなければならず、そのためにやらなければならないことがある。それを「キャリア」と呼ぶかどうかはどうでも良く、それ以前に考えるべきことがある。

こう考えることで、白人中流階級の男性以外の生活に光を当てることができます。

偶発理論による「キャリア」概念批判

リチャードソンのキャリア概念批判は、必ずしもリチャードソンの独創的でオリジナルな考え方というわけではありません。

例えば、リチャードソンが言うような意味でキャリア概念批判をするもう1つのキャリア理論に、偶発理論系のキャリア理論があります。

日本でも、クランボルツのプランド・ハップンスタンス理論などがよく知られています。これは、自分の人生を長期にわたって計画するのではなく、偶然の要因とか偶然の出来事を重視していこうという考え方です。日本では特に人気がある理論で、関連する書籍も何冊も発刊されているので、ご存知の方も多いでしょう。[4]

この偶発理論系のキャリア論を論じる研究者も、リチャードソンと似たようなキャリア概念批判を言います。[5]偶発理論系のキャリア研究者からすれば、長期間にわたって連続するキャリアという発想が、いかにも計画づくしで考えているようで、もっと人との出会いのような偶然の要因を重視すべきだと考えます。

例えば、キャリア概念を偶発理論的な立場から最も徹底して批判したのは、70年代後半にいくつかのキャリア関連の論文を発表したバウムガードナーという研究者です。彼の論文には偶発理論による批判がおおむね集約されています。

例えば、バウムガードナーによれば、将来に向けた計画は有益ではありません。なぜなら将来を完全に予測することはできないし、仮にできたとしても、その間に自分自身の興味関心も変化すれば労働市場も急激に変化する可能性があり、現時点での将来予測に基づく計画が有効である保証がないからです。そのため、「合理的にキャリアを計画することは可能でもなければ、必ずしも望ましいことでもない[6]」（54ページ）と述べます。

長い生涯にわたってキャリアの計画を立て、そのとおりキャリアを作り上げられるはずがない。昔はできたのかもしれないが、今はそんなことは言っていられない。人生で遭遇する偶然を活かす考え方をすべきだというのが、偶発理論系のキャリア理論の主張です。

ちなみにキャリア心理学では、比較的、昔から偶然の要因が人のキャリアに与える影響に着目しており、1950年代から断続的に論じてきました。

ただ、論じ方が少し違うのです。

1950年代のキャリア理論では、偶然の要因に影響を受けやすいのは誰かという問題意識がありました。スーパーも、偶然の要因に影響を受けやすいのは非熟練か半熟練のような立場の弱い労働者であると述べていました。

そして、話の流れは、だからこそ偶然の要因に左右されないように、特に職業選択で不利益を被りやすい対象層には、適切なキャリア支援を提供すべきだと進むわけです。

つまり、当時は、偶然の要因はキャリア形成にとって望ましいとは考えていませんでした。立場の弱い労働者であればなおさら偶然の要因に左右されないように適切に援助すべきだと考えていたのです。

偶然の要因の捉え方は、昔と今ではすっかり変わりました。それは、スーパーが望ましいと信じた「キャリア」が批判されていることとも通じ合っています。いわゆる良い「キャリア」が可能でもなければ望ましくもないのであれば、当時、批判的にみられていた偶然の要因も真逆の評価となり、積極的に活かすべきとなったのです。

「キャリア」概念の自己中心性

「キャリア」概念批判のもう1つの語り口として、キャリアという概念の自己中心的な面も批判されています。リチャードソンは、次のように述べます。

キャリアという概念は、自己中心的な個人主義の精神や自己という自文化中心主義的な概念に埋め込まれており、社会や文化の構造を過小評価させがちである[7]（428ページ）。

ここで言わんとしていることは、キャリアという概念は、結局、自分のことを考えているに過ぎないという批判です。キャリアという概念は、自分のキャリア、私のキャリアのように「自分」や「私」という言葉をつけて言うことが一般的です。「みんな」のキャリア、「家族」のキャリアといった集合的な概念とはなじみません。ここからキャリアとはあくまで個人のものであり、その人だけのものだということが分かります。

その点、リチャードソンが使うべきだと言う「ワーク」という言葉は違います。あくまで誰かのため、他者のためのワークというニュアンスがあります。例えば、家事もボランティアも、電気料金の支払いも親元へ荷物を送ることも、誰かのために「やらなければならないこと」というニュアンスが強くなります。

世の中の誰かのためのワークとは言えても、世の中の誰かのためのキャリアというのは、無理があります。

リチャードソンは、あくまで「ワーク」は社会のニーズによって生み出されるものであり、それがいわゆる対価を伴うものでなくとも、様々な社会的な関係性や社会的な価値を背景になされるものであると述べます。

それに対して、キャリアは結局、世の中のことや社会のことというよりは、自分のことを考えているのであり、したがってキャリアという考え方をした場合、どうしても自己中心的な考え方に結びつきやすくなると述べています。

こうしてリチャードソンに代表される90年代のキャリア心理学の研究者たちは、伝統的なスーパーのキャリア発達理論に対する批判を通じて、様々な方向に理論的な地平を切り開いていきました。その潮流の１つが、従来は十分に着目してこなかった様々な人々にキャリア支援を提供しようとする多文化キャリアカウンセリング論であり、それをさらに発展させたのが社会正義論ということになります。

2 レオンの多文化キャリアカウンセリング論

文化・人種・民族

レオンは多文化キャリアカウンセリングの第一人者です。

レオンの問題意識は明確です。アメリカの労働力は多様化しているのに、キャリアカウンセリングはそれに追いついていないというものです。レオンは次のように述べます。

> キャリア心理学は、文化的な要因に（仮にあったとしても）ごくわずかな注意しか払ってこなかった。キャリア発達理論は、伝統的にごく少数の人々、すなわち白人、ミドルクラス、異性愛者の男性にしか関係がなかった(8)（２１４ページ）。

つまり、従来のキャリア心理学は、白人でミドルクラスで異性を指向する男性のみを対象にしてきたのではないかという疑念を表明します。白人ではなく中流でもない同性愛者や女性のことを、キャリア理論はきちんと考えてきたのかと反省を促します。この点は先ほどのリチャードソンと同じです。

実際、多文化キャリアカウンセリング論をリードしてきた研究者は、女性研究者、LGBTの研究者、アジア系の研究者です。レオンは中国系の名前であり、漢字で書けば「梁」博士であることにも着目していただきたいです。

レオンの考え方を一言でまとめれば、クライエントの文化や環境をきちんと考えてキャリアカウンセリングを行わなければならないということです。

例えば、次のように述べます。

「集団」の次元と関連する重要な概念として、人種的・民族的アイデンティティ、文化適応、価値観などがある。クライエントが（自分と）異なる文化集団の成員の場合、文化に十分に配慮するカウンセラーは、これらの概念をクライエントの立場に立って十分に考えなければならない。そうしなければ、クライエントの心理状態を正確に概念化することはできない。また、効果的なカウンセリングも、一転、難しいものとなってしまう[9]（151ページ）。

キーワードは、「人種的・民族的アイデンティティ」「文化適応」「価値観」です。

私たちも、日本にいる時には「日本人」であることは重視しません。しかし、外国に旅行に行くと、嫌でも「日本人」ということを意識します。つまり、自分は日本人であるという「人種的・民族的アイデンティティ」を強く意識します。

ですが、同じ状況にあっても、すぐに外国になじむ人とそうでない人がいます。その文化に適応している程度、「文化適応」が重要になります。自分が日本人であるということが、外国で行動する際の判断に影響を与えます。そうした「価値観」が重要になります。

つまり、主流の文化とは異なる文化を持つクライエントは、常に外国にいる日本人のような立場に置かれているので、きちんと「人種的・民族的アイデンティティ」「文化適応」「価値観」をクライエントの立場に立って十分に考えなければならない。レオンはそう主張しているのです。

人種や民族の問題というと、アメリカの黒人の問題などを思い浮かべます。

しかし、私たち日本人が多文化キャリアカウンセリングを理解しようとする時には、私たち日本人は非白人・非西洋人として見られる側だというイメージを強く持つ必要があります。例えば、アメリカにあって奮闘した日系人やその他のアジア人をイメージして考えると、よりいっそう具体的に何が問題なのかが、感覚として分かります。

「個人」「集団」「ユニバーサル」

さて、レオンがとても重視する概念に、キャリアカウンセリングを取り巻く環境の三分法があります。

「個人（Individual）」「集団（Group）」「ユニバーサル（Universal）」です[10]。

このうち、普通の意味での心理学的な理論が想定している環境は「ユニバーサル」です。「ユニバーサル」な理論は、全世界のどこの誰にとっても当てはまる理論です。

例えば、キャリア発達理論にしてもホランドの六角形にしても、原則的には、アメリカでも日本でも、都会でも地方でも、裕福でも貧しくても当てはまると想定されます。

だからこそ、どの国のキャリア心理学の本にも必ず載っています。誰にとっても当てはまる普遍的で全世界共通の理論として存在しています。

しかし、「ユニバーサル」な理論に対して、よく言われる批判は、個人個人それぞれ違う面があるのが当然であり、個人差を忘れるべきではないというものです。

そこで次に重視されるのが、キャリアカウンセリグを取り巻く「個人」の環境です。

例えば、ホランドの六角形がいかに正しいとしても、一人一人違う面がある。だから、職業興味を測定して、本人が何に興味があるのかも重視してキャリアを支援しようということになります。個人差に着目して、個人を尊重し、一人一人の話を聞いていくのが、キャリアカウンセリングの領域では当然のこととなります。

レオンのオリジナリティは、ここに「集団」の概念を持ち込むことです。そして、「集団」の重要性を少し強調することです。

「ユニバーサル」と「個人」をそれぞれ考えることはもちろん重要だが、キャリアの問題を考える際に本人が影響を受けるのはそればかりではないと、レオンは主張します。

例えば、文化、人種、民族、社会階層、職業、宗教、ジェンダーなど、「ユニバーサル」なキャリア理論と、人それぞれの「個人」の中間に、私たちが所属する様々な社会集団、影響を受けざるを得ない属性、避けがたい関係性のようなものが、多くあります。

レオンは、これらをひとまとめにして「集団」と呼ぶのです。

この「集団」の次元で、人々は、様々な人間関係、結びつき、絆を感じます。そのため、本人にとっては重要な次元となります。

例えば、貧しい家庭で育って苦労して学校に通い、今やある程度の収入を得て妻子も養っている30代の男性がいるとします。その男性が、世界的に使用されているＶＰＩなどの検査で「芸術的」だと判定されたとしても、すぐに芸術家になるという話にはなりません。その人が背負っている家族なり、それまでの人間関係なりの「集団」があります。

私たちがキャリアや職業について考える際、否応なく影響を与えるものでありながら、従来あまり重視されなかった本人を取り巻く「集団」の重要性を指摘したのが、レオンの多文化キャリアカウンセリング論の最も重要なポイントとなります。

もっとも、この「個人」「集団」「ユニバーサル」の3つの次元のうち、特にどれかを重視しようと言っているのではありません。互いにバランスをとることが重要であると、レオンは言っています。これまでは「集団」の次元が少し軽視されてきたので、バランスをとって、この点を強調していると言えるでしょう。

文化的定式化（カルチュラル・フォーミュレーション）

レオンの最近の論文では、多文化キャリアカウンセリングに関する自らの考え方を「文化的定式化（cultural formulation）」という用語を使って説明しています。

「文化的定式化」は、アメリカ精神医学会が発行している精神疾患・精神障害の分類と診断のためのマニュアルＤＳＭ-Ｖ（精神障害の診断と統計マニュアル）の用語です。

レオンは、この概念をキャリアカウンセリングの領域に持ち込みました。文化的定式化には、次の5つの次元があると言います。

(a) 個人の文化的アイデンティティ
(b) キャリアの問題の文化的な概念化
(c) 心理社会的環境の文化的文脈
(d) 治療関係の文化的ダイナミクス[11]
(e) 包括的な文化的アセスメント（466ページ）

難しい言い回しですが、言おうとしていることはそれほど難しいことではありません。

まず、「(a)個人の文化的アイデンティティ」の次元とは、キャリアカウンセリングの場面でクライエントが抱える問題を「文化」という視点から見て、「文化」という視点から問題設定してみようという主張です。本人を取り巻く「文化」がどのくらい本人のアイデンティティに影響を与えるかが重要であると言っています。

次に、「(b)キャリアの問題の文化的な概念化」です。レオンは、それぞれの文化には固有の考え方があり、それに応じて、キャリアに対する考え方も違ってくると述べます。例えば、レオンによれば、アジア系とヨーロッパ系ではキャリア観が異なります。アジア系は、西欧系の文化に比べて、相互協調的で家族の影響を重視します。

アジア系アメリカ人は集団主義的な世界観を持っているので、個人主義的なヨーロッパ人とはかなり違った形でキャリアの問題を認識する。言い換えると、アジア系アメリカ人は、自分の問題を、たんに自分にとって重要な個人的な問題と考えることは少ない。個人的な関心・目標・希望と家族の役割・義務や責任との狭間で決定せざるを得ないという葛藤を経験するのである[12]（236ページ）。

そこで、「(c)心理社会的環境の文化的文脈」を考えなければならないという話が出てきます。例えば、アジア系アメリカ人は、キャリアの問題を自分だけの問題として考えることができません。つい親や親戚、家族に対する義務や責任まで考えてしまいます。さらに言えば、職場や会社の同僚や先輩や上司なども含めた自分の周囲の人のことまで考えて、わがまま勝手はできないと考えます。

そういうアジア系アメリカ人の心理的・社会的な環境を考えなければならないと、レオンは主張します。

さらにこの問題が根深い背景には、仮にアジア系アメリカ人のクライエントをヨーロッパ系のカウンセラーが担当した場合、まったく話が嚙み合わない可能性がある点です。

「(d)治療関係の文化的ダイナミクス」は、そのことを言っています。ヨーロッパ系のカウンセラーにとって、親や家族が自分の将来や転職についてあれこれ言うので悩むというのは、本来、考慮の必要がないことにこだわって、自分の問題に向き合っていないように見えます。カウンセラー―クライエントの「治療関係」には文化的なダイナミクス、すなわち文化による見え方の違いがあることに注意しなさいと言っているわけです。

最後に、「(e)包括的な文化的アセスメント」の言葉でレオンが述べるのは、キャリアカウンセリングに不可欠なアセスメントにおける文化的な配慮の話です。きちんと研究がなされて標準化された心理尺度でキャリア成熟度を測定しても、アジア系は西欧系に比べると成熟度が低いという結果になることが知られています。ヨーロッパ系のアメリカ人向けに作られた心理尺度では、どうしてもアジア系のアメリカ人は個人として自立しておらず、独立していないように結果が出るからです。

この文化によるキャリアアセスメントの違いに、早い段階から問題関心を持っていたキャリア研究者が、次に紹介するナディア・フアドです。

3 フアドの異文化キャリアアセスメント

異文化キャリアアセスメント論とは

ナディア・フアドは、異文化キャリアアセスメント論を中心に、1990年代から多くの研究を発表し、この領域をリードし続けました。2000年代に入ってからは、自身の研究を社会正義のキャリアカウンセリング論へと拡大させています。

フアドは、キャリアアセスメントには1つ大きな問題があると指摘します。それは、アセスメント、さらにはそれを取り巻くキャリアカウンセリングそのものが、アメリカの白人の主流文化を前提としているという問題です。例えば、フアドは次のように言います。

職業カウンセラーは、職業選択は個人の決定であり、仕事の機会は一生懸命働く人にとっては無数にあり、大学等の組織は学生を支援する親切な場所であると考えている。しかし、マイノリティのクライエントにとって、職業選択とは家族の決定であるかもしれない。一生懸命に働いても良いキャリアにならないという経験を多くしているかもしれない。組織的なレイシズムを多く経験してきたため、あらゆる組織に不信感を抱いているかもしれない[13]（5ページ）。

つまり、職業の選択が、本人自身の問題であり、意思決定であるという問題設定そのものが、アメリカ白人の主流文化を色濃く反映していると、ファドは言います。

頑張って働けば順調にキャリアを積み重ね、良い仕事にいくらでも移っていけるという考え方、さらには、人は適切にキャリアのサポートを組織的・制度的に受けられるという考え方そのものが、あくまでアメリカの白人文化を背景にしています。

それに対して、ファドは、概してマイノリティのクライエントの職業選択は、家族主義的・集団主義的だと述べます。階段を登っていくような長期的なキャリアを思い描ける場合ばかりではありません。多数派向けに作られた組織や制度は、意図的にではないまでも、知らず知らずのうちにマイノリティを圧迫します。

さらに、ファドは、アメリカ白人の主流の考え方を、言語的なコミュニケーションに重きを置きすぎだと考えます。また、あまりに個人主義的であり、合理的・論理的・直線的に問題解決を行い、時間に厳格で、長期的な目標設定を強調しすぎると考えます。

そして、キャリアカウンセリングで行われるアセスメントは、こうした考え方を前提に組み立てられているとファドは述べるのです。

確かに、通常のアセスメントは、言葉で教示文が書かれ、集団形式で実施するとしても回答は個人で行い、結果は数字で論理的に示されます。そして、あくまで、目先のことよりも長期的な目標を立て、計画を練ることを良しとします。

いわゆる通常のアセスメントそのものの背景に、そもそも、個人が合理的に論理的に長期的な計画を立てて、逐一、目標達成をしていくといった文化的なバイアスが、既にして含まれていると、ファドは指摘します。

文化的に適切なキャリアカウンセリングモデル

ファドは、アメリカに住む非白人の考え方として、長期的なキャリア目標よりは、具体的な行動に移しやすい短期的な直近の目標を好むと指摘します。

そのため、普通に白人向けのキャリアアセスメントを受けたのでは、長期的なキャリア計画を重視する白人に比べて、非白人は目先の結果のみにこだわる短絡的で思慮が浅いキャリア意識を持つという判定になってしまいます。

白人と非白人では、キャリア意識にまったく違いがあるという研究はたくさんあります。例えば、ホランドの6類型で、アフリカン・アメリカンは社会的─企業的─慣習的の得点が高い傾向があり、セールスや社会サービス、ビジネスなどの仕事を好む。一方で、アングロサクソン系は、現実的─研究的─芸術的の得点が高い傾向があり、生物学・物理学の研究職、技術職、専門職、美的・文化的職業を好むといった結果もあります。

また、日系アメリカ人に関する研究もあり、日系アメリカ人の男子学生は、アングロサクソン系の男子学生に比べて、現実的と研究的の領域で得点が高かった。一方、日系アメリカ人の女子学生はアングロサクソン系の女子学生に比べて、慣習的と研究的の得点が高かったという結果もあります。

これらの研究を紹介しつつ、ファドは次のようにまとめます。

文化は、職業アセスメントや職業カウンセリング全般で大きな役割を果たす。したがって、カウンセラーはクライエントの世界観と同時に、自分自身の世界観をも意識する必要がある。例えば、職業アセスメントの結果が、文化的なステレオタイプを固定化してしまわないように、極めて注意深くなければならない。特に、人種的・民族的な少数派は特定の職業領域で大きな割合を占める傾向があるということを理解する必要がある。他の領域の職業に進もうとしている場合には、よりいっそうの支援や働きかけが必要となるからである[14]（12ページ）。

つまり、文化はキャリアカウンセリングでは大きな役割を果たすので、カウンセラー・クライエントのそれぞれの世界観を意識する必要があると述べています。

特に、マイノリティのクライエントは、文化的な背景から十分に学歴や職歴を積めず、特定の職業に就かざるを得ない場合があります。新たな職業に挑戦しようとしているクライエントには、よりいっそうの支援を行うべきであることを言っています。

こうした発想から、ファドが提示するのが「文化的に適切なキャリアカウンセリング（Culturally Appropriate Career Counseling: CACC）」モデルです。

これは、以下に示したとおり7ステップからなるモデルです。

ステップ1　クライエントと文化的に適切な関係を築く
ステップ2　キャリアの課題を特定する
ステップ3　文化的な要因の影響を評価する
ステップ4　適切な目標とプロセスを設定する
ステップ5　文化的に適切な介入支援を決定する
ステップ6　文化的に適切な意思決定を行う（さらに問題を明確化したい時はステップ2へ）
ステップ7　計画を実行しフォローする[15]（345ページ）

ファドの差異的地位アイデンティティ

ファドは、ここまでは「文化」の影響を、人種・民族の問題として論じています。しかし、後には、人種・民族に話を限定せず、社会階層や経済的格差その他の様々な格差に伴う心理を総合的に説明する議論を行います。

ファドの学説で特に引用されるのは、「差異的地位アイデンティティ」です。この考え方は、少数派や非主流派に属する人に対するキャリアカウンセリングでは、文化に配慮することがなぜ大切になるのかを説明します。必ずしも人種や民族の文化だけの話に限定されないのがポイントです。

まず、この議論は、ふだん私たちはいろいろな観点から自分を捉えているという点から始まります。例えば、自分が「何人」かということ1つとっても、黄色人種でもあれば、アジア人でもあり、日本人でもあれば、東北人でもあります。男性でもあれば父親でもあり、一方で年老いた両親から見たら、今もまだ子どもでもあります。

ファドが何を言いたいかと言うと、自分にとって大切な特徴であるアイデンティティ（自分らしさ）はとても複雑で、単純に1つの特徴だけでは言えないということです。

これは、現代社会に生きる私たち全般の特徴でもあります。今は自分が所属している組織や集団の数が多く、複雑です。多様な組織や集団に生きているので、単純に、自分はどういう人間かというアイデンティティを形成しにくくなっています。

こうした現状を踏まえて、ファドは、現代社会におけるアイデンティティの形成には、一定の傾向があることを指摘します。

つまり、いろいろとあるその人の特徴のうち、その人が少数派・非主流派になるような特徴こそが、その人にとって重要なアイデンティティになると言うのです。

例えば、人が自分の性別を意識するのは、自分の性別が少数派になっている時です。男性ばかりの職場に就職した女性は、どうしても自分が女性であることを意識させられます。逆に、保育園の集まりやPTAの会合は、現状では女性が多いため、男性は少数派となり、どうしても自分が男性であることを意識させられます。

人種や民族などがアイデンティティの問題になりやすいのは、幼い頃から、自分が少数派になるような場面が多いからです。自分が少数派になることが幼い頃から繰り返されれば、それを内面化・内在化して成長してしまいます。

これがＰＴＡの会合に出席した男性の場合は、その会合から帰ってきてしまえば、ひとまず自分が少数派となる場面から逃れられます。しかし、白人が多数を占める社会の中では、自分が有色人種である場合、有色人種であるということを否応なしに意識させられ続けます。その社会にいる限り、逃げることもできません。結果的に、人種がその人の中心を占める重大なアイデンティティになるのです。

少数派・非主流派のアイデンティティ

ところで、そもそも、なぜ自分が少数派であり、非主流派である場合にその特徴が自分のアイデンティティになりやすいのでしょうか。どうしてあえて自分が少数派となってしまう特徴で、自分のことを考えてしまうのでしょうか。

それは、図と地のたとえで説明できます。自分が少数派である場合、自分は図の部分となります。そして、多数派は地の部分となります。そのため、どうしても目立ちます。目立つので、まさに自分の特徴をくっきり浮かび上がらせるものとなります。

この概念が「差異的地位アイデンティティ」と名付けられているのは、そのためです。自分と他人にくっきりと「差異」をつけるような特徴があって、かつ、その特徴で比べると自分がある特定の地位にあると分かってしまう時、それがアイデンティティとなりやすいということを言っています。

差異的地位アイデンティティの考え方から、具体的に何が言えるでしょうか。

自分が少数派となってしまう特徴が、自分のアイデンティティに根深く、刻み込まれている以上、何をするにしても、本人がそれを気にしないわけにはいきません。

世界的にみれば、まだ豊かで平和な日本にあって、自分が少数派と言えるほど、貧しかったり、差別されていたり、差をつけられている場合、それは、本人にとって、計り知れないほどのネガティブなアイデンティティになります。

ですので、何をするにしてもネガティブなアイデンティティを意識せざるを得ません。当然、職業や仕事、進路やキャリアの問題を考えるにあたっても、考えないわけにいきません。キャリア支援にあたっても、本人のネガティブなアイデンティティに配慮をしなければ、その人の本当のところは捉えきれないということになります。

ファドの「差異的地位アイデンティティ」の概念は、多文化キャリアカウンセリングの学術的・理論的・基礎的な説明を提供するものとして、これまで多くのキャリア心理学の研究者に引用されてきました。

日本で、異文化キャリアカウンセリングを考えるにあたっても、最も学術的・理論的・基礎的な説明として、十分に理解しておきたい考え方です。

4 ポープのLGBTのキャリアカウンセリング

同性愛者のキャリアカウンセリングの先駆者

多文化キャリアカウンセリングの研究の中から、ここでは同性愛者のキャリアカウンセリング研究も取り上げます。

同性愛者のキャリアカウンセリングの第一人者は、マーク・ポープです。

同性愛者のキャリアカウンセリングが本格的にキャリア関連の学会で議論されるようになったのは1990年代からです。アメリカは日本よりかなり進んでいるイメージがありますが、実践に先駆けて先進的な議論を行う学会であっても、しっかり議論されるようになったのは、この20年くらいのことです。

ポープの研究がよく引用されるのは、同性愛者に対するキャリアカウンセリングでは何に気をつける必要があるかを整理したからです。大まかに4つに分かれており、①カウンセラー自身の準備、②クライエントに着目した支援、③プログラム、④アドボカシーあるいは社会活動です[16]。

このうち、ポープが最も重視するのは、「カウンセラー自身の準備」です。特に、カウンセラー自身の偏見を意識するように言っています。

例えば、異性愛者のカウンセラーの極端な偏見の例として、同性愛者の行動を男らしいものに変えれば、やがて同性愛は治り、問題は無くなると主張する人間がいると、ポープは痛烈にやり玉に挙げています。

当然ながら、多くの人は、そこまで極端な考えを持つことはありません。しかし、異性愛者が多数を占める文化に育つことが多い私たちは、成長の過程で、無意識に、異性愛者としての価値観を深く内面化してしまいます。

そのため、同性愛者のキャリアカウンセリングでは、まずは、できるだけゲイやレズビアンの文化を知ろうとしなければならないとポープは言います。

ゲイの男性やレズビアンの女性、そしてその文化について知識を身につけるには、ゲイやレズビアンの文化に触れ、ワークショップなどに参加し、関連する小説や文献を読むのが効果的である。また、ゲイやレズビアンのクライエントや友人も、貴重な情報源となる[17]（162ページ）。

そして、キャリアカウンセラーが、どうしてもゲイやレズビアンのクライエントに対する偏見を捨てられない場合は、カウンセラーの倫理として、性的な少数派に偏見を持たないキャリアカウンセラーに交替しなければならないと述べます。

カミングアウト

次に、クライエントに着目した支援を行うにあたって、重要な事柄に「カミングアウト」の問題があります。

ポープは、これを、「自分に対するカミングアウト」と「他者に対するカミングアウト」の2種類に分けます[18]。

発達の過程で、自分の性的な指向を自分で受け入れることが「自分に対するカミングアウト」です。周囲の環境や社会が異性愛的であることを当然とする文化である場合、自分でも知らず知らずのうちに、自分は異性愛的であるべきだと信じます。また、周囲もそのように期待します。

そのような時、まずは、自分は周囲が期待している性的指向と異なる指向を持っているということを、自分ではっきりと認めなければなりません。この自分の特徴の受容、受け入れが、「自分に対するカミングアウト」です。

周囲の人間が、いわゆる「男らしい」仕事に就き、家を継ぎ、女性と結婚して、子どもをつくるようにと期待している場合には、自分の性的な指向を受け入れることは、特に大きな葛藤を引き起こします。それ以外の面では、家族や親戚、友人たちとうまくいっている場合にはなおさらそうなるでしょう。

こうした内的な葛藤があるために、自分の内面を他人に隠し、偽り、引きこもることとなり、自己嫌悪に至ります。この内的な葛藤を何らかの形で解消し、解決することで、次の発達課題へと進んでいけるとポープは言うのです。

ただ、内的な葛藤があるために、どうしても発達段階を乗り越えるのが遅くなっていきがちです。発達課題をこなすことが次々と連鎖的に遅れてしまうのです。

例えば、同性のパートナーと知り合い、デートをし、適切に関係を作り上げるといったことなどです。歳を重ねるごとに、未解決の発達課題が心の中に葛藤として残り続けることになります。これをポープは「発達的ドミノ効果」と呼びます。

一方、「他者に対するカミングアウト」は、私たちが知るような意味でのカミングアウトです。周囲に向けて、自分の性的な指向を告白するという意味でのカミングアウトです。

周囲に向けてカミングアウトするにあたって、特に注意を払う必要があるのは、家族に向けてのカミングアウトだとポープは言います。特に、同性間の性的な指向を簡単には受け入れられない家族文化を持つ場合に問題となります。

アメリカのキャリアカウンセリング関連の文献では、同性間の性的な指向を受け入れ難い家族文化とは、すなわち集団主義的な家族文化を持つ人種／民族であるという記述が出てきます。そして、その代表としてアジア系が持ち出されることが多いです。

例えば、ポープが紹介する1983年の研究に、ゲイの日系アメリカ人男性に関するものがあります[19]。ポープは、ゲイの日系アメリカ人男性のほとんどが友人にはカミングアウトしていたが、家族には半数しかカミングアウトしていなかったことに着目します。

そして、アジア系の集団主義的・家族主義的な文化では、ゲイであることは受け入れられない。アジア系は同性間の性的指向を受け入れるのが、難しい文化だとしています。

日本では「衆道」の言葉もあるとおり、江戸時代までは、比較的、男色を受け入れる文化であったという認識が一般的です。こうした私たち日本人の常識からすれば意外にも思われますが、しかし、このアジア系↓集団主義的・家族主義的↓同性間の性的指向に不寛容という図式は、アメリカのキャリアカウンセリング関連の文献ではよく見られます。

特にキャリアカウンセリング研究では、この人種／文化と性的指向がリンクし、重なりあって、二重の圧迫となっている点もよく着目されます。右に紹介した日系アメリカ人の研究も論文の主旨はそこにあり、日系人でかつゲイであるということの問題を取り上げています。以下は、論文に掲載されているゲイの日系人が述べた発言です。

20歳の時。その時が、第一にそのことを考えた時だった。第二に自分はホモ、それもたった一人の日系のホモに違いないと思った。そして、第三にこの問題を何とかして正そうと思った。たいていはネガティブな反応だったし、助けが無いと感じていた[20]（237ページ）。

20歳の頃、自分の内面をはっきりと自覚して衝撃を感じた。それは日系人で同性愛者だという二重の意味での衝撃だった。そして、自分はこの問題を解決しなければならないと思い、同時に、無力だとも思ったのです。

LGBTに対するキャリアカウンセリング手法

ポープは、LGBTに対するキャリアカウンセリングとして、具体的にどのような手法があると述べているのでしょうか。ポープは、おもに1990年代の文献をもとに、次のようなリストにまとめています。

- 学生・生徒に、モデルとなるゲイやレズビアンの専門家を紹介する。
- 全国的なレズビアン・ゲイの専門家のネットワークやコミュニティについて情報を提供する。
- ゲイやレズビアンに関する地域の身近なリソースに関する情報を共有する。
- ゲイやレズビアンの専門家と対話できる特別な機会を提供する。
- ゲイやレズビアンの専門家のジョブシャドウイングの機会を設ける。
- ゲイやレズビアンが所有あるいは経営する会社と、インターンシップやコープ教育のアレンジをする。
- メンタリングプログラムを作る[21]（168ページ）。

これらはいずれも先行研究で実践されたものですが、基本的に「モデル」「情報」「対話」「インターンシップ」「メンタリング」などのプログラムが中心になっています。

この中でも、ポープは、特に「モデル」の提示が重要だと述べます。その理由として、LGBTの職業選択は、社会的な職業ステレオタイプが根強いからです。

例えば、ゲイの男性の職業として、ヘアメイク、花屋、ダンサー、俳優、秘書、看護師、フライトアテンダントなど、伝統的に女性の職業とされてきた職業を思い浮べることが多いです。逆に、レズビアンの女性の職業としては、トラックドライバー、アスリート、機械工など、伝統的に男性の職業とされてきた職業を思い浮かべます。

これは、社会の側でそうした偏見があるというだけでなく、LGBTの人々自身の内側にも、こうしたステレオタイプは根強くあります。

ポープは、こうなる理由として、ゲイの男性の女性的な側面は、女性的な職業でよりいっそう受け入れられやすいと、LGBT自身が考えてしまうからだとしています。つまり、自分が受け入れられやすく、安心して働ける場所を考えた場合、過度に性別ステレオタイプを反映した職業を思い浮かべがちになるわけです。

例えば、女性的な側面を持つゲイの男性は、一般事務の仕事に就くと、その女性性がぽっかり職場で浮かび上がってしまう。しかし、これがファッションやヘアメイクのような業界であれば、もともと女性的な側面が濃厚な職場であるために、自分の女性性が浮かび上がることがない。そのように考えてしまいます。

しかし、当然ながら、多くのLGBTの人々が様々な職業に就いて働いています。ですから、LGBTの人は、何も女性性・男性性が際だった職業に就く必然性はありません。そのため、LGBTの本人自身の思い込みを和らげ、様々な可能性があることを「モデル」を提示して伝えることが、重要であると考えられているのです。

また、先ほどのポープのリストでは、ジョブフェア、サポートグループも挙がっています。ジョブフェアはLGBTの採用を考える求人企業を集める合同説明会です。サポートグループとは「ジョブクラブ」の名称でも知られる取り組みです。LGBTの求職者に集まってもらいグループを作り、グループで求職活動を進める取り組みです。どちらも、求人求職のマッチングの効果が高いプログラムとして、よく知られています。

総じて、LGBTのキャリア支援の特徴は、繊細さが求められる点です。社会の多数を占める人間にとっては、些細なこと、たいした事ないこと、ちょっと我慢すれば済むじゃないかと思えることが、とても重要で、重たく、本質的なことです。また当然ながら、LGBTの方でも、人によって、どこが気になり、何が問題で、どうしてほしいかは微妙に異なります。

ただ、これはLGBTに限らず、社会正義のキャリア支援では、どのような対象者についても言えることです。社会の周辺に位置する少数派であればこそ、その対応は慎重に個別になされる必要があります。それがLGBTのキャリア支援では先鋭的に現れていると言えるでしょう。

5 アルルマーニの東洋のキャリアカウンセリング

西洋のキャリア観の特殊性

多文化キャリアカウンセリング論の典型的な論じ方として、インドの研究者であるギデオン・アルルマーニの議論を紹介します。

アルルマーニは、国際キャリア教育学会の要職を務めるなど、キャリアガイダンスの国際的な議論をリードする研究者です。イギリスで教育を受け博士号を取得し、欧州キャリアガイダンス論の大家であるワッツの影響を受けています。

アルルマーニの研究は多岐にわたりますが、その1つが、西洋とは異なる東洋のキャリアの追究です。国際キャリア教育学会の2015年国際大会はつくば市で開催されましたが、その時、シンポジウムでアルルマーニが提起した議論も東洋のキャリア論でした。

では、東洋のキャリア論とはどういうものでしょうか。

アルルマーニは、シンポジウムの中で、インドの道端で花を売るジャスミン売りの青年の写真をスクリーンに大写しにしました。青年は花を売りながら、片手に携帯電話を持って、その画面を熱心に見入っています。

アルルマーニは、この写真を見せて、この青年にはどういうキャリア支援が必要かを来場者に質問したのです。その上で、次のように述べます。

例えば、ここに道端でジャスミンを売っているインド人がいるとします。ですが、手には携帯電話を持っています。この人はジャスミンを売るということで生計を立てている。そして、この携帯電話を手に入れたというだけでハッピーなんです。この人に対してキャリアカウンセラーは何と言うでしょうか。きっと教育訓練を受けてもっといいアウトカムを得なさいと言うでしょう。資格を取りなさいと言うでしょう[22]（85ページ）。

インドのジャスミン売りの青年に対して、良い教育を受け、訓練を受け、資格を取って、キャリアの目標の実現に向けて高みを目指し、向上し、進歩していくように求めるイメージこそ、西洋のキャリア観にほかならないと、アルルマーニは言います。

アルルマーニは、さらに次のように述べます。

「キャリア」と言った場合には、もっとすてきな、お金がたくさん入りそうなイメージがあるわけです。都市に移って都会に移ってキャリアを積み上げて収入を上げていく。そういうシティージョブのほうが良いと考えられています。なので、キャリアにはきちんとした教育が必要だと言われるわけです[23]（85ページ）。

アルルマーニは、西洋のキャリアは「たくさん作って消費する、もっと多く求める、もっとたくさん食べる、もっと買ってもっと作る」という物質主義的・個人主義的な西洋文化を背景にしていると考えます。

しかし、それは、あくまで西洋文化であり、何ら普遍性があるものではない。アルルマーニは、植民地化あるいはグローバル化によって、外からインドに入ってきた文化に過ぎないと述べるのです。

「東洋」のキャリア観とは

アルルマーニの問題意識には、インドにあって無視し得ない素朴なリアリティが存在しています。インドでは、「10年前は、キャリアガイダンス、キャリアカウンセリングといっても、そうした職業は成立すらしなかった」という状況があったからです。

インドでは、籠づくり、シルクペインティング、ガラス職人のような職人的な働き方で生計を立てている人は多いと、アルルマーニは述べます。

学校で勉強して資格を取って都会の労働市場に出ていく「シティージョブ」は、「工場で働く人、大学の先生、弁護士さん」といった職業であり、ごく少数の仕事です。世界の大半の人たちは農業をやり、伝統的な仕事についている人たちだと言います。

例えば、アルルマーニはモルディブの漁師に言われた言葉を紹介しています。

「海に魚がいる限り、あんたが言うところのキャリアなんて俺は考える必要はないんだ[24]」（84ページ）

海で魚をとることで生活できるのであれば、本来それで十分であり、そこに「キャリア」といった概念が必要であるはずがありません。モルディブの漁師の言葉を裏返せば、「キャリア」という概念が必要になるのは、海で魚をとることだけでは生活が満たされなくなったからです。要するに、西洋の文化を背景としたキャリア概念が蔓延したからです。そうした根本的なキャリア概念批判が込められています。

このように、ある文化にはその文化固有のキャリア観・職業観というものがあり、その文化に配慮してキャリア支援を考える必要があるという論じ方が、典型的な多文化キャリアカウンセリングの議論です。

では、アルルマーニは、東洋ではどうすべきだと述べるのでしょう。

アルルマーニは「生計（livelihood）を立てる」ということを重視すべきであると言います。高収入につながる都会の「シティージョブ」ではないが、生存のためにやらなくてはならない仕事を重視する。それは道端でジャスミンを売るような仕事であるが、それでも、その青年は携帯電話を手に入れたというだけでハッピーなのであり、そのこと自体は否定すべきものではない。アルルマーニは、インドの現実を目の前にして「生計を立てる」ために働くということを全面的に肯定していきます。

アルルマーニは、ガンジーの次の言葉を紹介します。

> 「読み書きができないと人間はその能力を発揮することができないという迷信があるが、これはおかしい」[25]（85ページ）

教育を受け、資格をとり、学歴を身につけ、どこまでもキャリアを積み上げて収入を高めていく仕事でなければ、人間は自分の能力を最大限に発揮できないと考える先進国のキャリア観に疑問を突きつけます。インドの現状に即した素朴で伝統的な「生計を立てる」という考え方に立脚したキャリア支援のイメージを強く押し出しています。

多文化キャリアカウンセリング理論と日本文化

アルルマーニのキャリア観は、いかにもアジア的で、日本人にも理解が容易なものです。多くの日本人が内心、感じていたキャリア観を説明しているようにも受け取れます。

日本では、時々、確固たる明確なキャリア目標を定め、それに向けて計画的に行動していく考え方を批判する論調があります。日本人にとって、明確なキャリア目標やキャリア意識というものが、いかにもバタ臭く、外国の受け売りのような感じがするからです。そのため、日本では繰り返し批判されることになります。

むしろ、日本でも、日々の「生計を立てる」ことを重視し、きらびやかな職業生活ではなくとも、携帯電話1つを手に入れることが最上の幸せであるような生活に共感を抱く人は多いでしょう。

そういう土着の文化や価値規範にそったキャリア支援を重視するのが、多文化キャリアカウンセリング論の最大の特徴です。

日本では「キャリア自律」という言葉が定着しつつありますが、この言葉も、むしろ日本独自の考え方です。というのも、欧米ではキャリアを自律的に考えるのは、むしろ当然で、それを改めて強調するというのもおかしな話だからです。

では、なぜ日本では、今、改めて「キャリア自律」が強調されるのでしょうか。

ここまでの話の流れから言えば、日本では、もともとキャリアを個人の問題として自律的に考える文化がないからです。そのため、繰り返し強調しないと、日本人にとっては、なかなか自然には「キャリア自律」はなじみません。

例えば、先ほど本章でも紹介したレオンは次のように述べます。

（西洋社会では）通常、個人の目標が強調され、他者・集団・組織の目標について考慮することは少ない。しかし、（アジアなどの）集団主義の文化では、集団が生存の最小ユニットであり、集団の関心、価値、目標にかなり重きが置かれる。ここで「集団」とは、家族・親戚から職場、仲間、階級、国まで様々な形態のものを言う。集団主義の文化では、常に、集団の目標が達成できるように、個人の目標を下位に従属させる(26)（466ページ）。

西洋に端を発するキャリア概念は個人を強調しますが、それとは異なるアジア的なキャリア観があり、広い意味での集団を重視します。文化的に、個人を強く打ち出すことがないために、何度も何度も、改めてキャリア自律を強調しなければなりません。

また、こうした議論から思い出されるのは、「若手社員が変に自分のやりたいことにこだわるが、最初からやりたいことができるわけがない。石の上にも三年、我慢も大事だ」とたしなめる議論です。日本人からすれば全く当然のように思えるこうした議論も、日本独特であることは知られていません。

海外に無いわけではありませんが、日本ほど重視されません。自分のキャリアである以上、自分がやりたいことをやるのは当然だと考えるのが、西洋のキャリア観だからです。

西洋のキャリア観からすれば当然である自分の興味や関心といった内的な指針をもとに自律的にキャリアを管理することを、日本ではすんなりと肯定することが難しい。強い個人としてキャリア自律を求めれば求めるほど、日本のキャリア環境では問題が生じます。

日本でも、ちまたで言われるキャリア論は、国内外で転職を繰り返し輝かしいキャリアを築いた強い個性を持つ人によって語られます。しかし、縦横無尽に自律的なキャリアを構築できる人は多くありません。そういう人にとっては、個人よりは集団を優先する考え方がしっくりきます。

強い個人であろうとして、ついていけなかった多くの人に、等しく目を向けようとする社会正義のキャリア支援からすれば、日本人の素朴なキャリア観も十分に念頭に置いてキャリアを考えていかなければならないでしょう[27]。

6 サヴィカスの多文化キャリアカウンセリング論

サヴィカスと多文化キャリアカウンセリングの接点

サヴィカスのキャリア構築理論も、多文化キャリアカウンセリング理論の1つとして紹介されることがあります。

キャリア構築理論は、日本でも、最近はキャリアカウンセラーの間で話題になる、よく知られる理論となりました。日本語でも優れた関連書籍が出版されていますので、キャリア構築理論およびその関連理論そのものの詳細については類書に譲ります[28]。

さて、キャリア構築理論と多文化キャリアカウンセリングのどこに接点があるかですが、この点について、サヴィカス自身が述べている文献は多くありません。

むしろ、ブルースティンのようなアメリカ東海岸の社会正義論の研究者が、サヴィカスに言及することが多いので、それを取り上げます。

ブルースティンは、キャリア構築理論で用いるナラティブなアプローチが、本人自身のものの見方を重視するにあたっては有益であると評価しています。

先にフアドの多文化キャリアアセスメントで説明しましたが、従来のアセスメントではクライエントの環境や文化が反映されにくい場合があります。

その点、キャリア構築理論が重視するキャリア構成インタビューや質的アセスメントのような技法は、クライエント自身に話をしてもらうことを重視する技法です。クライエント本人から話を引き出すことを目的にするので、自ずと、クライエント自身の環境や文化を反映した話に着目することになります。

クライエントに何らかの文化的な前提を押しつけず、社会の多数派が優位に立つような価値観を持ち込まずに、クライエント本人からわき上がるものに着目する点が、社会正義の論者には有益に感じられるわけです。

その上で、ブルースティンは、クライエント自身が現状をどう理解しているかをカウンセラー側で把握しやすい点、したがって、クライエントがぶつかっている環境的・文化的問題点をも把握しやすい点、結果的にクライエントに目下、どのような支援を提供すれば良いのかを把握しやすい点も、キャリア構築理論を社会正義のキャリアカウンセリング論に適用するメリットとして挙げています。

多文化キャリアカウンセリング・シンポジウム

サヴィカス自身が多文化の議論に言及した文献も少ないながらあります。

例えば、1993年に全米キャリア開発協会の学会誌で多文化キャリアカウンセリングのシンポジウムをもとにした特集号があります。この特集では、冒頭、次のようが紹介文があります。

> このシンポジウムでは、クライエントのキャリア発達の必要性を、北米の企業文化が描く特異な視点からではなく、様々な文化の多様なものの見方で考えるようカウンセラーに求めている。（中略）このシンポジウムによって、文化が、職業行動における1つの変数であるという自覚を深め、「文化的なカプセル化」によって生じる危険性を認識し、適切で効果的な多文化キャリアカウンセリングが広がることを望む[29]（3ページ）。

この紹介文を書いたのは、当時、雑誌の編集長であったサヴィカスです。サヴィカスも「北米の企業文化」の視点は、むしろ特殊なものだと指摘しています。ここでは、おおむね個人主義的、市場主義的、競争主義的な資本主義の考え方を指しています。

そして、サヴィカスは、「様々な文化の多様なものの見方」でカウンセラーは考えなければならないと述べるわけです。

ここでは「文化的なカプセル化（culture encapsulation）」という言葉も目を引きます。この言葉は、言い換えれば、文化的な閉じこもりです。自分と異なる文化を理解せず、無視し、自分の文化という「繭（まゆ）」の中に閉じこもる傾向を言います。

これがやっかいなのは、普通の人々は、「文化的なカプセル化」を自分を守るために自然に行っているという点です。人々の移動も激しく、情報化も進んだ現在、人は自分と異なる文化を持つ人たちに接しやすくなっています。

異文化なものは、基本的にストレスとなり、重荷になります。誰しも、自分と異なる考え方や意見を言われれば、それとは関わりを持たず、自分の文化が通じる範囲内で閉じこもろうとします。それが楽ですし、自分を守ることにつながるからです。

しかし、これがキャリアカウンセリングの場面では問題になると言っているのです。

少なくとも、カウンセラーがクライエントに向き合う際には、この文化的な「カプセル」「繭」を破って、多文化を受け入れる必要があります。

これは、簡単に言えば、自分の中にある文化に対する偏見や差別を常に意識するということでもあります。

他の章でも取り上げますが、多文化キャリアカウンセリングがまず真っ先に求めるのが、キャリアカウンセラー自身の自覚です。キャリアカウンセラー自身の偏見や差別を自覚することが、社会正義のキャリアカウンセリングの第一歩となります。

コンストラクション系のキャリア理論と社会正義論の接点

サヴィカスのキャリア構築理論に代表されるコンストラクション系のキャリア理論と社会正義論

は、どちらも90年代以降、従来のキャリア発達理論を批判的に継承して生まれた理論的な動向です。コンストラクション系の理論がクライエントの内側・内面にもぐっていくとすれば、社会正義論は外側・環境に開いていきます。その意味では、両者は表裏一体の考え方であり、両輪がそろって初めて現代のキャリア理論となります。

コンストラクション系のキャリア理論と社会正義のキャリアカウンセリング論の接点を整理すると、次の3点になるでしょう。

第一に、コンストラクション系のキャリア理論は、基本的にクライエント本人の「ナラティブ」を重視する点にあります。この点が、多文化―社会正義のキャリアカウンセリングと関連します。「ナラティブ」が、本人の本人による本人からみられた人生の物語である以上、そこにクライエント本人の文化や環境の問題があからさまに現れるからです。

リチャードソンは次のように述べます。

> 人は社会的な地位だけでエンパワーされたりされなかったりするのではない。社会的な地位は、その人がアイデンティティとしている文化や、参加したいと思っている文化と結びついている。その文化によって自分の地平が制約を受けていることを自覚することもあれば、その地平のうちにとどまりたいと考える場合もある[30]（228ページ）。

クライエント本人のナラティブに示される「文化」とは、すなわち、本人が生まれ育った社会背景や経済環境を示します。そして、そうした文化こそがクライエント自身の行動や考え方を制限します。

その意味では、社会正義のキャリアコンサルティングは、言わば、本人のナラティブに立ち現れる文化の壁を打ち破ろうとする取り組みでもあります。

第二に、コンストラクション系のキャリア理論は、カウンセラーとクライエントが互いに対話をする中でクライエント本人に必要な支援を模索していくという側面があります。

この点が社会正義のキャリアカウンセリングとなじみが良いのです。

社会正義のキャリアカウンセリングの対象となるのは、基本的には社会的弱者です。本来、社会の中心から周辺に追いやられている少数派であることが多いです。ですので、いわゆる普通の支援の枠組みが当てはまりません。相談内容の多様性が高く、個別性が高いため、クライエントそれぞれに支援の方向や方策を考える必要があります。

この点、コンストラクション系のキャリア理論は、キャリアカウンセリングの型にはめることなく、クライエント本人に必要な支援を話し合いの中で手探りで考えていきます。そもそも社会正義論と方向性が似ています。

第三に、右の2つの事情から、コンストラクション系のキャリア理論では、職業カードソート技法(31)のような質的キャリアアセスメントの手法や、投影法的な面が強いキャリア構築インタビューのような手法を好みます。この点も社会正義のキャリアカウンセリング論となじみが良いです。

一律の、いわゆる標準化されたテストや検査では、そもそも標準的ではない少数派のクライエント、周辺的なクライエントはうまく測定できません。

カウンセラーとクライエントの話し合いが活発になされるような介入技法でなければなりません。質的アセスメントの技法やインタビュー技法は、もともと話し合いを促すことを目的に作られていることが多いです。

これらの技法は、言語的にハンディキャップがある場合でも、つまり外国人や移民・難民である場合、障害がある場合、学力が低い場合などにも実施できることが、さらに社会正義のキャリアカウンセリング論との結びつきを強めます。

以上、コンストラクション系のキャリア理論と社会正義論の接点は、①ナラティブを重視すること、②対話的であること、③技法的になじむこと等にあると言えるでしょう。

7 ブルースティンの「忘れられた半分」

社会階層のパーニシャスな影響

多文化キャリアカウンセリング論を引き継いで、キャリアカウンセリングと社会階層の議論へと話を進め、現在、社会正義のキャリアカウンセリング論のアメリカにおける第一人者であるのがブルースティンです。

ブルースティンにとって、学校から職業への移行で最も重要な要因は社会階層です。労働者階級や貧困層では特に重要であり、社会階層は「最もパーニシャス（pernicious; 致命的、有害）」な影響を与えます。そして、学校から職業への移行がうまくいかないことが、その後の職業生活の各方面へと波及していきます。

しかし、リチャードソンが指摘したとおり、労働者階級や貧困層には社会階層の問題などないかのように、従来のキャリア研究はみてきました。結果的に、キャリア研究で労働者階級や貧困層は「忘れられた半分（forgotten half）」だったと、ブルースティンは述べます。その上で、社会階層に関する研究の必要性を指摘します。

職業の世界へうまく参入するバックグランドがない個人を、カウンセラーはいかに助けうるのかを理解するため、社会階層が職業選択やその結果に与える影響を、労働者階級や貧困層の個人の視点から、十分に理解する必要がある[32]（312ページ）。

カウンセラーが、労働者階級や貧困層の若者の進路選択をうまく支援できるようにするためにこそ、彼らの視点から職業やキャリアを理解する必要があります。そのような問題意識で行われた研究が、有名な「忘れられた半分の声」研究です。

アッパーな若者とローワーな若者の「意識」の違い

ブルースティンの論文「忘れられた半分の声：学校から職業への移行における社会階層の役割」は、社会正義のキャリアカウンセリング論の中で、最も重要な論文です。他の論文に引用される回数も飛び抜けて多い論文です。

この研究は、10名の中位から上位の階層の若者、下位3分の1の階層の若者に対するインタビューを行った調査結果に基づいています。これらの若者は全員、大卒ではなく、アッパー（上位）の若者は全員がヨーロッパ系アメリカ人、ローワー（下位）の若者は3名のアフリカ系アメリカ人、1名のヒスパニック系のアメリカ人が含まれています。ブルースティンは、この点について、他の条件はアッパーとローワーで可能な限り一定にできたが、人種と階層は密接に関連しており、結果的にアッパーにヨーロッパ系アメリカ人が偏ることになったと述べています。

さて、この論文は、インタビューで語られた言葉をもとに、社会階層によって職業意識やキャリア意識のあり方がまったく異なることを、はっきりと示しました。

例えば、「職業の意味」を問われて、アッパー（上位）の若者は次のように話します。

「自分の能力にあった仕事というのがあって、それをやること。自分がやりたいキャリアの領域があり、自分の最大限の能力を活かすこと。それが自分にとっては成功だと思う[33]」（315ページ）

それに対して、ローワー（下位）の若者は、次のように話します。

「お金だと思う。浅はかだけど、お金は大きな部分を占める」
「重要なのはお金。それこそ自分がここから出かけて、お金を稼ぎたいと思う理由[34]」（315ページ）

アッパーな若者にとっては、自分の能力にあった仕事をすることが重要なことであり、また、そうした仕事があると考えています。一方、ローワーな若者は、仕事をする理由はお金であり、また、それしかないとさえ考えています。
また、アッパーな若者は、はっきりとした夢や目標を持ち、それを実現しようとします。12歳の頃から警察官になりたかったと話す若者は、現在はガードマンのような仕事についています。それについて次のように述べます。

「今やろうと思ってるのは、警察の仕事に就くこと。だから、この仕事は似てる。何かの時のために警官のように裁判所に行かないといけないし。んー、これは警察の仕事とよく似てますね[35]」（315ページ）

また、看護師の助手の仕事をしている若者も次のように述べます。

「また学校に行こうと思う。看護の学校に行く。それが私のやりたいことです[36]」（315ページ）

つまり、アッパーな若者は、自分のやりたいことがあり、それを目標にして、いわゆる自己実現をしようとするのですが、ローワーの若者はそうした発言はしません。
なぜかと言えば、ローワーな若者は、むしろ経済的な事情をより重要視するからです。具体的には、お金の問題を差し置いて、そういう「経済的なサバイバル」を抜きにして、学校に通うようなことは考えられません。

「お金。ローンや奨学金がとれれば問題ないとは思う。気がかりは、働く時間を削って学校に行って、それで家を維持できるかってこと。お金が自分の唯一の障害[37]」（316ページ）

アッパーな若者とローワーな若者の「環境」の違い

アッパーな若者とローワーな若者では、彼らを取り巻く環境も異なります。例えば、彼らが通った「学校」も、またそれぞれ異なるものとして受け止められていました。例えば、アッパーな若者は次のように発言しています。


「本当に良い学校だった。学校中にコンピュータがあって、本もたくさんあった。でっかいガイダンス部門もあった」

「高校では、んー、本当に良いカウンセラーがいました。ええ、何か必要なときには、いつも居ました。いつか学校でジョブフェアみたいなのがあって、それは本当に良くて、いろんな分野から人が来て、仕事やスタッフのことに詳しかった」

「(カウンセラーには)とても助かった。よく出かけていって、質問に答えてもらった。得意な分野、好きな分野、性格にあった分野は何かとか、話してくれた[38]」（316ページ）

一方で、ローワーな若者では「学校」はまったく別のものでした。

「カウンセラーはいましたよ。彼女に会いに行きました。学校には本当に行っていなかったし。だからクラスを変えに行っただけ。キャリアの話じゃなくて。いや、彼女は私を助けてはくれませんでしたね[39]」(317ページ)

極端な場合には、ローワーな若者はカウンセラーに高校の退学を勧められてもいます。理由は暴力の恐れがあるからというものでした。

また、ローワーな若者の口ぶりからは、そもそも彼らの親の「学校」の受け取り方がまったく違うようでした。

「いい？　親たちってのはちっとも学があるって人間じゃない。だから、大学のことなんかまったく分かっちゃいないんだよ」

「私の父は、それはつらい環境で育ちました。だから、彼は私によく言いましたよ。『学校はやめて働け。どうせ学校で何するってわけでもないんだろう』って[40]」(317ページ)

これに対して、アッパーな若者たちが親との間で抱えた問題とは、大学に行きたかったが授業料の工面がつかなかったといったことであり(この調査の回答者はアッパーもローワーもすべて非大卒です)、「学校」そのものが疑われる環境にはありませんでした。

こうした社会階層と絡み合った文化、環境、慣習が、若者が育つ過程で本人の内面深くに染み込んでいきます。将来のキャリア計画のような本人のアイデンティティの中心にあるような職業意識にも影響を与えていきます。

例えば、アッパーな若者は12歳の頃から女性警官になりたいという夢を持っていました。彼女の親もそれを応援したし、警官に関係がありそうな課題活動に参加させてもらったりもした。なので、彼女は「パトカーの無線の使い方なんかも教えてもらった。そういうのが面白かった」と答えています。

それに対して、ローワーな若者は次のように言っています。

「自分は本当に計画はしない。その日その日をやっていくだけ。何か計画立てるなんてできない。明日、車にひかれるとか、そんなことがあるかもしれない。だから、前に進むだけ[41]」（319ページ）

結局、ブルースティンは、キャリアを通じて自己実現するとか、そのために計画を立てるとか、そのために学校や親が助けてくれたり支援してくれたりするとか、そういうことすべてが、本人が生まれ育った環境によると主張します。

心理学以外の、社会科学系の学問では常識とも言える考え方ですが、それが心理学、特にカウンセリング心理学、キャリアカウンセリング論では弱すぎた。だから、もっと環境や文化を加味して考えなければならない。そうでなければ、キャリアなどという考え方にはまったく現実味がないと言うのです。

8 そして社会正義へ—ブルースティンのワーキング心理学

生存と力の手段としてのワーク

ブルースティンは、さらに研究を発展させて「ワーキング心理学」を主張します[42]。ワーキング心理学では、「ワーク」を人の生活の最も中心的なものと捉えます。この「ワーク」の重視は、この章の冒頭に紹介したリチャードソンの考え方を引き継いでいます。前述したとおり、リチャードソンは、人の生涯にわたる「キャリア」という概念を批判して、むしろ日々、人々が行っている「ワーク」を重視しました。

ブルースティンも同様で、従来のキャリア発達理論が言うような自分の興味、希望、価値観で自由にキャリアを選択できるような人は一握りであり、したがって、みながみな、自分で組み立てて行くようなキャリアを重視しているわけでもないとします。

このあたりは、前節で紹介した「忘れられた半分」研究の成果をもとに言っています。

その上で、ブルースティンは、ワークの機能は3つあると述べます。

- 生存と力の手段としてのワーク
- 社会的なつながりの手段としてのワーク
- 自己決定の手段としてのワーク

生存と力の手段としてのワークとは、食物、水、服、安全、住居のためのワークということです。ブルースティンは、マズローを引用して説明していますので、マズローの欲求階層説のような意味で、生存のために人は働くとしています。マズローは、生理的欲求、安全の欲求、所属と愛の欲求、承認欲求、自己実現欲求の5段階に欲求を分類しました。そして、下位の欲求が満たされてから上位の欲求が出てくるとしました。

ブルースティンも似たようなことを言っており、まずは生存の欲求を満たすために人は働くとしています。

ここに、心理的、経済的、社会的な意味での「力」を含めるのがブルースティンの特徴でもあります。現代社会においては、いろいろな意味で「力」がないと、生存の欲求が満たされないという現実的な認識があります。

もちろん、ブルースティンは、この「力」がアメリカ社会では平等ではなく、教育・訓練の機会は個人の遺伝的な特徴（要するに、肌の色ということですが）で偏っていると考えているのです。

ブルースティンは、いわゆるキャリア発達理論が言うような自分の興味で、自由意志と自由選択で形作るピカピカのキャリアを「グランド・キャリア・ナラティブ」と呼びます。そして、次のように述べます。

グランド・キャリア・ナラティブの考え方は最善ではあるが、残念なことに、その考え方は世界の多くの人々にとって現実ではない[43]（297ページ）。

だからこそ、キャリアカウンセラーは、多くの人々のグランドな、つまり「壮大で、豪華で、気高く、立派で、快適な」キャリアを妨げている障壁に敏感になり、それを念頭に置いた上で、グランドではないキャリアを歩まされている人々に適切な支援を提供しなければならないと、ブルースティンは言うわけです。

社会的なつながりの手段としてのワーク

2つめの社会的なつながりの手段としてのワークは、むしろ日本人にとってはわかりやすいワークの機能です。

仕事を通じて人とつながる。職場がサポーティブな環境で、互いに助け合う風土があれば、人は気持ちよく働くことができる。人は、ワークによって、人や社会、世界とつながることができる。

こういう理屈は、人間関係を大切に感じる日本人には、むしろ理解しやすいでしょう。

ブルースティンも基本的にはそういうことを言っていますが、さらに、仕事を通じた人との関係こそが、人が仕事をする際の重要なアイデンティティになる、また、その人らしさを表現する土台となると言っています。誰かが認めてくればこそ、自分の仕事や働きを自分のアイデンティティとして誇りに思うことができるというものでしょう。

そして、だからこそ、逆に、そういう機会が何らかの障壁によって奪われてしまうと、孤立し、誰からも相手にされず、ひとりぼっちになる。それは単に孤独であるという以上に、仕事で人とつながること、そのつながりを通じて、自分の自分らしさ、つまりアイデンティティを感じることもできなくなると言うのです。

結果的に、この社会的なつながりの手段としてのワークの機能が満たされないと、人は、メンタルヘルスを害します。キャリアとメンタルヘルスの統合も、ブルースティンが関心を持って取り上げる論点です。社会正義の観点から、社会的・経済的な阻害要因がキャリアのみならず、結局はメンタルヘルスにも悪影響を及ぼすことを問題視するのです。

自己決定の手段としてのワーク

結局は、ブルースティンも、自己決定の手段としてのワークを最も重視します。ただし、自己決定の手段としてのワークに対するブルースティンの説明は、アンビバレント（両義的）です。つまり、良い面と悪い面の両面で揺れ動いています。

ブルースティンも正統派のキャリア心理学者ですので、自律的・自立的なキャリア形成を良しとします。ワークを、自分の興味や関心で決められるならば、それが一番です。自分で自分の仕事を決定できるならば、それが最高に良いことなのは間違いありません。

しかし同時に、ブルースティンは、それが誰にでも手に入るものだとは考えていません。ブルースティンは一貫して「忘れられた半分」を忘れてはいけないと考えているからです。社会階層、家庭環境、人種、性別、民族など、様々な社会経済的な制約や障壁によって、自己決定の手段としてのワークなど、ゆめゆめ考えられない人たちがいる。そういうリアリティというものを、無視してはいけないと考えます。

自己決定の手段としてのワークを重視できないように仕向けられている人たちがいる。その人たちは、ワークを生存と力の手段として捉えている。あるいは社会的なつながりの手段として捉えている。その現実を、真正面から受け止める必要があると述べているのです。

その上で、それでも、自己決定の手段としてのワークを重視します。何かに強制されたり、圧迫を受けたり、抑圧されたり、隷属させられたりすることのないよう、自分のことを自分で決めることを重視します。それが「職業選択の自由」ですし、さらに言えば、端的に「自由」であることを保障することになります。

ブルースティンは「忘れられた半分」に着目します。貧しかったり、家庭に問題があったり、差別されたり、機会に恵まれなかったりして、思うようなキャリアを作り上げられる状況にない人がいるというのが、ブルースティンの「発見」です。

願わくば、少しでも頑張って働いて、少しでも多くお金を稼いで、自分の身の回りの人の少しでも生活を楽にしたいと思うのが、私たち庶民の願いです。何も贅沢な暮らしをしようというのではありません。お金があれば、老親に楽な暮らしをさせてあげられます。子どもが行きたいといった学校に通わせることができます。家族のためにささやかな住居も確保できます。

自分が出世するとか昇進するといったことではなく、日々の生活の糧を得て、身近な人を幸せにできるように、家族がお金がなくて困ったり、子どもや親兄弟の選択肢が狭まったりしないようにすることまで含めて、キャリアは基本的に、自分たちの生活を「良きもの」にしたいという根本的な動機があって成立するものです。

そうでなければ、どうして自分の生活やキャリアを真面目に考えるでしょうか。

七転八倒して何とか生計を立て、年老いた時ふと後ろを振り返り、自分や自分を取り巻く人々にささやかな幸せを何とか確保してきた。そう思えることが、私たち多くの人間に共通する大きな目標です。

その時、「上半分」の人と、そうではない「下半分」の人の間に無視できない差が生じていて、そこに手助けする余地があるのであれば、そこに深い問題意識を持つべきである。これがブルースティンの基本的な主張です。

そして、人の仕事やキャリアの手助けをしたいと志したキャリアカウンセラーならば、そこに強い問題意識を持ち、少なくとも自分がプロフェッショナルとして働いている時は、そうした人々の立場に立った活動を考えてはどうか。社会正義のキャリアカウンセリング論は、ここに来て最も素朴な原点に立ち返ったことになります。

9 多文化と社会正義を掘り下げる

「多文化から社会正義へ」で説明されていないこと

多文化キャリアカウンセリグから社会正義のキャリアカウンセリングは、本章で説明してきたように、通常、連続的なものとして説明がなされます。

この連続的な変化の背景にある思想や物の考え方がきちんと説明されることが、海外の文献では多くありません。

特に、海外の社会正義のキャリアカウンセリングの研究者は、多文化から社会正義へという研究パラダイムの変化の背後にある視点や観点の変化を、不思議なほどに説明しません。多くは、多文化を重視しているうちに、それでは不十分だから社会正義に変わっていきました程度の説明にとどまります。

しかし、私見では、「多文化から社会正義へ」の発展には、極めて大きな理論上の変化がありま す。それは、社会正義のキャリアカウンセリング論のいちばんの肝、もっとも重要で大切な部分です。

それを以下に説明します。

まず、多文化キャリアカウンセリングは、その論理の根幹に、多様で多文化な個人の特徴や属性をどこまでも尊重しようとする面があります。

それは、突き詰めれば、最終的には、個人個人はそれぞれだ、個人は自分の価値観や文化を最大限、受け止められるべきなのだという話につながっていきます。

もちろん、それは、とても重要なことです。個人重視の姿勢や態度は、まさにカウンセリングの根本的な価値観と言えるでしょう。

問題なのは、個人尊重、個人重視の論理からは、個人を互いに結びつけ、統合し、協力するという考え方が生まれてこないことです。

自分は白人ではないから、自分は男性ではないから、自分は異性愛者と違うから、自分は経済的に豊かな人とは違うから、自分は多数派ではないから、自分は社会の中心ではないから、自分はいわゆる普通の人とは違うから……といった調子で、どこまでも、他とは違う自分というものに着目し、その違いを強調していくことになります。

そして、互いに違いを強調していけば、そこに葛藤や対立が生じやすくなります。

しかし、それでは、お互いに自分の文化を尊重しろと言い合うだけで、バラバラで、理屈の上からして人々は互いに協力し、統合されることが難しくなります。

「社会正義」という理想の本質的な意義

では、どうすれば、少数派の周辺的な文化を尊重しつつ、かつ、個人個人をバラバラにしていくような発想をしないようにできるでしょうか。

その1つの解決として、「少数派の周辺的な文化を尊重するという価値」そのものを普遍的な価値として考え、社会全体の理想とし、目標として掲げるという考え方が出てきます。

そして、これが「社会正義」という理想であり、目標ということになります。

私が見る限り、多文化キャリアカウンセリングの研究は、ある時点で行き詰まりを見せました。というのも、多文化キャリアカウンセリング研究には、研究者も論文もその読者も細分化して、バラバラに分解していくという潜在的な特徴があったからです。

例えば、多文化キャリアカウンセリングの最初期には、女性のキャリア発達がよく研究されました。女性の研究者によって、女性のキャリア発達は男性とは違うことが強調され、女性がキャリア発達において虐げられ、不利益を被っていることが主張されました。

また、非白人の研究者によって、非白人のキャリア発達は白人のキャリア発達とは違っており、非白人は不利益を被っていることが主張されました。

さらに、ＬＧＢＴに理解のある研究者によって、ＬＧＢＴのキャリア発達は異性愛者のキャリア発達とは違っており、ＬＧＢＴは不利益を被っていることが主張されました。

このような研究が続出して以降、多文化キャリアカウンセリング研究は、当事者でなければ、発言したり、批判したり、議論することができない雰囲気になっていきました。

黒人の問題について白人は黙ってろ。ＬＧＢＴの問題は当事者でない以上、理解できない。女性の問題では男性の考えは関係ないなど、本人または関係者でなければ、本当の意味でその人の気持ちは分からない。だから、余計なことは言うなという雰囲気に流れていきやすいのです。

しかし、これらすべての動向を、社会全体で「社会正義」を推進するためのキャリアカウンセリングという形で、「社会正義」という1つの普遍的な価値観のもとで統合すれば、多く人々がみな議論に関わることができます。

社会正義のキャリアカウンセリング論の名の下に、女性のキャリア発達の問題はこう、非白人のキャリア発達はこういう理解が必要、ＬＧＢＴのキャリア発達のためにはこの支援が重要といった個別の知見を交換することで、他の少数派、周辺層のキャリアカウンセリングの研究に活かしていくこともできます。

そして、キャリアカウンセラーとして社会の中で正義を追求する、社会で正しいことをするという共通の目標を立てて、それを追求するスタンスをとることで、バラバラになりかけたキャリア発達の研究は再び統合され、誰もが互いに個々の文化や価値を尊重し合いつつ、共通の目標に向けて動き出すことが可能になったわけです。

「社会正義」という共通の価値観がなければ、北米の白人研究者が論じる社会正義のキャリアカウンセリング研究を、日本の田舎出身の研究者である私が紹介するということは、滑稽でさえあったことでしょう。

ですから、「多文化から社会正義へ」の移り変わりには、真逆と言ってよいほどの方向転換がありました。

ます。それは、バラバラの個人を尊重して分解していく考え方から、バラバラの個人を尊重して統合する考え方への方向転換です。
こうした理論的な方向転換が潜在的にあったからこそ、「多文化から社会正義へ」という研究パラダイムの変化が生じたのだと言えるでしょう。

注

(1) 第3章では、おもにアメリカを中心とした多文化・社会正義のキャリア支援論の文献・研究を紹介します。アメリカでは、あらゆるキャリア支援を総じて「キャリアカウンセリング」と総称することが多いので、この章では「キャリアカウンセリング」の語句を用います。
(2) Super, D. E. (1990). A life span, life-space approach to career development. In D. Brown, & L. Brooks (Eds.), Career choice and development (2nd ed.). San Francisco: Jossey–Bass p.212. 図は http://shokugyo-kyokai.or.jp/shiryou/shokugyo/03-8.html より転載。
(3) Richardson, M. S. (1993). Work in people's lives: A location for counseling psychologists. Journal of Counseling Psychology, 40, 425-433. なお、リチャードソンは、本書で何度も引用するブルースティンとも相互に影響を与えあっており、ブルースティンの社会正義論（特にインクルーシブ心理学、ワーキング心理学など）とも関連が深いです。
(4) 最も有名な書籍として、花田光世・大木紀子・宮地夕紀子（訳）（２００５）．その幸運は偶然ではないんです！ダイヤモンド社．(Krumboltz, J. D. & Levin, A. S. (2004). Luck is no accident: Making the most of happenstance in your life and career. Atascadero, CA: Impact Publishers.)
(5) より詳しく論じた学術論文として、下村英雄・菰田孝行（２００８）．キャリア心理学における偶発理論—運が人生に与える影響をどのように考えるか　心理学評論　50　384-401ページ　も参照のこと。

(6) Baumgardner, S. R. (1976). The impact of college experience on conventional career logic. Journal of Counseling Psychology, 23, 40-45.

(7) Richardson (1993). op. cit.

(8) Leong, F. T. L., & Hartung, P. (2000). Adapting to the changing multicultural context of career. In A. Collin, & R. A. Young (Eds.). The future of career. Cambridge: Cambridge University Press.

(9) Leong, F. T. L. (2011). Cultural accommodation model of counseling. Journal of employment counseling, 48, 150-152.

(10) Ibid., p.150.

(11) Leong, F. T. L., Hardin, E. E., & Gupta, A. (2016). A cultural formulation approach to career assessment and career counseling with Asian American Clients. Journal of Career Development, 37(1), 465-486.

(12) Leong, F. T. L. & Gupta, A. (2008). Theories in cross-cultural contexts. In J. A. Athanasou, & R. Van Esbroeck (Eds.) International Handbook of Career Guidance (pp.227-245), NewYork: Springer.

(13) Fouad, N. A. (1993). Cross-cultural vocational assessment. The Career Development Quarterly. 42, 4-13.

(14) Ibid.

(15) Fouad, N. A., & Bingham, R. (1995). Career counseling with racial/ethnic minorities. In W. B. Walsh & S. H. Osipow (Eds.) Handbook of Vocational Psychology (2nd ed., pp.331-366). Hillsdale, NJ: Erlbaum.

(16) Pope, M., Barret, B., Szymanski, D. M., Chung, B. Y., Singaravelu, H., & McLean, R. (2004). Culturally appropriate career counseling with gay and lesbian clients. Career Development Quarterly, 53, 158-177.

(17) Ibid.

(18) Ibid., p.163.

(19) Wooden, W. S., Kawasaki, S., & Mayeda, R. (1983). Lifestyles and identity maintenance among gay Japanese-American males. Alternative Lifestyles, 5, 236-243.

(20) Ibid.
(21) Pope, et al. (2004). op. cit.
(22) 労働政策研究・研修機構（２０１６）．キャリア形成支援の国際的な理論動向の紹介―IAEVG国際キャリア教育学会日本大会基調講演及びアジアシンポジウムより　労働政策研究・研修機構資料シリーズNo.170
(23)～(25) Ibid.
(26) Leong, et al. (2016). op. cit.
(27) この辺りの記述は、下村英雄（２０１８）．日本のキャリア自律とこれからのキャリア支援　人事実務　２０１８年８月号No.1187　産労総合研究所．も参照のこと。
(28) 渡部昌平（２０１６）．はじめてのナラティブ／社会構成主義キャリア・カウンセリング　川島書店．渡部昌平編（２０１５）．社会構成主義キャリア・カウンセリングの理論と実践―ナラティブ、質的アセスメントの活用　福村出版．水野修次郎（２０１６）．ライフデザイン・カウンセリング・マニュアル―キャリア・カウンセリング理論と実践　遠見書房．など。
(29) Savickas, M. L. (1993). A symposium on multicultural career counseling. The Career Development Quarterly, 42, 3.
(30) Richardson, M. S. (2012). Counseling for work and relationship. The Counseling Psychologist, 40(2), 190-242.
(31) 日本で職業カードソード技法を行うツールとして、ＯＨＢＹカードやＶＲＴカードなどがある。以下を参照のこと。http://www.jil.go.jp/institute/seika/index.html
(32) Blustein, D. L., Chaves, A. P., Diemer, M. A., Gallagher, L. A., Marshall, K. G., Sirin, S., & Bhati, K. S. (2002). Voices of the forgotten half: The role of social class in the school-to-work transition. Journal of Counseling Psychology, 49(3), 311-323. 以下、本章では同じ文献から引用。
(33)～(41) Ibid.
(42) Blustein, D. L., Kenna, A. C., Gill, N., & DeVoy, J. E. (2008). The psychology of working: A new framework for counseling practice and public policy. The Career Development Quarterly, 56, 294-308.
(43) Ibid.

第3章 社会正義のカウンセリング論

1 社会正義のカウンセリング論とは

社会正義のカウンセリング論の広がり

「社会正義のキャリアカウンセリング」に影響を与えている大きな動きとして、カウンセリング研究全般における社会正義に対する関心の高まりがあります。社会正義の「キャリアカウンセリング」だけでなく、そもそも社会正義の「カウンセリング」という研究領域が大きな広がりを見せているのです。

例えば、「社会正義」に関する研究がキャリアカウンセリング研究だけでなく、カウンセリング研究全般で増えている1つの例として図表3-1をご覧ください。

これは、心理学研究全般で「カウンセリング」「キャリアカウンセリング」「カウンセリング＋社会正義」「キャリアカウンセリング＋社会正義」などの語句を含む論文がどれくらい書かれたかをグラフにまとめたものです。最近の伸び方を分かりやすくするために、1998年を100とした場合の増加率を図に示しました。

このグラフで「カウンセリング」と「社会正義」の2つの語句が入った論文は約18倍、「キャリアカウンセリング」と「社会正義」の2つの語句が入った論文は約8倍に増えています。

しかし、単に「カウンセリング」だけ、または「キャリアカウンセリング」だけの語句が入った論文の増加率は2倍から3倍程度です。

つまり、社会正義をテーマとしない普通のカウンセリングやキャリアカウンセリングの論文が2～3倍しか伸びなかったなか、「社会正義」の語句が入った論文は大きく増えたのが分かります。

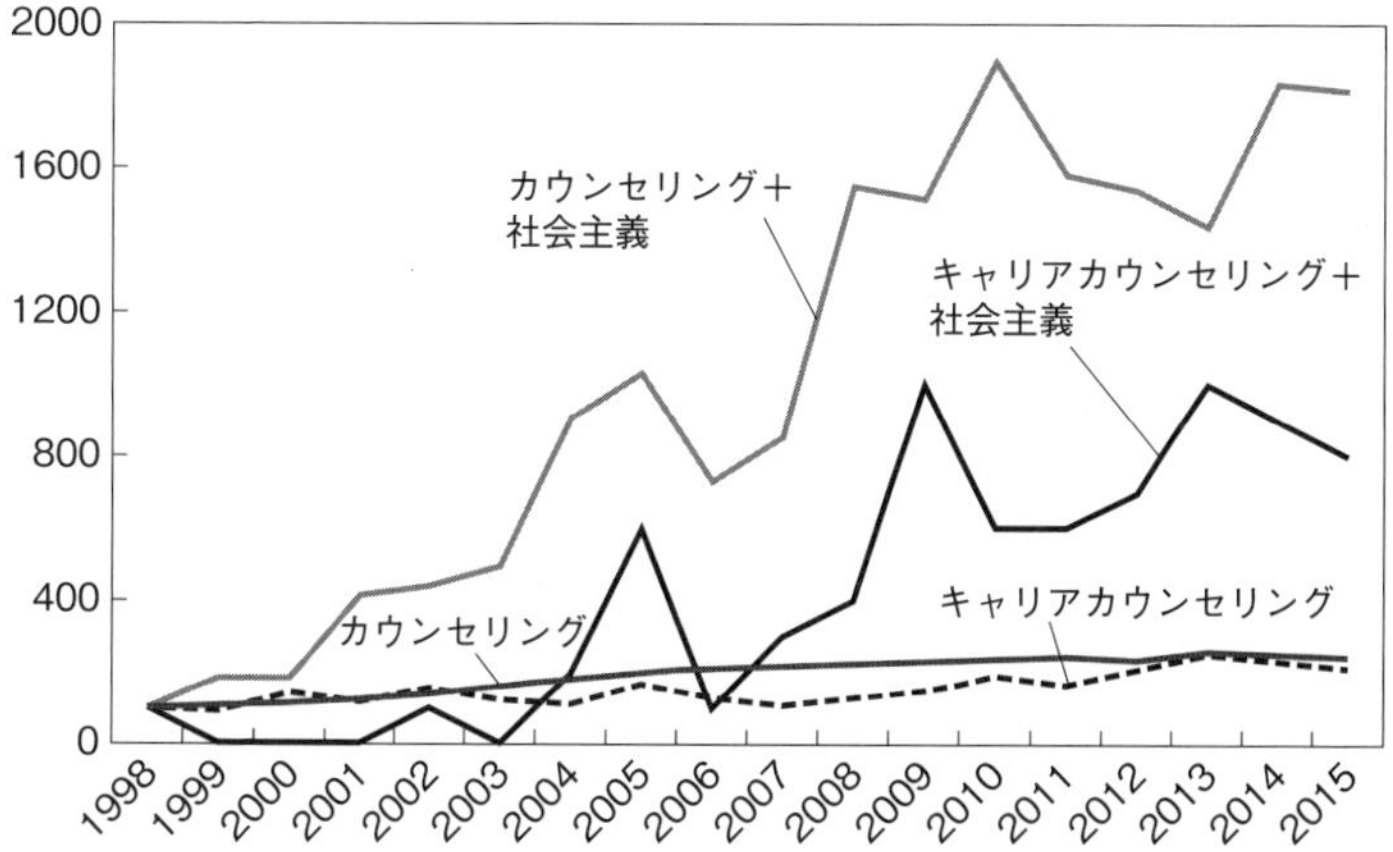

図表3-1　「社会正義」に関する研究論文の増加

なぜ「社会正義」の論文が増えているのか

では、なぜ、カウンセリング研究全般で「社会正義」に対する関心が高まったのでしょうか。最も重要な理由として、キャリアカウンセリングに限らず、カウンセリング全般でクライエントの多様性が高まっていることが挙げられます。

クライエントの多様性が高まっているとは、様々な属性や特徴を持ついろいろなタイプのクライエントがカウンセリングに訪れるようになったということです。それは、自ずと、私たちの社会の中で主流ではない人、多数派ではない人が、クライエントとして相談に訪れているということを意味します。

例えば、アメリカの人口構成は歴然と多様化しています。

社会正義のカウンセリング論の代表的な研究者であるシアトル大学のマニヴォン・ラッツはラオス出身で、タイの難民キャンプを経てアメリカに渡ってきました[1]。ラッツは、2000年と2010年に行われたアメリカ国勢調査を引用して、次のように述べています。

> 2000年と2010年ですべての人種で人口が増えているが、その割合は異なる。アジア系アメリカ人が最も増加率が高い。これは移民の割合が多いからである。そして白人が最も増加率が少ない。アジア系は43・3%の増加、ヒスパニック系は43%、ネイティブハワイアン他の太平洋諸島系が35・4%、アメリカインディアンおよびアラスカネイティブが18%、黒人あるいはア

フリカ系が12・3%、そして白人が5・7%である[2]（26ページ）。

2010年の国勢調査の時点でも、72%が白人ですが、それ以外の人種の増加率が高いために、どんどん白人の割合は低くなっています。かわって、様々な人種が増えているという現状がアメリカにはあります。

アメリカ合衆国国勢調査局の予測によれば、2060年には白人は43・6%まで落ち込み、その他の人種が半数を超えると予測されています[3]。

このように、そもそも、アメリカでは白人を中心とした単一文化から、様々な人種による多文化へという現実があります。

そのわりには、心理学研究全般、カウンセリング研究全般で、白人中心の単一文化が前提となっており、その知見が、他の人種では当てはまらないことがどんどん知られるようになったのです。

多文化から社会正義へ

白人以外の多様なクライエントに従来どおりの接し方をしたのでは、十分な対応になりません。従来どおりの接し方とは、要するに、かつて主流であった人、多数派であった人の考え方に基づいた接し方だからです。

こうして主流ではない人や多数派ではない人への対応は、どうあるべきなのかという問題意識が生まれてくることになります。

ですので、例えば、ラッツの社会正義論の著作は、次のくだりから始まります。

現在、主流のカウンセリング理論は、歴史的に軽視されてきた人々のニーズに答えられていないという見解が、カウンセリングの専門家の間では多くなっている。従来の有力な理論は、有色人種、女性、レズビアン、ゲイ、バイセクシャル、トランスジェンダーの人々、社会経済的に不利な状況にあるクライエント、宗教的なマイノリティ他、抑圧されてきた人々の独特のニーズを説明できていないのである[4]（3ページ）。

主流のカウンセリング理論では、「歴史的に軽視されてきた人々のニーズ」に答えられない。特に、人種、性別、性的指向、貧困、宗教など、様々な面で少数派である人々のニーズに答えられない。そういう問題意識から、社会正義のカウンセリング論が出発していることが、よく分かる書き出しになっています。

こうして多文化に関心が向けられることとなりましたが、1つ、多文化カウンセリング論には批判される点がありました。

それは、多文化に理解を示すのはよいが、それだけでは不十分ではないかというものでした。

つまり、多文化に理解を示すだけでは、たんに多文化の現状をただ受け入れ、その状況に甘んじろということになるのではないか。

むしろ、もっと積極的な働きかけをして、様々な文化背景を持ったクライエントの現状を変えていく取り組みが、カウンセリングの場面でも必要ではないかとされたのです。

こうして、社会正義のカウンセリングへと発展していきました。

ラッツの「5つの波」

ラッツは、カウンセリング心理学の「5つの波」という議論も展開しており、これも社会正義のカウンセリング論では比較的、多く引用されます。

ラッツは、カウンセリング心理学のムーブメントを次の5つに整理します。

(1) 精神分析
(2) 認知行動
(3) 実存─ヒューマニスティック
(4) 多文化
(5) 社会正義[5]（18ページ）

「精神分析」から「認知行動」、「認知行動」から「実存─ヒューマニスティック」という流れは、おおむね心理学の標準的な考え方です。ここからさらに第4の心理学、第5の心理学は何であるかは、論者によって分かれます。

ラッツは、「社会正義」のカウンセリングを第5の波と位置づけ、その前段の考え方である「多文化」カウンセリングを第4の心理学に置いています。

そして、本書で取り上げているのも、この第4の波と第5の波である多文化から社会正義の部分ということになります。

日本では、この多文化から社会正義へという理論上の流れが、ほとんど紹介されていません。基本的には、現在でも、その前段にある実存―ヒューマニスティックの段階にあります。そのため、キャリアカウンセリングでも、概して言えば「自己実現」を目的とする考え方を、ごく自然に受け入れています。

では、自己実現に焦点をあわせる実存―ヒューマニスティック心理学の何が批判されて、次の波である「多文化」に発展するのでしょうか。

ここまで何度か出てきた話になりますが、自己実現のあり方そのものが、その人の属する文化、環境、集団によって大きく変わってしまうという点が問題となるのです。

例えば、私が参加した調査の結果でも、豊かな環境で育った子どもと貧しい環境で育った子どもでは、ものの考え方や将来の夢の見方が違います。

豊かな環境で育った子どもは、海外旅行や塾通い、地域の活動やスポーツクラブなど、小さい頃からいろいろな経験をしています。しかし、概して言えば、そういう活動はお金のかかる活動です。ですので、貧しい環境で育った子どもは、平均すれば、そういう経験が少なくなります。[6]

育った環境が違い、経験したことも違えば、自然と将来の夢や目標も違ってくるでしょう。また、その夢や目標を実現できると思う見込み、さらには実現するための手段も、何もかも違ってくるでしょう。

つまり、自己実現すると言っても、それが社会経済的な環境の影響を鋭く受けるということを重視するわけです。

ラッツは、これを「基本的な帰属の錯誤」という有名な心理学の基礎用語で説明しています。「基本的な帰属の錯誤」とは、人間は、概して、人の行動の原因を内的な要因に帰属する、つまり、性格とか価値観とか意識など、過度に内面に原因を求める傾向があるということを指すものです。

社会心理学では必ず習う用語ですが、「実存―ヒューマニスティック」の段階にある心理学、それは日本のカウンセリング論ということでもありますが、そうした心理学は、過度に内面の要因を重視しすぎているというわけです。

もっと、本人が育った環境や文化の要因の重要性を、改めて考えるべきであるという話になります。そして、環境や文化の要因の重要性を考えると、とたんに行き当たるのが、各人の育った環境や文化の多様性ということになります。

いろいろな環境や文化があるのだから、単一の環境や文化を前提に考えるのはおかしいということです。それが、1対1の個別相談を中心としたカウンセリングであれば、なおさら、環境や文化の多様性ということを考えなければなりません。

こうして「多文化」、さらには「社会正義」の段階に至るのです。

多文化・社会正義と日本のカウンセリング

本書で取り上げている社会正義論は、ほとんど多文化論を前提として、多文化論を一歩先に進めたものです。

多文化カウンセリングと社会正義のカウンセリングは兄弟のようなもので重なり合い、連続もしていますが、この2つのキャリアカウンセリングの考え方が、日本ではごっそり抜けていて、あまり紹介されていません。

その理由の1つとして、多文化カウンセリングは、アメリカの人種の多様性というリアリティを前提に組み立てられているため、そこまで人種の問題が前面に出てこない日本では、あまり意味がないと感じられてきたことがあります。

ただ、多文化カウンセリングは、当初の人種の問題だけではなく、性別、ＬＧＢＴ、社会階層、年齢、障害、疾病、その他の少数派を対象としたカウンセリング全般を示す言葉として拡大・拡張しています。そして、このように広げて考えた場合には、当然ながら、日本でも、多文化カウンセリングの対象となるクライエントはたくさんいます。

ここに来てはじめて、日本でも多文化カウンセリングを論じる土壌ができたということになります。多文化や社会正義の問題に気がつきやすい領域が、カウンセリングの下位領域であるキャリアカウンセリングになるのも、同じ理由からです。キャリアカウンセリングは、スクールカウンセリングや医療機関でのカウンセリングとは異なり、対象者の属性や主訴が極めて複雑で多様です。

対象層で言えば、学校に通っている子供や若者以外の一般の成人はすべてキャリアカウンセリングの潜在的な対象者です。また、相談内容で言えば、メンタルヘルスの問題からキャリアアップの相談、仕事と家庭の両立の相談から介護、子供の進学、転勤、転職など、およそありとあらゆる相談内容を取り扱います。

もともと多様な領域であるために、それだけ多文化や社会正義の問題と接点を持ちやすいのです。キャリアカウンセリングがことさら、多文化や社会正義を重視すべきである理由もここにあります。

社会正義のカウンセリングの定義

社会正義のカウンセリングには、数多くの論者が様々な論文で言及しています。日本で有名な研究者ではマイクロカウンセリングで知られるアイビイの論文もあります[7]。その中には、社会正義のカウンセリングの定義に関する論文もあります。なかでも引用されることが多いのが、次の定義です。

> 社会の価値、構造、政策、実践を変えようとする学術的・専門的な活動であり、それによって、不利な立場にある対象層、周辺的な対象層が自己決定の手段により多くアクセスできるようにする活動である[8]（795ページ）。

この定義には、いくつかポイントがあります。

第一に、社会正義のカウンセリングは、「社会の価値、構造、政策、実践」などを変えようとする活動だという点です。通常、カウンセリングは個人の考え方や行動を変化させるために行うものです。それに対して、社会正義のカウンセリングでは社会を強調します。

第二に、では何のために社会を強調するのかと言えば、「不利な立場にある」人、「周辺的な」立場の人の手助けをするためです。1対1のカウンセリングの限界は、個人だけに焦点を当てても、うまくいかない場合があることです。この厳然たる事実から目をそらさず、直接、向き合い、対応しようとします。

第三に、それで結果的に何を目的にしているかと言えば、「自己決定の手段により多くアクセス」できることです。つまり、クライエントが自分で決められるようにすることです。自己決定は、カウンセリングの勉強で最初に習うことです。その目的は、社会正義のカウンセリングでも同じです。ただ、強調したいのは、「自己決定」そのものというより、その「手段により多くアクセスできること」を目指す点です。

不利な立場にいる人は、社会の様々な問題によって、自己決定の手段にアクセスできない状態に置かれています。

例えば、都会に住む豊かな家庭の高校生にとって、どの大学に進学するかという問題は、自分が将来やりたいことや勉強したいことを自分の学力とのかねあいで考えて、どれにするかを選ぶという問題です。

しかし、田舎のさほど豊かではない家庭の高校生には、まず大学に行く学費の心配をしなければなりません。また東京で一人暮らしをするお金の余裕がなければ、通える範囲で大学を選ぶしかありません。

ですので、この高校生の相談に乗る際は、どうすれば大学に行ける学費や費用をまかなえるかを考えることが中心になります。奨学金を得る可能性があるのか、ない場合、一度働いて資金を貯めてから大学進学をするのか、それとも、大学進学という選択肢を根本的に見直すのか。そして、近くの専門学校や職業訓練機関に行って別の道を歩むのかなど、いろいろな可能性を考えることができます。

これが、クライエントに「自己決定の手段により多くアクセスできるようにする活動」ということになります。

アメリカにおける社会正義のカウンセリング論

米国カウンセリング学会の倫理綱領にも、社会正義への関心の高さがはっきりと現れています[9]。この倫理綱領の冒頭、前文には次の5項目が置かれています。

1　生涯を通じた人の発達を促進する。
2　多様性を尊重し、多文化的なアプローチをとり、人の価値、尊厳、可能性、独自性をその社会文化的背景の中で支える。
3　社会正義を促進する（promoting social justice）。
4　誠実なカウンセラー＝クライエントを守る。
5　適切で倫理的な方法で実践を行う。

3つ目に「社会正義を促進する」とあります。

つまり、アメリカのカウンセラー全員が守るべき倫理綱領の冒頭3つ目に掲げられているわけです。一番目で人の発達≒成長を考え、二番目で多様性を尊重し、その上で社会正義を進めることが三番目に出てきています。

米国カウンセリング学会では、何をもって「社会正義」と呼んでいるのか。倫理綱領には、この言葉の定義もあります。

（社会正義とは）クライエント、学生、カウンセラー、家庭、地域、学校、職場、政府、その他の社会や組織に悪影響を及ぼす抑圧や不正を終結させるべく、あらゆる人々および集団の公正を促進すること[10]（21ページ）。

この定義のポイントは、「社会や組織に悪影響を及ぼす抑圧や不正を終結させる」という点にあります。抑圧も不正も、世の中にはつきものであり、人がいて社会や組織がある以上、必ず存在してしまうでしょう。

しかし、世の中につきものだからと、そのまま放置するのと、世の中につきものだから、常にそれを少なくしようとするのでは、大きく違います。

特に、抑圧や不正が、社会全体、組織全体にまで悪い影響を及ぼすほどに拡大した場合には、キャリアカウンセリングに限らず、カウンセリングの領域全体で、その是正を心がける必要があると言えるでしょう。

社会正義論の前史としてのコミュニティ心理学

ちなみに、カウンセリング心理学全般における「社会正義」論の隆盛の前史としては、コミュニティ心理学があります。ここまで紹介してきたラッツなども、もともとはコミュニティ心理学者です。コミュニティ心理学には、日本国内においても優れた入門書・教科書が多く出版されています。

まず、山本和郎によるコミュニティ心理学の定義は次のとおりです。

コミュニティ心理学とは、様々な異なる身体的・心理的・文化的条件をもつ人びとが、だれも切りすてられることなく、共に生きることを模索するなかで、人と環境の適合性を最大にするための基礎知識と方略に関して、実際におこる様々な心理的社会的問題の解決に具体的に参加しながら研究を進める心理学である[11]（42ページ）。

山本和郎は、1980年代という早い段階で日本にコミュニティ心理学を取り入れた第一人者です。そして、この1980年代の定義は、既にして本書で論じている「社会正義」論のニュアンスを含んでいることが分かります。

例えば、右の定義の中に出てくる「様々な異なる身体的・心理的・文化的条件をもつ人びとが、だれも切りすてられることなく」という箇所には、まさに、社会正義論の根源を見ることができるでしょう。

その他、コミュニティ心理学に関する優れた書籍はたくさんあります。その中には、社会正義のキャリア支援論でも用いられる言葉が多く登場します。

例えば、「エンパワメント」「アドボカシー」「社会変革」などです。

別の言い方をすれば、コミュニティ心理学の領域で大切に議論してきた様々な概念の重要性をとても深く受け止めた分野の1つがキャリアカウンセリングの領域だと言えるでしょう。

したがって、社会正義のキャリア支援論に関心を持つ私たちは、正しくコミュニティ心理学の先行研究をリスペクトし、そこから最大限、キャリアカウンセリングで有用・有効・有益な考え方を取り入れていくべきだと言えるでしょう[12]。

ところで、キャリアカウンセリングに関心を持つ私たちからすれば、どうして、こういった領域の心理学を、「コミュニティ」心理学というのか素朴に疑問を持つかもしれません。

この点について、コミュニティ心理学の代表的な教科書である『よくわかるコミュニティ心理学第2版[13]』は次のように説明しています。

> ここで、コミュニティ心理学にいう「コミュニティ」とは、もともとの意味の地域社会に留まらず、学校や職場、病院、さらにインターネット上の仮想空間をも含んだ広い概念として考えられており、そういう多様なコミュニティの問題にアプローチしようとする心理学が「コミュニティ心理学」なのです（ⅰページ）。

つまり、もともと文字どおりの「コミュニティ」＝「地域」に関する心理学だったのですが、そこから派生して、学校や職場、病院などのような様々な組織や環境全体を含むように拡張したわけです。そして、インターネット上の仮想空間も含むような社会全体をも対象とする心理学へと発展していきました。

こうして、たんに個人だけに焦点を絞った介入支援だけではなく、個人を取り囲む地域、組織、環境、社会全体を対象とする心理学へと変貌していったのです。

従来、キャリアカウンセリングは、発達心理学や性格心理学を基盤として発展してきたわけですが、ここに来て、もう1つ、コミュニティ心理学も基盤として考える。これが社会正義のキャリア支援論の理論背景であると言えるでしょう[14]。

2 社会正義のカウンセリング――社会正義フレームワーク

「社会正義フレームワーク」とは

米国カウンセリング学会では、カウンセラーが「社会正義」を取り扱う際に求められる能力を「ACAアドボカシー・コンピテンシー：カウンセラーのための社会正義フレームワーク」としてまとめています[15]。

カウンセリング研究全般での社会正義に対する関心の高さは、このACAの社会正義フレームワークによく現れています[16]。

社会正義フレームワーク（枠組み）は、カウンセラーが社会正義を目指す際、どのような場面で、誰に対して、何を行いうるのか、また行うべきなのかを示したものです。

それは同時に、カウンセラーとしてどのような能力を身につけるべきかを示すものでもあります。

社会正義のカウンセリングとひとくちに言っても、具体的に何をどうすれば良いのか、分かりにくいです。そこで、具体的な活動の指針をコンピテンシーという形で指針として示したものです。

社会正義フレームワークの特徴は2つあります。

1つは社会正義のカウンセリングを、「クライエント」「組織」「公共空間」の3つのフィールドで整理した点です。

もう1つは、3つのフィールドのそれぞれについて、クライエントと「一緒に行動する」、クライエントの「代わりに行動する」の2種類の行動を示した点です。

この3つのフィールド×2つの行動による合計6つの活動が、社会正義のカウンセリングでなすべきことの大まかな分類となります。

なお、この社会正義フレームワークの前には「ACAアドボカシー・コンピテンシー」という言葉が付いています。

「ACA」は、何度か出てきましたが、アメリカ（A）、カウンセリング（C）、アソシエーション（A）の略で、米国カウンセリング学会のことです。アメリカ最大のカウンセリング学会であり、したがって世界最大のカウンセリング学会でもあります。

また、「アドボカシー・コンピテンシー」とありますが、これは「アドボカシー」に絞ってまとめたことを強調するためです。

アドボカシーは、いろいろな分野でいろいろな意味で使う難しい言葉です。

日本語に訳しにくく、例えば、インターネット上で調べられる研究社新英和中辞典では「advocacy」の意味を、「弁護、支持、鼓吹、唱道」としています。動詞形の「advocate」の意味も同様で「擁護する、唱道する」ですが、加えて「主張する」の意味も示されています。

ですので、日本語では「代弁者」と訳すことがあります。また、古いカウンセリング心理学の本では「具申」と訳している場合もあります。

ここでは、ひとまず、クライエントのかわりにクライエントの代弁者となって問題解決をしようとすることをアドボカシーと考えておくことにします。

以上をまとめると、アメリカ最大・世界最大のカウンセリング学会が、社会正義のカウンセリングを行うために必要な能力を「アドボカシー・コンピテンシー」として整理し、そのために必要なコンピテンシー（能力）を3×2の図の形でまとめたのが、この「カウンセラーのための社会正義フレームワーク」（図表3-2）です。

クライエントのエンパワメント

フレームワークのうち、左上の「クライエントのエンパワメント」が、普通、言うところのカウンセリングです。

つまり、社会正義のフレームワークといっても、やはり1対1の個別の相談がベースとなっています。1対1の個別相談が無視されているわけではなく、あくまで個別相談をベースに、その上で何ができるかを述べているのが、このフレームワークです。

ただ一方で、1対1の個別相談以外にも、やれること、やって良いこと、やるべきことが他に5つもあるのだという点が重要ポイントになります。

キャリアカウンセリングに関わる人は、ほとんどが、人のキャリアや仕事、職業、労働の問題に深く関心を持った人たちです。

	クライエント	組織	公共空間
一緒に行動する Acting with	クライエントのエンパワエント Client Empowerment	組織間の連携 Community Collaboration	情報発信 Public Information
代わりに行動する Acting on behalf	クライエントのアドボカシー Client Advocacy	システムに対するアドボカシー Systems Advocacy	社会的・政策的なアドボカシー Social/Political Advocacy

図表3-2　ACAの社会正義フレームワーク

そうした人たちの集まりであればこそ、キャリアカウンセリングで1対1で個別に相談に乗るだけでは、飽き足らないと感じることも多いでしょう。もっと社会に直接、関わる活動を考えることでしょう。

その時、1対1の個別の支援をベースにしながら、また、自らのキャリアカウンセリングの専門性をベースとしながら、いろいろな活動を行えると説く。

それが、これから紹介するフレームワークです。

キャリアカウンセラーとして身につけた専門性を、1対1のカウンセリング以外にも活かしうる。自らの専門性を狭く限定することなく、広げて考えることができる。そして、本来、深い関心を持っていたはずの労働や社会の問題に、カウンセラーも関わっていくことができる。

これが社会正義論の1つの側面であり、それを図にしてひと目で伝えようとしたのが、このフレームワークだと言えるでしょう。

クライエントのアドボカシー

1体1の個別相談から一歩踏み出した活動として真っ先に上がるのが、「クライエントの代わりに行動する」ことです。

基本的なキャリアカウンセリングの考え方として、クライエント自身がどうするかを決めて、クライエント自らが行動をとれるように支援するのは大原則です。

ですが、場合によっては、クライエント自身ではうまく行動ができないことがあります。もしくは、クライエントのかわりにカウンセラーが直接、手を貸した方が問題解決が容易な場合があります。

そこで、カウンセラーがクライエントにかわって何らかの行動を起こし、問題解決を行うことを、ここでは「クライエントのアドボカシー」と呼んでいます。

クライエントが自分で自分の問題解決をするのではなく、カウンセラーの側でかわりに行った方が良い場合が、キャリアカウンセリングの分野ではいくつか考えられます。

第一に、クライエントの側で、十分に自分で自分の立場について発言できない場合です。もともと社会正義のキャリアカウンセリングのクライエントは十分な教育を受けていなかったり、社会経験を積んでいなかったりするなど、自分の主張を適切にコントロールして伝えることが苦手な場合があります。

また、そうでなかったとしても、不利益を被る状況に置かれ続けた結果、メンタルヘルス上の問題を抱えている場合も実に多く、自分の意見や考えを適切に言える状況にない場合もあります。

本来、本人が自分で言うべきことを自分で言うことを支援するのが、キャリアカウンセラーのなすべきことです。

しかし、それが難しい場合、文字どおりの代弁者になります。

第二に、似たようなことですが、クライエントが一人で主張したのでは、組織内にあらぬ反発を生むことがあります。

その場合、キャリアカウンセラーが代弁した方が、丸く収まる見込みが立つ時には、積極的にアドボカシー的な支援を提供することになるでしょう。

例えば、入社して何年も経っていないクライエントは社内で自分の立場を正しく主張できるほどに成長していません。誰にどのように話をすれば良いのかも分かりません。

また、社内で然るべき立場がない場合、たとえ正しく適切な内容の主張であったとしても（あるいは、それゆえに）、整然と主張を述べることで年長の関係者に反感を持たれることがあります。

さらに、若いクライエントに限らず、組織内でいろいろな考え方や働き方をする人がいるなか、本人が正しいことを言えば言うほど、組織内で反発されることがあります。

こういった時、キャリアカウンセラーがある程度、社内事情に通じているのであれば、その主張を代弁することが問題の解決につながります。カウンセラーが代弁して、間を取り持つ方がうまくいく可能性は高いでしょう。

第三に、したがって、キャリアカウンセラーが組織内あるいは関係者の中で、比較的高い地位にいる場合、重要な関係者に発言することが可能な場合、そして、それが受け入れられるほどに発言に対する信頼性が高い場合には、アドボカシー的な動き方が功を奏することが多いでしょう。

今や、キャリアカウンセリング関連の資格を持つ人の中にも、企業内で取締役や部長職のような比較的高い地位にいる人が見られるようになりました。こうした立場の強いカウンセラーはアドボカシーを成功させやすいです。

逆に言うと、組織内で重要な意思決定に関わることができる地位にいるキャリアカウンセラーこそ、本書で言うアドボカシーの役割を積極的に引き受けるべきだと言えるでしょう。

1対1の個別の相談は別の担当者に任せ、自らは、個々の担当者から上がってきた組織内・関係者間の問題を解決し、クライエントの環境をより良いものにすべく動きます。

アドボカシーというと、どうしても社会や組織に向かって公然と運動を起こすようなイメージがありますね。これは誤ったイメージではなく、確かにアドボカシーは本来的にはそういう社会運動につながります。

がるものです。

しかし、キャリアカウンセリングの文脈では、より身近な問題を解決するための1つの手法としてアドボカシーを捉えましょう。クライエントが言うよりキャリアカウンセラーが言った方が良い効果が望めるのであれば、キャリアカウンセラーが言えば良いでしょう。また、クライエントが言ったのでは箸にも棒にもかからない主張として無視されるかもしれませんが、キャリアカウンセラーに然るべき地位と立場があれば、十分な重みを持って、組織内で受け止められる可能性があります。キャリアカウンセラーが代弁することで、クライエントの問題、組織内の問題、さらには社会全体の問題を解決する可能性があるならば、そこに積極的に踏み込んでいく可能性を常に選択肢の1つとして、考えうるということです。

組織間の連携

米国カウンセリング学会の社会正義コンピテンシーのうち、「組織間の連携」は、日本人の私たちにもすぐに理解がしやすいでしょう。

文字どおり、組織間で連携することにほかなりません。

ただし、キャリアカウンセリングの文脈で「組織間の連携」を説明したポープの文献では「変化」という言葉が繰り返し出てくるのが印象的です。

（訳注：組織間の連携は）、個人や家族ではなく、地域や組織レベルでの変化を目的とする。（中略）キャリアカウンセラーは、変化のために活動する地域の組織で積極的な役割を果たさなければ

ばならない[17]（216ページ）。

組織の連携は何のためにするのか、と言った時、それは、端的に「変化」のためだというのは、私たちが忘れがちなポイントです。

例えば、組織間の連携を、異なる部署の異なる人どうしが情報交換をし、情報共有をし、それによって同じような認識を持つために行うと考える人は多いと思います。

もちろん、そのことをポープも軽視するわけではないのですが、では、何のために情報交換し、情報共有し、認識のすり合わせをするのかと言えば、それは、やはり変化を起こすためです。たんに組織間で足並みをそろえるために連携するのではない、というのが重要です。

では、具体的に、ポープはどんな変化を起こそうと言っているのでしょうか。

クライエントのキャリア発達・キャリア形成にとって障壁となること、問題になりそうなことを特定し、見つけ出し、その障壁を解消するような変化を起こそうと言っています。

人のキャリア発達で問題が生じている場合、通常、何らかの「壁」が立ちはだかっているのが、とても一般的だからです。

例えば、育休明けで復職した女性が、産休・育休前の部署には戻ることができず、以前に比べると、少し補助的な業務といった側面が強い部署に回されてしまいました。

本人としては、以前と同じくらい組織の中核を担うような仕事をしたいという希望があります。ただ、現実として、子どもは小さく手がかかるため、以前のような働き方を完全にできるのかと問い詰められれば、絶対に大丈夫ですとは言い切ることができません。

実際には、人事の部署も、悪意があって今の部署に置いているわけではなく、本人にとって良かれと思って配置した面があります。そのことも、この女性は分からないではないのです。鬱々とした思いを持ちながら働いていたのですが、ここには、やはり組織間の「壁」が歴然と立ちはだかっていることになります。

そこで、この壁を突き崩すために、各部署で連携が図られることとなります。本人自身、本人が過去に所属した部署、現時点で所属する部署、将来的に希望する部署、さらには人事関連の部署も関わります。これら関連する部署が連携する中で、より中核的な業務に携わりながら、一方で、子どもが小さいことを配慮してくれる働き方ができる可能性を模索していきます。連携をして、そこに「壁」があったがために、可能ではなかった働き方を変化させ、新たな働きやすい環境を作ることを考えていきます。

理想的には、あるいは可能な場合には、こうした連携の中心に近い場所で関係者の間を取り持つ何らかの役割を、キャリアカウンセラーが果たすことになります。

こうした組織内における関係調整、組織全体に対する介入支援を、ここで組織間の連携と言っています。

こういうことが可能となる下地として、日頃からの情報交換、情報共有、認識のすり合わせは、もちろん大切ですが、その先に、何らかのイレギュラーな事態への対応を行うこと、すなわち「変化」をもたらすことが想定されていることになります。

ところで、なぜ、もともとは1対1の個別相談を専門とするキャリアカウンセラーに、組織内の関係調整や組織全体への介入支援を行う中心人物としての役割が期待されることになるのでしょうか。

それは、キャリアカウンセラーが持つスキルや技能が、調整や仲介、交渉や中立てに有効に活用できると考えられているからです。例えば、ポープは、キャリアカウンセラーが「変化」を起こすにあたって役立てられるスキルとして次の事柄を挙げています。

(a) 組織の目標を理解するために効果的に傾聴のスキルを用いる
(b) 組織のメンバーが制度を変化させるのに必要な強みやリソースを示す
(c) これら強みやリソースを再認識させ、尊重させる
(d) カウンセラーが連携のために用いるスキルを教え、提供する
(e) カウンセラーが組織と関わる効果を考える[18]（216ページ）

英語の言い回しなので難しいですが、まずはキャリアカウンセラーの基礎知識である傾聴のスキルが重要だと言っています。相手の話をよく聞き、相手に行動の変化を促すことがキャリアカウンセリングの本質ですので、この点は、組織の連携にあたっても有益だということになります。

また、キャリアカウンセラーは、普段から、人や組織の強みやリソースを調べ、特定し、これをいかに最大化して活用できるかを繰り返し支援しています。これを組織間の連携に応用できます。

さらには、こういうキャリアカウンセラーが用いるスキルそのものを、多くの人に教え、提供することもできます。

結果的に、キャリアカウンセラーが自ら関わることで、どの程度、有益な組織内・組織間での変化を起こせるかを考えながら関わることができるということになるでしょう。

システムに対するアドボカシー

右に説明したように「組織間の連携」を、クライエントが突き当たる壁を突き崩すためのものと考えた場合、これが、最終的にはシステム全体に対するアドボカシーにつながっていくということは、分かりやすい話かと思います。

一人のクライエントの問題を解決するために、何度か組織間で連携をして、何度か個別に対応したとします。そのうち、これほど何度も似た問題が生じるということは、そもそも、どこか制度、仕組み、システムにおかしなところがあるということになるでしょう。

そこで、関係者一同で話し合って、システム全体を変化・変革させるという話につながっていきます。

ここで「システム」という言葉がひっかかりますが、これは、企業なら企業の人事制度、労務管理、働き方すべてをひっくるめた制度やルール、慣行まで含めた世の中の仕組み全体を指すものと捉えます。学校なら学校の仕組み、ハローワークならハローワークが依拠する法律や制度、何もかもをすべて含めて言うために「システム」と言い換えているのだとお考えください。

さて、このシステムに対するアドボカシーですが、では、ここでキャリアカウンセラーがどのような役割を果たしうるでしょうか。

米国カウンセリング学会の社会正義コンピテンシーをキャリアカウンセリングに応用して論じているポープは、先の引用に続けて次のポイントを指摘しています。

(a) クライエントのキャリア発達を阻害するシステム上の要因を見つけ出す
(b) システムを変革する必要性を示すデータを収集する調査を行う
(c) システムの変革に関するビジョンを各関係者と共有する
(d) システムに影響を与える政治的なパワー、社会的な影響力などを分析する
(e) 変化を進めるために「ステップ・バイ・ステップ」の計画を立てる（予想される反対や、変化への抵抗を受け止める方法等を含む）
(f) システムや組織に対してキャリアカウンセラーのアドボカシーが果たせる役割を考える[19]（217ページ）

つまり、キャリアカウンセラーが行いうることとして、まず、クライエントのキャリア発達の上で何が問題になっているのかを見つけ出します。

通常、これは、日々の1対1の個別相談の延長線上にあります。1対1の個別のキャリアカウンセリングを行うなかで、組織にあるシステム上の問題点に気づく場合があるからです。

例えば、ある部署ではメンタルヘルスに問題を抱えて相談室を訪れる人が、社内の全体平均に比べて多いということが分かりました。よくよく話を聞いてみると、その部署では、働き方に問題があったり、将来のキャリアパスに展望がなく不安を抱えている従業員が多いなど、何らかの問題が明らかになりました。

こうした問題を、社内の然るべき部署に伝達することが、まず何よりも「システムに対するアドボカシー」ということになるでしょう。

そのための適切なデータ収集や、必要があれば調査も必要になります。システムをどのように変化させるか、ビジョンを関係者で共有します。その際、建前だけではなく、政治的なパワー・社会的な影響力も考慮します。これは、平たく言えば、関係者間の力関係、コネ、結びつき等もふまえた、フォーマル・インフォーマルな人間関係と言い切って良いでしょう。システムの変化に向けたアドボカシーなどと難しい言い回しをしたところで、結局のところ、関係者間の人間関係の調整をすることが必要になります。むしろ、だからこそ、人間関係の調整に応用しうるスキルを専門的に学び、かつ組織や社会の実情にも配慮できるキャリアカウンセラーが力を発揮すべき領域なのだと言えるでしょう。

印象的なのは、「ステップ・バイ・ステップ」の計画であるという指摘です。アドボカシーというと、勇ましい権利擁護や主張・変革をイメージしがちですが、むしろキャリアカウンセラーの行うアドボカシーは、反対や抵抗を織り込みつつ、少しずつ計画を進めていく形で行います。

これがキャリアカウンセラーが、システムや組織に対して果たしうる役割というわけです。

パブリック・インフォメーション（情報発信）

このコンピテンシーは、社会正義のキャリア支援論の中では独特の位置づけを持ちます。「パブリック・インフォメーション」をそのまま訳せば「情報公開」のような意味になります。

ただ、ここでは、クライエントが抱える問題がたんに個人的な問題ではなく、組織全体、社会全体、国全体の問題であることを、世間一般に伝える「情報発信」という意味で捉えます。

「情報公開」というと、普通は、公的機関や役所が持っている情報の公開を求めるといった意味あいが強いです。そうではなく、ここではクライエントの抱える問題についての情報発信を、クライエントと一緒にカウンセラー側からやっていこうという話になります。

ＡＣＡの社会主義フレームワークでは、具体的に次の例を挙げています[20]。

・健全な発達に対する抑圧やその他の障壁の影響を認識する
・健全な発達を守る環境的な要因を見つけ出す
・人間の発達における特定の環境要因の役割を説明する印刷物あるいは各種媒体の準備をする
・ターゲットの集団にとって倫理的で適切な方法で情報を流布する
・情報公開を行う他の専門家を探し、連携する
・カウンセラーが行う情報公開の取り組みの影響を評価する

外国の文献に書いてある具体例はこの程度のもので、日本人の私たちからすればあまりに抽象的です。ここから先は、具体的な実践場面に即して、実践者一人一人が自ら考えなければならない、これ以上の具体的な方策は一般的には言えないというのが、外国の研究者の感覚です。

ただ、日本では、もっと具体的で実践的な説明を求めることが多いので、噛み砕くと、最初の２つは、クライエントを抑圧する壁になっているものを探すということです。その時、クライエントの内面の心理的な壁ではなく、環境的な要因から壁になっているものを探します。

それが特定できたら、印刷物その他のメディアで発表する準備をします。適切な方法で情報が流れるように考えます。場合によっては、他の専門家を探し、連携します。そして、この情報発信の取り

組みがうまくいったか評価します。

さらに、もっと日本の状況を加味して噛み砕いて説明すると、次のようになるでしょう。いくつか具体的な情報発信の手段を紹介します。

第一に、インターネット上での情報発信です。先述したとおり、今は、世の中に情報発信をすることが簡単になりました。ホームページもブログも、ほとんど無料で開設できます。様々なＳＮＳの媒体もあります。そこで、自分が感じたことを公表できます。

例えば、自分が出会った複数のクライエントが抱える共通の問題や、ある特定の属性を持つ対象層がともに感じている障壁や困難について、クライエントにかわって代弁することができます。文字どおりのアドボカシーが、今は可能となりました。

実際、アクティブに活動しているキャリアカウンセラーやキャリアコンサルタントは、自分のホームページ、ブログ、ツイッターなどのアカウントなどを持っているのが普通です。

私は、毎昼、キャリアカウンセリングやキャリアコンサルティングに関するネット上の記事がメールで届く設定をしています。毎日、日本のどこかで実に多くのキャリアカウンセラーやキャリアコンサルタントが情報発信をしているのが分かります。

第二に、個人的な研究会や勉強会、学会やその他類似の会合での情報発信があります。今は全国各地で大小さまざまなキャリアカウンセラー・キャリアコンサルタントの集まりがあります。こうした会合に参加することも情報発信の１つの手段になります。

例えば、学会や大会は、個人発表を募集していることが普通です。発表料金を支払い、ルールを守りさえすれば、誰でも発表することができます。

学会や大会で発表すれば、それを聞いて共感した人と知り合いになることもできます。知り合いになれば、情報交換をすることもできます。そうして、自分の問題意識に共感する人を集めていくことができるわけです。

第三に、論文や書籍での情報発信があります。研究会、学会や大会で発表をすれば、そのうち、論文や書籍の形で、自分の主張をまとめようという流れになることもあります。

社会に向けた情報発信というと、この公刊される刊行物を思い浮かべる方も多いでしょう。自分の持つ事例や過去の経験、問題意識を、論文や書籍にまとめたいと考える方も多いと思います。

思い立ったら、まずはすぐに取りかかって書いてみるのも一案です。論文ならば2万字、書籍ならばそれを5つか6つ合体させて10万字から12万字、ある程度の分量がそろえば、論文や書籍として発表する可能性が出てきます。

実際にやってみると容易ではなく、そもそもこの文字数を満たすことが難しいかもしれません。その場合は、途中までで人前で発表してみます。個人的な小さな研究会から、学会での発表に至るまで様々なレベルで発表の機会はあります。

自信がなければ、身近なインフォーマルな会合で話してみます。いつ、どのような立場でも、機会を見つけて、自分が持っている情報、問題意識、意見を、世間に向けて公表してみることが重要になります。

これが、もっとも素朴な意味での、したがって、もっとも簡単なアドボカシーの一歩になると言えるでしょう。

インターネットやSNSが普及した今、広報活動、パブリック・インフォメーション、情報公開は、従来に比べると、格段にやりやすくなったと言えます。

それは、取りも直さず、キャリアカウンセラーの活動すべき場所が1つ増えたということでもあります。キャリアカウンセラーならではの知り得た情報や事実を、守秘義務に配慮しつつ、かつクライエントのために適切に情報公開をしていくというのは、今後、キャリアカウンセリングがもっと真剣に追究して良い領域です。

社会的・政治的アドボカシー

社会正義のキャリア支援論で最も重視しているにもかかわらず、説明や理解が難しいのが、この「社会的・政治的アドボカシー」です。

ここでのキーワードは「チェンジ・エージェント」です。キャリアカウンセリングの外国の文献によく出てくる言葉です。日本語に訳せば「変革の主体」となるでしょう。

いろいろな意味で使いますが、例えば、この言葉を、クライエント自身を自らの考え方や行動を変化させる主体である「変革の主体」と考えるといった意味で使います。カウンセラーは、そうしたクライエントを変化させる中心人物だという意味でも使います。

しかし、社会正義論の「チェンジ・エージェント」では、意味が少し違います。むしろ、クライエントが直面して困り果ててしまうような、いろいろと問題のある制度・システム・仕組みを変えるために、カウンセラー自身が、自ら、直接、社会を「変化させる主体」になるという意味です。

どのようにして制度・システム・仕組みを変化させるのかと言うと、社会的・政治的な行動を通じてです。

ここで紹介しているＡＣＡの社会正義フレームワークでは、次のような行動を挙げています。(21)

・社会的／政治的な行動によってうまく解決できる問題を特定する
・その問題に取り組むための仕組みと手段を検討する
・潜在的な協力者を見つけて、合流する
・変革のために既存の協力者を支援する
・協力者とともに、説得力のあるデータと変革すべき根拠を準備する
・協力者とともに、議員やその他の政策決定者にロビー活動をする
・コミュニティやクライエントとオープンな対話を行い、社会的・政治的アドボカシーを当初の目標と合ったものにする

ここでは、より具体的な社会的・政治的な行動が列挙されています。これらは、本当に大切で、こうした行動に踏み出す環境が整っている場合には、積極的に参加・参画するのが良いでしょう。少なくとも、こうした行動は、キャリアカウンセラーの職域ではないと拒否し、排除してしまわないことが大切です。

ただし、キャリアカウンセリングの領域では、「社会的・政治的アドボカシー」ということを、あまり難しく考える必要はありません。

「政治的」と言えば、随分と大げさに聞こえますが、民主主義の世の中では、まずは自分と同じような問題関心を持つ仲間を作ることが、その第一歩になるでしょう。

身近で共通した問題を感じるキャリアカウンセラーやキャリアコンサルタントがいたとします。同じようなクライエントと接して、個々のクライエントの問題だけでは収まらない、もっと大きな社会全体の課題として考えた方が良い問題に気がついた人達がいるとします。

そうしたら、その何名かで共同で情報発信をするということが考えられます。

例えば、ＤＶ被害者の女性の就職に、世間の人があまり気づいていない、あるいはあまり重視していない固有の問題があることに気がついた一人のキャリアカウンセラーいたとします。

この人が一人で、この問題について情報発信をするのと、同じ問題に気がついた（あるいは共感した）何名かのキャリアカウンセラーが共同で情報発信をするのでは、どちらか世間に訴える力が強いでしょうか。もちろん、何名かで言った方が強いわけです。

ですから、逆に、キャリアカウンセラーやキャリアコンサルタントどうしで、個人的な勉強会や研究会のような集まりを作るということは重要です。

先ほど述べたとおり、今、日本の各地では、たくさんのキャリアカウンセラーの勉強会がありま す。お互いに情報交換をしたり、事例発表をしたり、研究発表をしたりしています。そういう数名から数十名の集まりは、本当に多くあり、過去に私がお邪魔してお話をさせていただいた会合を数え上げても、10や20は下りません。

こうした集まりで、仮に社会に向けて情報発信をした方が良いということになったら、有志何名かで集まって世の中に向けて問題をアピールすることができるでしょう。

こういうカウンセラーの集団に加わることも、キャリアカウンセラーが行いうるいちばん小さなソーシャルアクションであるという指摘もあります[22]。

自分で仲間を集めて、キャリアカウンセラーの集団を作り上げることができそうな人は、そうしてグループを作れば良いでしょう。そういう人集めが得意でなく、それほどリーダーシップがあるタイプでないならば、自分が入れそうなキャリアカウンセラー集団のメンバーになれば良いです。

集団が大きくなればなるほど、その集団は社会に向けた発言力が増します。そして、全国各地の役所・公的機関、マスメディア、国会議員・地方議員などに対する直接的な働きかけは、実際に行われていることでもあります。だから、自分が共感し、共鳴するグループのメンバーになることは、その集団の活動を大きく盛り上げる意味があるのです。

注

(1) 本人ホームページより https://www.drmanivongjratts.com/background.html
(2) Ratts, M. J., & Pedersen, P. B. (2014). Counseling for Multiculturalism and Social Justice: Integration, Theory, and Application. ACA. Alexandria, VA.
(3) https://www.census.gov/content/dam/Census/library/publications/2015/demo/p25-1143.pdf
(4) Ratts, et. al., (2004). op.cit.
(5) Ibid.
(6) 岩崎久美子・下村英雄・柳澤文敬・伊藤素江・村田維沙・堀一輝（２０１６）：経験資本と学習―首都圏大学生９４９人の大規模調査結果　明石書店　を参照のこと。
(7) Ivey, A. E., & Collins, N. M. (2003). Social justice: A long-term challenge for counseling psychology. The Counseling Psychologist. 31, 290-298.

(8) Goodman, L. A., Liang, B., Helms, J. E., Latta, R. E., Sparks, E., & Weintraub, S. R. (2004) Training Counseling Psychologists as Social Justice Agents: Feminist and Multicultural Principles in Action. The Counseling Psychologist, 32, 793-837.

(9) https://www.counseling.org/docs/default-source/ethics/2014-aca-code-of-ethics.pdf

(10) American Counseling Association (2014). ACA code of ethics. Alexandria, VA: ACA.

(11) 山本和郎（１９８６）．コミュニティ心理学―地域臨床の理論と実践　東京大学出版会．

(12) なお、日本における社会正義のカウンセリングの先駆的な研究者としては、いとうたけひこ、井上孝代などのコミュニティ心理学者を中心とした研究者たちがいます。例えば、鈴木ゆみ・いとうたけひこ・井上孝代（２０１０）．日本におけるスクールカウンセラーのアドボカシーコンピテンスの応用可能性―日本語版アドボカシーコンピテンス自己評価検査（Advocacy Competencies Self Assessment Survey）の紹介　マクロ・カウンセリング研究　９　明治学院大学．伊藤武彦（２００６）．社会正義と人々のエンパワーメントのためのRESPECTFULカウンセリング　東西南北：和光大学総合文化研究所年報２００６　１８７～１９３ページ．（https://www.wako.ac.jp/organization/research/tozai/touzai06.html）など。さらに翻訳書として、井上孝代（監訳）伊藤武彦・石原静子（訳）（２００６）．コミュニティカウンセリング―福祉・教育・医療のための新しいパラダイム　ブレーン出版など。この翻訳書はここで説明する社会正義フレームワークの作成者の一人であるジュディス・ルイスらの著作を訳したものです。社会正義のキャリア支援論は、基本的にはこれら先駆的な研究者の業績と軌を一にするものであり、よりキャリア支援の側面を強調したものと言えます。なお、ルイスは産業カウンセリング関連の著作も出版しており、中澤次郎（監訳）（１９９７）．ＥＡＰ（従業員援助活動）アメリカの産業カウンセリング　日本文化科学社．として公刊されています。90年代の日本における初期の産業カウンセリングの重要文献でもあり、古くからコミュニティ心理学とキャリアカウンセリングには接点があることをうかがわせます。

(13) 植村勝彦・高畠克子・箕口雅博・原裕視・久田満編（２０１２）．よくわかるコミュニティ心理学第2版　ミネルヴァ書房．その他に、コミュニティ心理学の代表的な書籍として、①高畠克子（２０１１）．コミュニティ・アプローチ　東京大学出版会．②井上孝代編著（２００６）．コミュニティ支援のカウンセリング―社会的心理援助の

基礎　川島書店．③植村勝彦（２０１２）．現代コミュニティ心理学―理論と展開　東京大学出版会．④井上孝代編著（２０１３）．臨床心理士・カウンセラーによるアドボカシー―生徒、エイズ、吃音・精神障害者、性的・民族的マイノリティ、レイプ・ＤＶ被害児（者）の声を聴く　風間書房．などがあり、いずれも、現在の社会正義のキャリアカウンセリング論が直接的な影響を受けている領域に関する著作なので、ぜひ入手して、参考にしてください。

⒁ キャリアカウンセリングとコミュニティ心理学の関連に注目している人は、数多くいます。最近の代表的な論文として、高橋浩（２０１５）．企業内キャリアコンサルティングと組織開発　労働政策研究・研修機構　No.171 pp.87-106. 小山健太（２０１９）．セルフ・キャリアドックに関するコミュニティ心理学からの考察　コミュニケーション科学　49　２０３～２１１ページ．東京経済大学コミュニケーション学会など。

⒂ ACA Advocacy Competencies: A Social Justice Framework for Counselors. このコンピテンシーを解説した書籍（Ratts, M. J., Toporek, R. L., & Lewis, J. A. (2010). ACA Advocacy Competencies: A social justice framework for counselors. Alexandria, VA: American Counseling Association）もあります。また、その著者グループを中心に「カウンセリング心理学における社会正義ハンドブック」（Handbook for Social Justice in Counseling Psychology）も刊行されています。さらに、ＡＣＡの上部団体であるＡＰＡアメリカ心理学会では、２０１０年より「社会正義表彰」（Social Justice Award）を行っています。

⒃ https://www.counseling.org/Resources/Competencies/Advocacy_Competencies.pdf

⒄ Pope, M., & Pangelinan, J. S. (2010). Using the ACA advocacy competencies in career counseling. In M. J. Ratts, R. L. Toporek, & J. A. Lewis (Eds) ACA Adovocacy competencies: A social justice framework for counselors. ACA.

⒅～⒆ Ibid.

⒇ https://www.counseling.org/Resources/Competencies/Advocacy_Competencies.pdf

(21) Ibid.

(22) Furbish, D. (2015). Social justice: A seminal and enduring career counselling model. In Maree, K., & Di Fabio, A.

(Eds.) Exploring new horizons in career counselling, 281-296 Sense Publishers. Rotterdom; Netherlands.

第4章

3つの可能なプラクティス①
―深い意味でのカウンセリング―

1 3つの可能なプラクティス

ポープの社会正義の実践リスト

ここからは、社会正義の具体的なプラクティス（実践）を見ていきます。プラクティスには「練習。演習。けいこ」「日常的な活動。習慣的な取り組み。通例。習慣」という意味があります。

社会正義のキャリア支援は、国内外の各所で様々な取り組みが試されている段階ですが、同時に、その多くは、既に行われている日常的・習慣的な活動でもあります。これまでキャリアカウンセラーが積み上げてきた従来の実践とけっして離れるものではなく、連続しているという意味を込めて「プラクティス」としました。

さて、社会正義のキャリア支援で何をすべきかについては、既に、いくつかリストがあります。以下は、先行研究で実際に取り上げられた活動をポープが整理したものです[1]。

1　職業的な差別の問題を、直接、申し立てる。
2　主流の文化にどの程度、適応しているかを把握する。
3　クライエントの職業知識のレベルを把握する。
4　キャリアカウンセリングに家族を巻き込む。
5　決断した結果への対処を助ける（特に周囲の考えと違う決断をする時）。
6　試験や就職に向けた英語力を評価する（非ネイティブの英語話者向け）。
7　アサーションやコミュニケーションのトレーニングをする。
8　集団主義的な文化を持つ個人にグループカウンセリングの手法を用いる。
9　キャリアを広く考えさせ、非伝統的なキャリアも考えるよう努力させる。
10　自分のキャリアをはっきり考えていないという不安を持つクライエントを落ち着かせ、キャリア発達には様々な段階があることを理解させる。
11　ジェンダーの問題を取り上げ、妻や母のような伝統的な性役割の期待に応えつつも、高地位・高収入のキャリアを求めることを奨励する。
12　会社訪問（ＯＢ・ＯＧ訪問）や採用面接の際に「結婚していますか」「子どもは何人いますか」「宗教は何ですか」などの質問をされた時の反応を練習する（特にＬＧＢＴのクライエント等の場合）。

13　様々な成人のキャリア発達のニーズにあった特別なプログラム、例えば、(a)履歴書の書き方（書くべきこと書くべきでないこと等）、(b)面接の受け方などに関する特別プログラムなどを提供する。

14　英語が母国語ではないマイノリティの民族・人種の場合、キャリア選択を制限し、キャリア相談にも関わりが深い英語の熟練の問題を取り上げる（211〜212ページ）。

日本の実態をふまえた3つのプラクティス

ポープのリストは、英語圏がベースになっているので、日本人である私たちには、少し分かりにくい面があります。

そこで、古今東西の社会正義のキャリア支援の文献をもとに、日本のキャリア環境、労働市場、社会経済の動向、日本のキャリア支援の特徴や経緯をふまえ、かつ、日本人が関心を持ちやすく、かつ現状では十分に取り組めていないもの、しかし、やろうと思えば、日本人ならばできそうなことを考えました。

日本のキャリアカウンセリングの実情を慎重に考えた結果、私は、日本では、次の3つのプラクティス（実践）が可能だと考えます。

（深い意味での）カウンセリング
エンパワメント

アドボカシー（提案、代弁、申し入れ、具申）

それぞれポイントをまとめると、次のように整理できます。

（深い意味での）カウンセリング

存在を承認する。「Ｖｏｉｃｅ（声）」を聞く
個人の悩みとして聞くのと同時に、組織・制度・社会の歪みとして捉える
特に「不利な立場にある対象層、周辺的な対象層」の存在の承認
そのためのバイアスへの気づき、スキルの獲得

エンパワメント

自己決定の手段を増やす
ベースとなる自尊感情、自己効力感
スキルや「問題解決する手段」を提供する
より現実的、具体的、直接的な問題解決を志向

アドボカシー（提案、代弁、申し入れ、具申）

環境に働きかける
組織化すること
組織・システムに働きかけること、組織開発
連携すること

まず、社会正義のキャリア支援でも、広い意味での「カウンセリング」が中心にあるので、話を聞くことが基盤となります。ただ、従来のキャリアカウンセリングから、さらにひと押し、深い意味でのカウンセリングが重要となります。

次に、個人を対象とした支援を、「エンパワメント」に集約しました。社会正義のキャリア支援が重視するのは、個人が自分で自己決定を行えるように支援することです。自分で問題解決を行えるように、いろいろな手段により多くアクセスできるようにします。そうして、自分の人生を自ら切り開けるようにすることが目的です。

最後に、個人以外のシステムに対する介入を、「アドボカシー」としてまとめました。ここでは、集団、組織、学校、企業、地域、環境、制度、法律、社会を、個人の周りを取り囲むシステムと総称しています。日本のキャリアコンサルティングで言う「環境への働きかけ」もここに含まれます。

以上、まとめると、深い意味でのカウンセリングを基盤とし、その上に乗る形で、個人を対象とする支援をエンパワメント、個人の周りへの支援をアドボカシーと整理しました。

社会正義のキャリア支援としてキャリアカウンセリングを行う

エンパワメント
自己決定の手段を増やす

アドボカシー
環境に働きかける

(深い意味での)
カウンセリング
存在を認める

図表4-1　社会正義のキャリア支援の3つのプラクティス

以上、個別支援・個別相談が重要であることは間違いないですが、同じくらいの重みを持って、自己決定の手段を増やすエンパワメント（個人を対象とした支援）、環境に働きかけるアドボカシー（個人の周りへの支援）があることになります（図表４―１）。

2 深い意味でのカウンセリング

カウンセリングであること

まず、第一のプラクティス「（深い意味での）カウンセリング」を説明します。ポイントは３つあります。

１つ目のポイントは、社会正義のキャリア支援といっても、そのベースには、いわゆるカウンセリングがあるということです。

ここでのカウンセリングは、文字どおりの１対１のカウンセリングであり、相談室でクライエントの話を聞く普通の意味でのカウンセリングです。傾聴を基本とし、クライエントを受容、共感するカウンセリングです。これが基本であることは、繰り返し強調したいと思います。

特に、社会正義のキャリア支援は１対１の個別相談以外の活動を強調します。そのため、１対１の個別相談を軽視して良いという理解が生じることがあります。

ですが、１対１の個別相談の重要性がないと言っているわけではありません。逆に、１対１の個別相談のスキルを持つからこそ、環境への働きかけ、ネットワーキング、コンサルテーション、アドボカシーのような取り組みにも、その持てる能力を発揮していけます。

実際、キャリアカウンセリングの基礎スキルである傾聴、受容、共感の3つを外すと、社会正義のキャリア支援は、他の専門家の活動領域と重なってしまいます。

例えば、ソーシャルワーカーや労働相談の担当者など、他にも社会正義の問題を考えてくれる専門家はたくさんいます。それに対して、キャリアカウンセラーが行うのは、傾聴、受容、共感などの基礎スキルによる支援なのだと言えるでしょう。

深い意味でのキャリアカウンセリングであること

2つ目のポイントとして「深い意味での」が重要となります。たんに傾聴だけだと、普通のカウンセリングと違いがありません。では、何を指して「深い意味」と言っているのでしょうか。

ここは重要ポイントですが、クライエントが、個人としてだけでなく、社会全体から受容され、共感され、承認されることが付け加わります。

その承認の窓口として、社会正義を意識したキャリアカウンセラーがいます。

社会正義のキャリアカウンセリングの対象となるクライエントは、繰り返し述べるとおり、社会の主流派ではありません。中心にいる人たちでもありません。学校時代から就職して働いて生活する過程のどこかで、普通の人が普通だと思う場所とは違うところにいた人に、社会正義キャリアカウンセリングは必要となります。

社会の中心にいる人の声は、多くの人に届きやすいです。社会の中心にいるということは多数派だということであり、その分、その声も発言も多くの人に認められやすいです。同じことを言っても、受け止められ、承認されやすいです。

しかも、民主主義の名のもとに多数決をとれば、多くの人が賛成します。社会の中心にいる人の声は、選挙のような公式の手段に訴えたとしても正式に認められやすいです。

一方、社会の中心にいない場合、その声は無視され、軽視されやすい。社会の中心にいないとは少数派だということであり、多くの人はその存在を認めません。悪意がある場合もありますが、悪意がなくても、そもそも数が少ないので目につきにくいです。

民主主義の世の中だからと言って、正式に多数決に訴えたところで、少数派の意見が多数を占めることはありません。正式に少数意見とされるだけです。結果的に、その人の声は認められず、聞き届けられません。

だからこそ、社会正義のキャリア支援では、少数派、周辺層、非主流の人々を受け止め、承認することを強調します。せめて1対1のカウンセリングの場面では、その人を受け止め、共感し、認めようとします。

少数派のクライエントは、今までその存在を全面的に受け止めてもらった経験が多くありません。共感してもらったこともありません。そこで、普通のキャリアカウンセリングよりも、よりいっそう深い意味で、その人の全存在を聞き取るかのごとく傾聴し、受容し、共感することになります。

そうすることで、少数派の人間の存在を認めようとします。よく社会正義のキャリア支援の文献では、「声」という単語が出てきます。「声」を聞き取ることは、その人の存在を認めることであるという発想があるのです。

個人の悩みとしてだけでなく社会全体の問題として聞くこと

「（深い意味での）カウンセリング」の3つ目のポイントは、クライエントの相談事をクライエント個人の悩みとして聞くだけでなく、社会全体の問題として聞くことです。

クライエントの悩みを、社会全体として受容し、共感し、承認する。それは、クライエントの悩みを社会全体の問題として受け止めるということでもあります。

例えば、何か個人的な事情があって、長く就労から離れていたため、年齢に比べて、経験やスキルの蓄積が十分ではなく、かつメンタルの面でも万全の状態ではない無業のクライエントがいるとします。そのクライエントが就労に対して抱える不安は、部分的には本人の問題かもしれません。

ですが、その問題が、クライエントを取り巻く社会環境、経済状況と無関係だということはありません。ですから、クライエントが抱える問題を、クライエントを取り巻く社会の問題だと見なすことで、クライエントの抱える問題は軽くなる場合があります。

例えば、長く就労から離れるきっかけが、いわゆるブラック企業で厳しい働き方を強いられたためである場合、社会の問題だと言える面は強くなります。

また、そうした職場だったにもかかわらず、容易に仕事を変えられなかったということも、転職が容易ではない日本社会全体の問題とすることができるかもしれません。

キャリアカウンセリングがキャリアや職業に関連する相談である以上、社会全体の問題と関連がないということはありません。このように考えると、過度にメンタルヘルスの問題と捉えることなく、適切に社会問題として介入支援を提供することも可能となります。

ここから、アドボカシー、ソーシャルアクション、政策提言といった問題解決への道が伸びていくのも、お分かりいただけると思います。

まずは、クライエントの声を、社会全体の矛盾の現われとして、深く聞いていくことが、社会正義のキャリア支援論の実践の第一歩となるでしょう。

3　「声」と承認的正義

「声なき声を声にすることの重要性」

コミュニティ心理学の第一人者である井上孝代は、先駆者として含蓄に富む表現で、深いカウンセリングの意味を表現しています。

以下、井上が指摘する「声なき声を声にすることの重要性」について引用します。

> クライエントとの対等性、相互性、相互互助性を強調しすぎることはない。にもかかわらず、声を上げられない当事者がいることも事実である。また、声を上げても社会的圧力（たとえば権力・世論など）によって声がかき消されていく場合がある。そのような声なき声こそ傾聴することが必要である。そのような機会はカウンセリング室内でも聴こえるかもしれない。しかし、それにとどまらずクライエントとの共有する時間や場所や活動を通して物理的な音響としての声で

はなく、「声」、すなわちこころに響く言語化されない声をも甘受し、了解したあとで、聴こえてきた内容を専門家が翻訳者として外部の世界に伝えていくというアドボカシーの役割が重要なのである。

うつ病の人、就労できない人、学校へ行けない人、認知症の人、日本語で伝えられない人、伝えても暴力で返される人、などアドボカシーを必要としている人々は多い[2]（211〜212ページ）。


引用部分の冒頭、「対等性」「相互性」「相互互助性」は、カウンセラーとクライエントは、本来、対等であるという原則を述べたものです。

クライエントは困っていますし、弱っていることも多いでしょう。ですので、カウンセラーの方がパワーが強いのが普通です。そのため、ともすればカウンセラーの方が偉く、クライエントに説教をしたり、強く指示したりしてしまいます。

それを、井上は、カウンセラーとクライエントは、当然ながら対等だと述べるわけです。

その大前提の上で、しかし、クライエントは自分では声を上げられない場合があるのだから、専門家として「外部の世界に伝えていくというアドボカシーの役割が重要」であると言います。

そして、そのためにこそ「声を上げられない当事者」が「声を上げても社会的圧力によって声がかき消されて」しまう場合には、その声を傾聴する必要があるとします。「言語化されない声」を受け止めて、それを翻訳して伝えていくのだと、井上は言います。

ここでも何度も「声」という単語が使われていますが、たんにカウンセラーとしてクライエントの悩みを聞くということを超えて、クライエントが届けられない声を聞き、その存在をまるごと認めることが重要になると指摘しています。

それは、「うつ病の人」「就労できない人」「学校へ行けない人」「認知症の人」「日本語で伝えられない人」「伝えても暴力で返される人」など、本当に多岐に渡るのです。

ゲイルの『ジャスト・スクーリング』

第2章では「応報的正義」「分配的正義」「承認的正義」があることを説明しました。社会正義論では承認的正義を重視しますが、承認的正義の文献にも「声」という単語はよく出てきます。少数派の声を聞くことが、すなわち少数派の存在を認め、承認することであり、それが社会正義の大前提となるからです。

ここでは、社会正義と学校の関連を研究したオーストラリアの研究者トレバー・ゲイルの主著『ジャスト・スクーリング』を取り上げます。その本でゲイルはこう言います。

> この本は、学校における公平を論じるものではない。公平な学校とは何かを論じるものだ。とりわけ、教師が教室で子どもたちに公平に接するということはどういうことなのかを考えたい[3]（1ページ）。

ゲイルは、社会全体が社会正義に満ちたものであるために、学校ができることは、まずもって公平な学校であることだと考えます。そして公平な学校であるために最も基礎となるのは、教師が子どもたちに公平に接することだと考えます。

その時、ゲイルが最も重視するのが承認的正義です。ゲイルが承認的正義をどのように捉えているかを紹介します。次のエピソードは、ゲイルの書籍にあるエピソードを改変したものです。

レベル6の重度の障害を持つシンディを隣の教室に連れて行かなければならない状況で——
「今日、レベル6の子を教室に連れて行く当番の人は、誰ですか？」[4]（19ページ）

ここで「レベル6」とは子どもの障害の重さを表す等級であり、この場合、最も重い障害を持つことを意味します。この重い障害を持つシンディが何かの事情で隣のクラスに行かなければならなかったのでしょう。ところが、シンディは自分では行くことができないため、誰かの手助けが必要です。この時、先生の言い方はこれで良いのかというのが話のポイントです。

既にお気づきのとおり、当然ながら「レベル6の子を教室に連れて行く」のところに問題があります。

ここでは「今日、シンディを連れて行く当番は誰ですか」と言わなければなりません。「レベル6の子を教室に連れて行く」という言い方では、シンディはシンディとは認識されておらず、重い障害がある子としてしか考えられていません。

そうではなく、シンディの存在をしっかりと認めるには、きちんと「シンディを連れて行くのは」と言わなければなりません。きちんと名前を呼ばなければなりません。それが、承認的正義の基礎となります。

そして、ゲイルが言いたいのは、これが必ずしも障害のある子どもに対する受け答えに限らないということです。

障害のある子どもに対する受け答えであれば、まだ、どこに問題があるのか気がつきやすいです。重要なのは、似たようなことを他の様々な問題を抱える子どもたちにも、きちんと忘れずにできるだろうかということです。

そして、普段の学校生活のこういう言葉の端々に「公平な学校」、ジャストスクールが現れるということになります。

メキシコ系のカルロスの事例

個人の問題とともに社会の問題として「声」を聞く重要性を示す事例が、ヴァーノン・ズンカーの有名なキャリアカウンセリングの教科書にあったので、紹介します[5]。

カウンセラー：あなたは項目14「自分のエスニシティが自分の進路に影響を与えている」にチェックしましたね。これについて、もう少し聞かせてください。

カルロス：思ったのは、みんな、僕がやりたい仕事をできるとは考えていないということです。

カウンセラー：もっと説明してください。

カルロス：ええ。知ってると思いますけど、メキシコ人はちゃんと働けるのかっていう目で見られています。

カウンセラー：みんながそんな風にあなたを見ていると、感じるんですね。

カルロス：そうです！　でもチャンスがあれば、僕はどんな仕事でも一生懸命働けます。
カウンセラー：あなたは、それを証明する機会が得られるか、本当に心配してるんですね。そうですね。
カルロス：はい。多くのアメリカ人は、僕にはできないって思ってるんですよ。
カウンセラー：それも、多少は現実的な評価なのかもしれません。でも、もっと明るい話をすれば、マイノリティも単純労働のような仕事以外の分野にどんどん進出しています。今こそ、自分が興味がある仕事、自分の能力を活かせる仕事を選べる良い機会だと考えてはどうでしょうか。
カルロス：それが僕がやりたいことなんです。チャンスがあれば、自分を証明できます。
カウンセラー：良いスタートですね。では、将来、平等な機会を得るにあたって、あなたがまだ感じているネガティブな感情を取り除くことを試みましょう（125ページ）。

カルロスは、8歳のときにメキシコからやってきた移民です。2年間、バイリンガル・プログラムに参加して英語をマスターし、高校卒業時にはほとんどの科目がAかBで、上位4分の1の成績をとりました。卒業後は、郵便会社にフルタイムで働いています。ですが、本当は大学に行きたいのです。英語もうまいので、大学に行って専門知識を身につけて映像関係の仕事に就くのが夢なのです。ところが、カルロスは、自分がメキシコ人であるということを強く意識しています。偏見を持たれているのを感じています。
何でもないことのようですが、カルロスが「そうです！」と強く同意しているところに注目してください。メキシコ系だから偏見を持たれるということを、たんに同意し、共感しただけですが、カルロスは我が意を得たりと言わんばかりに強く返事をしています。

「声」を聞き届けられて、自分という存在を承認されたと感じたと言えるでしょう。

このカルロスの事例は、個人の問題として考えるのが普通でしょう。いやいや、そんな偏見など気にしなくて良い、あなたには能力もあるし、夢もある。頑張れば良いんだと言ってあげたくなるのが、普通のキャリアカウンセラーというものでしょう。

一方、これを社会の問題とも考えることもできます。カルロス個人の問題であると同時に、移民が進路を選ぶ際に必ずぶつかる壁と言えます。この場合、社会の仕組みの問題と捉える余地が出てきます。

どうすれば移民が正当に高等教育を受けられるのか。望む進路に進みうるのか。そのためにどのような支援があれば良いのか。移民が獲得できる奨学金、移民に偏見の少ない制度がある大学、メキシコ系の多い大学・職業など、調べることは山ほどあります。

そして、当のカルロスの大学進学、さらには希望する映像関係への就職そのものが、カルロスに続くメキシコからの移民の良いモデルになり得ると同時に、少しずつ壁に穴を開けるように社会の可能性を開いていくことにつながるでしょう。

キャリアカウンセリングを個人の問題として考えるのは、まずは当然のことですが、その上で、いかに社会の問題であると捉え、その解決を見ていくことができるかが、社会正義のキャリア支援論では重要な実践の基盤になるわけです。

ブルースティンの「声」

「声」という言葉は、第3章で紹介したブルースティンの有名論文「忘れられた半分の声：学校から社会への移行における社会階層の役割」のタイトルにも入っています。論文は、その「声」の引用から始まっています。

> 「自分は無理やりこんな生き方をさせられた。無理やり学校を辞めさせせられて、今いる場所にいさせられたんだよ。」(回答者No．40)
> 本論文で紹介する若者の声は、今、多くの西洋文化で、労働者階級の貧しい個人が体験する強烈な感情について伝えてくれる。社会科学者やカウンセラーは、我々の学問的な関心に近い彼らの声を聴くことで、多くのことを知ることができる。社会階層は職業生活の重要な要因であり、貧しい労働者階級出身の人間にとって、社会階層は周辺化させられる重要な原因になるということを、研究や理論では示してきた。したがって、こうした周辺化した声によって、職業の領域における社会階層の役割について必要な知識を生み出すことができるものと思われる[6]（311ページ）。

第3章で述べたとおり、ブルースティンの研究は、社会正義のキャリア支援論全体に大きな影響を与えた研究です。

クライエントの声そのものが、既にして社会階層の影響を受けている可能性が高いのであれば、それを聴くカウンセラーの側でも、当然、その声に様々な社会的な問題が織り込まれていると考えなければなりません。

その意味で、ブルースティンは、まさに労働者階級の貧しい人間の声に着目し、その声から、社会正義の問題を考えることを提唱したのです。

ブルースティンの有名研究を考えれば、ここで言う「深い意味でのカウンセリング」の意味もはっきりするかと思います。既にして押しつぶされて抑圧されているクライエントの声を深いレベルで聴き取ろうとし、そこに社会的な問題の影響を想定する。つまり、個のカウンセリングの奥底に社会問題を聴くことが、「深い意味でのカウンセリング」ということになります。

あえて違いを強調して言えば、従来のキャリアカウンセリングがクライエントの「話」を聞いたのだとすれば、社会正義のキャリア支援はクライエントの「声」を聴くのだということができるでしょう。

4 バイアス

転向療法とバイアス

クライエントの「声」を聴く際に、重要な問題となるのは「バイアス」です。

特に、本書で何度も引用しているポープは、自らのカウンセラーとしてのバイアスを、常に自覚するように言います。先に述べたとおり、カウンセラーは良くも悪くも、自分が生まれ育った文化や価値観から逃れるのが難しいからです。

例えば、ポープはもともとＬＧＢＴのキャリアカウンセリングの研究者ですが、アメリカで大きな問題となった心理療法に「転向療法」というものがあります。

これは、同性愛的な指向を持つクライエントに対して、同性愛を嫌悪させるような介入をすることによって、同性愛から「転向」させ、本人の生物学的な性別と合致した性的指向をもたせようとする療法です。

同性愛的な指向を「取り除く」ための技法として、同性愛的な写真を見せると同時に電撃ショックを与えることなどが行われます。こうした技法は「嫌悪療法」として、素朴な行動療法の１つにあった考え方ではあります。ですが、やはり常識的に考えても、ひどいことのように思えます。

実際、ポープは転向療法のような考え方には、科学的にほとんど根拠はないし、むしろ心理的には長期のダメージを与えると指摘しています[7]。

ただ、ここでよりいっそう問題なのは、実は、これは何も昔の話ではないということです。例えば、現在のアメリカでも、極めて保守的な文化圏に属する人々の間では、一定の支持があることが問題なのです。そして、そうした社会に属する人からすれば、悪気なく、むしろ良いこととして転向療法を広めようとしています。

ポープは、この転向療法を例にとって、いかに人が、自分の文化圏で正しいとされていることから逃れるのが大変かを説明するわけです。

では、同じ文化圏に属していれば、カウンセラーのバイアスは問題にならないかというと、そうでもありません。

ポープは、同じ文化圏に属していても生じるカウンセラーとクライエントの間の微妙なズレにも注意を促しています。

例えば、ポープが挙げている例は、次のようなものです[8]。

アフリカ系のクライエントが、カウンセリングルームに訪れました。人種や文化を重視して、このクライエントは、同じアフリカ系のキャリアカウンセラーが対応することになりました。お互いアフリカ系ということで共通の基盤で話を進められると考えたからです。

そのカウンセラーは、アフリカ系として、完全にアメリカの文化と調和し、同化していました。そのため、カウンセリングのプロセスの端々で、アフリカ系が就きやすい仕事、就いて成功しやすい仕事を念頭においた口ぶりで話します。

このカウンセラーは、アメリカ文化の現実をよく知っており、それを深く自分の中に刻み込んでいます。だからこそ、アフリカ系のクライエントが現実にぶつかる壁とか、苦労とか、不愉快なこととか、そういうことについて前もって情報提供をしたいと思いました。また、そういう道に進んで下手に苦労しないように、やんわりとアドバイスすることがクライエントに役立つと思っていました。

しかし、クライエントの方は、また別な形で、アフリカ系としてのアイデンティティを強く持っていました。アフリカ系として、いろいろなことに挑戦し、これまで不可能と思われていたことにもぶつかっていきたかったのです。だからこそ、アフリカ系のカウンセラーに対応してもらいたいと思いました。きっと自分のチャレンジを分かってくれるだろうと思ったのです。

結果的に、クライエントは、カウンセラーのアドバイスを受け入れず、やがてカウンセラーの前から消えてしまいました。

その他にも、同じ文化圏を共有しているために問題になった微妙な事例として次のような話もあります。

この場合も、アフリカ系のキャリアカウンセラーとクライエントですが、話をしていて同じ文化を共有し、同じ価値観や背景を持つことが、クライエントには明らかによく分かりました。

しかし、それゆえ、かえってクライエントは話しにくくなってしまったのです。

というのも、クライエントはアフリカ系であり、かつゲイでもあったからです。そして、クライエントは、自分が幼い頃からアフリカ系の文化では、ゲイがいかに認められないのかを身にしみて感じていました(少なくともそのようにクライエントは思っていました)。

同じ文化を共有しているがために、かえって話しづらくなってしまったのです。

LGBTのクライエントに対するバイアス

私も翻訳に加わった『ヘルピング・スキル』[9]という本は、アメリカのカウンセラーが基礎段階で学ぶ初歩的な教科書です。初回面接から面接終結までを「探求段階」「洞察段階」「行動段階」に分ける3段階モデルで学ぶことができます。

この本に、LGBTのカウンセリングに関する重要な事例があります。本書の問題意識にそって少し改変しましたが、次のようなものです[10]。

ジムはうつ状態で絶望感を感じており、大学のカウンセリングセンターに援助を求めて来ました。ジムが同性愛者であることは以前から知っていたので、カウンセラーは、大学のキャンパスで、同性を好むゲイの男性が抱える苦悩について、少しずつで良いから聞かせてくれと言いました。すると、ジムはとても驚き、烈火のごとく怒りはじめました。なぜでしょうか。

この事例では、ジムはうつ状態にあったために、大学のカウンセリングセンターを訪れました。ジムが同性愛者であることは、カウンセラーは知っていたようです。おそらく既にカミングアウトしていたか、他の何らかの事情で知っていたのでしょう。

そこで、カウンセラーは、ジムが同性愛者であることに伴う悩みを軽くする手助けをしたいと考えました。少しずつで良いから、ゲイであることについて話してくれと言ったのです。

しかし、ジムは激怒してしまいました。なぜでしょうか。

実は、ジムがうつ状態で絶望を感じたのは、ジムがかわいがっていた妹が交通事故で亡くなったからだったのです。妹を突然失い、やりきれない気持ちを抱き、自分ではその悲しみを解消できず、それでカウンセリングセンターを訪れたのでした。同性愛のことは関係なかったのです。

この事例が難しいのは、カウンセラーも良かれと思って対応したことです。ジムのことを分かってあげたいと思ったし、そのために親切に対応しようとしました。それが結果的に、ジムの話を先回りする形になり、ジムを怒らせてしまいました。

ゲイの男性を特別視して、ゲイであれば悩みを抱えているに違いない、そのことでうつ状態や絶望を感じているに違いない、大学でゲイであるということは悩み苦しむことになるに違いないという「バイアス」を、はからずも露呈させてしまいました（ちなみに「同性を好む」という言い方も問題があるとされています）。

ジムは、カウンセラーであるあなたも偏見、バイアスを持っているじゃないかと思い、腹を立てたのです。

クライエントに対して、何らかの予見を持って接することはありうることです。クライエントを十分に理解したいと思うがゆえに、クライエントについて知っていることは頭の片隅においておきたいと考えるからです。

ただ結果的に、ジムは腹を立て、カウンセリングは最悪のものとなりました。

この事例も、私が、多文化キャリアカウンセリングの話を人前でする際に、必ず取り上げる事例です。

カントリーミュージックシンガーを目指すクライエント

次は、さらにキャリアカウンセリング寄りの話題を取り上げます。この事例も、『ヘルピング・スキル』に掲載されていた例を改変したものです[11]。

> クライエントが突然、カウンセリングを終了し、カントリーミュージックシンガーとしてのキャリアを追求するため学業をあきらめると言ってきました。しかし、クライエントの両親はロースクールへ進学してほしいと願っています。カウンセラーとして、あなたはどう対応しますか。

アメリカの文化でカントリーミュージックシンガーがどのような位置づけを占めるのか定かではありません。ただ私が調べた限りでは、おそらく日本で言う演歌歌手のようなことだと思います。

ともかく、両親がロースクールに進学を期待するほどですから、このクライエントは学業も優秀なのでしょう。そのクライエントが、途中でカウンセリングを打ち切り、学業を断念し、カントリーミュージックシンガーになると言い出したわけです。

この場合、キャリアカウンセラーはどう対応すべきかというのが、ここの課題です。『ヘルピング・スキル』では次のように述べています。

> ヘルパーはクライエントにこの決断を考え直し、カントリーミュージックシンガーとなった場合の人生のよい面、悪い面を考えるように諭してしまうかもしれない。しかしながら、自律性の原則は、決断が他者を傷つけるものでないならば、クライエントが自分の決断をする権利を認めるものである[12]（55ページ）。

キャリアカウンセラーによっては、親身になればこそ、歌手を目指すことのメリット・デメリットを考えるようにアドバイスして、歌手になることを考え直すように対応するかもしれません。あるいは、ロースクールに通いながら、同時にカントリーミュージックシンガーを目指すような方向を模索するかもしれません。

しかし、『ヘルピング・スキル』では、「自律性の原則」から、クライエント自身の決断を認めることを、どちらかと言えば推奨しています。

ここで自律性の原則とは、カウンセリングにおける一般的な倫理原則の1つです。クライエントが、自分で、自律的に物事を決める権利を尊重し、それを支援するという原則です。カウンセラーをはじめ対人支援を行う専門職は、すべて、この自律性の原則を尊重しなければならないとされています。

そのため、ここでも、どちらかと言えば、クライエント自身が希望するカントリーミュージックシンガーになる方向で介入支援をしなければならないということになります。

ただ、私が話をする社会正義のキャリア支援の研修やワークショップでは、この自律性の原則に納得しない人もいます。特に、この場面でカントリーミュージックシンガーになることに賛成できない場合です。

この点を簡単に説明するために、私は、弁護士を例に挙げます。

弁護士は、ドラマでもおなじみのように、いつもクライエントの味方をします。仮にクライエントが極悪非道な犯罪者であったとしても、仮にクライエントの主張に個人的には疑問があったとしても、弁護を引き受けた以上はクライエントの立場に立ちます。これは、弁護を専門とする専門職だからです。

これと同じように、キャリアカウンセラーも、基本的にはどのような場合もクライエントの立場に立つべきだと言えます。

というのも、先に紹介したとおり、キャリアカウンセラーの倫理原則の1つに、クライエントの自律性を尊重する自律性の原則があるからです。少しおかしいと思っても、クライエントの味方をして、クライエントの立場に立たなければならない。この点は、同じ専門職として、弁護士と似ている面があるわけです。

それから、もう1つ考えておかなければならないのは、この若者は、もう既に、カントリーミュージックシンガーになることを、各方面で、散々、反対されてきただろうということです。両親は当然のこと、友人や身近な人にも、おそらくは反対されてきたのでしょう。

だからこそ、キャリアカウンセラーたる自分のところに来て、自分の目の前でカントリーミュージックシンガーになると宣言しているのだと、そういう視点で見てみることも必要です。散々、反対されて、何でも話を聞いてくれるというカウンセラーのところに来たら、やっぱり反対されたのでは意味がありません。やはり、基本は、受容すべきだということになるでしょう。

芸能人を目指す50歳の叔父

もちろん、クライエントの自律性を常に尊重するというのは、口で言うほど簡単なことではありません。

例えば、似たような事例ですが、次の場合はどうでしょうか。

私の叔父は50歳で、若い頃は、劇団のようなことをしていて、少しテレビに出たこともあったのですが、今は、働いているのかいないのか、分かりません。たぶん働いてないと思います。体を壊していて働けないと言っていますが、おそらく今も、芸能人として活動することを考えてるような気がします。でも、良いんでしょうか。叔父には奥さんも、中学生の子ども（いとこなんですが）もいるんですよ。

これは、私が非常勤講師を担当している大学院のゼミでニート支援を取り上げた際に、院生の一人が話してくれたエピソードを脚色したものです。

今度は、年齢が50歳であり、歌手を目指す若者ではありません。この場合、先ほどのカントリーミュージックシンガーを目指す若者は応援できると思った方でも、少し考え込んでしまうでしょう。私も、この50歳の男性が実際にクライエントとして目の前に現れて、話を聞いたとして、芸能人になる夢に心から賛同できるか分かりません。

私自身の心のうちを反省すると、自分の中に明らかな年齢規範・性別規範があることに気づきます。それは一定の家族像と関係していることも分かります。つまり、ある年代になって家族を持っている男性は、それなりの稼ぎがあって家族を養うべきだという考え方があることに、我ながら気づきます。

問題は、「50歳の男性は稼いで家族を養うべきだ」という考え方が、どの程度、一般的で常識的な考え方なのか、逆に、どの程度、凝り固まった偏見と言えるかです。一般的か否かは何かの統計を調べれば明らかになるでしょう。そして、ある程度までは一般的であることでしょう。ですので、これは必ずしも偏見ではないのです。

その上で、さらに問題となるのは、仮にクライエントの抱く考え方が一般的で常識的な考え方に反しているとしたら、それを咎めなければならないのか、それに反対しなければならないのかと考えを広げた場合です。

実際、この状況で、叔父さんの奥さんは、この叔父さんが芸能人として再起する夢を共有しているかもしれません。もしかしたら、奥さんは叔父さんが再び光り輝く場に出ることを応援しているのかもしれないのです。

さらに、この場合、単なる知人としてではなく、専門家として接する場合どう考えるのかも重要です。専門家として教科書どおりに考えるとすれば、やはり、クライエントの立場に立つ必要があるでしょう。

ここまで考えを広げた上で、実際のクライエントの話を聞く際には、現実的な判断を下すことになります。ここから先は、もはや眼の前のクライエントの様々な背景、文脈、要因をすべて考え合わせた上での総合的な判断ということになります。どちらとも言えません。

なお、仮に、途中の段階で、クライエントの立場にはどうしても立てないと判断したのであれば、担当を変わる必要があります。クライエントの利益にならないような形でしか関われないと考えた時には、すぐに担当を変わりなさいという示唆も、カウンセリングの教科書である『ヘルピング・スキル』にはたくさん出てきます。

キャリアカウンセラーの「ゲートキーパー効果」

ここまでバイアス（偏見）の問題を取り上げましたが、結局、何が問題になっていて、具体的にどうすれば良いのでしょうか。

まず、多文化キャリアカウンセリング論の多くがキャリアカウンセラーのバイアスの問題を指摘しますが、しかしバイアスを無くせと主張しているわけではありません。ある文化に育ったキャリアカウンセラーが、別の文化にバイアスをまったく持たずに自然に接することは、原理的に不可能だからです。これは人間の本性を見据えた現実主義と言えるでしょう。

バイアスの問題は、多文化キャリアカウンセリング論がよく論じる性別や人種だけに限りません。

キャリアカウンセラーの「ゲートキーパー効果」と呼ばれる現象が指摘されています[13]。

これは、例えば、大企業で長く働いた経験のあるキャリアカウンセラーは、自分で気をつけていても、どうしても考え方が大企業的であり、自らの経験をベースに相談に乗ってしまうといった現象です。キャリアカウンセラーが、門番（ゲートキーパー）として、一定の癖や偏りをもってクライエントの判断に影響を与えてしまうことを言います。

これを、人によっては、大企業勤めだったことにプライドを持って、傲慢なものの見方が身にしみているからだろうと考えるかもしれません。

そうではありません。右も左も分からない新入社員の頃に、懸命に仕事を覚え、身を粉にして熱心に働いた。会社に貢献しようとし、業績をあげ、苦労してやってきた。そうした本人の努力の積み重ねが、その人のものの見方を形作っていきます。

ところが、そうした信念は、大企業の大きな組織で働いて獲得したものですから、当然ながら、大企業を前提としたものになります。自分が熱心に頑張り、悩み、苦労してきた場が、大企業だったわけですから、当然、そうなります。

ところが、そうした頑張りが、自分自身の内側に一定の形をもって強固な信念を形作ってしまう。そのため、キャリアカウンセラーに転身した際、どうしても大企業で育った信念や型が出てきてしまう。

このこと自体は仕方ありません。自分が作り上げてきた信念が、かえってバイアスになると言われて、だからと言って、それを捨て去ることはできません。

自分が心正しく頑張ってきた証である正当なアイデンティティと密接に絡み合っており、バイアスだけを切り取って捨てることはできないからです。

キャリアカウンセラーはバイアスをどうすれば良いのか

では、キャリアカウンセラーは、自らのバイアスをどうすれば良いのでしょうか。自分が自然に身に付けてきた型や信念が問題になると言われて、どうしろというのでしょうか。

多文化キャリアカウンセリング論が主張するのは、自らのバイアスを捨てることができないのだとしても、それを常に意識し続けろということです。

自分は何を潜在的に嫌っているのか。自分は心の奥底で何に対して嫌悪感を持っているのか。また、自分でも意識していなかったが、遭遇してしまった時に、つい目を背けたくなるのは何か。自分がけっして受けつけないものは何か。

こうしたことを常に自覚するように求めます。

これは、常に、自分の思考、感情、価値、態度、指向を見つめ、内省し、振り返ることが要請されているということです。

そして、これは、事実上、キャリアカウンセリングの最も基本的なスキルである傾聴のトレーニングにも結びついていきます。

人の話を聞いていて、つい口をはさみたくなるのは、同意している時ではありません。相手が言っていることが自分の考えと違っている時に口をはさみたくなります。

ですので、人の話を聞いている時、たいていのキャリアカウンセラーは、自分が今、何を考えているのかをつぶさに見つめているのが普通です。

キャリアカウンセラーが出会うクライエントは、自分の将来やキャリアについて、自分なりの独自の見解を持って相談に訪れます。

入社してまだ2年目ぐらいの若手社員が、会社のやり方ではこの先、行き詰まることが見えている。それを社内の上層部はまったく分かっていない。自分なりに改善策もアイディアも持っているので、会社はそれを聞く場を設けるか、そうでなければ退職したい。

こういう相談を聞かされた時、経験の長いベテランのキャリアカウンセラーであれば、心によぎるものがたくさんあります。最初の何分間こそ、物分かりよくにこにこと聞いていられるでしょう。しかし、永遠と続く会社批判を聞かされるうち、必ず何か言いたくなる。それは、キャリアカウンセラーとしてあるいは、その前職で管理職まで昇りつめた元会社員として、それなりに頑張り培ってきた信念と葛藤を起こすからです。

キャリアカウンセラーは、クライエントの話を聞きながら、常に、自分の葛藤も意識します。その葛藤は、自分が持つ信念、すなわちバイアスから生じています。ですから、普段から、今、自分は何に違和感を抱き、意見したくなったのか、その自覚を持っておくことが重要になります。常に意識するということは、要するに、常にクライエントの話を聞く練習を、普段の生活の中で行うことに連なっているわけです。

社会正義論とバイアス

バイアスを常に意識する訓練が、社会正義のキャリア支援論を志す場合には、なおさら重要になるのも分かっていただけることでしょう。

社会正義のキャリア支援は、少数派、マイノリティ、周辺層のクライエントが対象です。その時、キャリアカウンセラーの側が多数派、マジョリティ、中心層である場合には、当然ながら、ものの見方や考え方が違ってきます。違って当然です。

そして、たいては、多数派の側では少数派に対して、差別的な感情を抱くものです。それは、普通、差別感情として言うところの侮蔑や軽蔑、嫌悪などの感情だけでなく、恐怖や怖れの場合もあります。同情や哀れみの場合もあれば、その裏返しで、優越感であることもあるでしょう。また、そうしたネガティブな感情を伴わず、たんに区別して捉えるものの見方である場合もあります。

そうしたものの見方や考え方の違いを無くそうとしても、無くせるわけではありません。ですが、少なくとも常に意識しておくことが、社会正義のキャリア支援では大切です。

では、意識したとして、だからどうなるのか。

意識していれば、クライエントの話を聞く手助けになります。多文化あるいは社会正義のキャリア支援論でよく出てくる考え方ですが、クライエントと異なる見方や考え方をしていると自覚すれば、そこから、相手の話を興味や関心を持って聞こうという態度につながります。

キャリアカウンセリングに限らず、カウンセリング全般を学ぶ際に、よく指導されるのは、クライエントの話を先回りして理解しないということでしょう。クライエントの話を少し聞いて、話の先が見えたと早合点したり、クライエントの考え方の何が問題なのかが、すぐに理解できたと思える場合があります。そのような時、自分はクライエントと異なる見方・考え方をしていると自覚していればクライエントの話の先を待つことができます。

こうして、社会正義のキャリア支援では、カウンセラー自身のバイアスを意識することを求め、クライエントと違う文化を持っていることに自覚的であるように求めます。その先に、異なるがゆえに聞く、違うから理解するという地平が開けることを期待するわけです。

5 スキル

社会正義のためのスキル

バイアス、スタンスに続いて、キャリアカウンセラーがあらかじめ自身の内に持っていなければならないものとして、自分自身の文化と違う文化背景を持つクライエントと接する能力、社会正義のキャリア支援を進めていくスキルが重要となります。

いざ、多文化キャリアカウンセリング、社会正義のキャリア支援に関心を持ったとして、さて、私たちはどのようなことができる必要があるのでしょうか。

この問題に積極的に取り組み、数多くの業績を残している研究者が、カナダのナンシー・アーサーです。

ナンシー・アーサーは、目下、社会正義のキャリア支援論の第一人者であり、様々な国際学会、国際会議でひっぱりだこの存在です。２０１５年のＩＡＥＶＧつくば大会でも招待し、基調講演をお願いしました。

ナンシー・アーサーが、近年、一貫して取り組んでいるのは、社会正義のキャリア支援を行うにあたって必要となるスキルを定めたコンピテンシーリストの作成です。

少し言葉の説明をすると、「スキル」とは技能や技術といった意味です。ですので、スキルがあるといった場合、その人は何かをする技能や技術があると言っています。

そうしたスキルの中でも、特に望ましい資質・能力、理想的にはこういうことができてほしい、こういう力を身に付けてほしいというものが「コンピテンシー」です。

つまり、とてもうまくやれている人や、業績が良い人、きちんとやれている人のスキルや能力のことをコンピテンシーと言います。

厳密には、高業績者が共通して保有する行動特性ということであり、それは行動特性なのか、思考や態度まで含むのかといった細かい議論もありますが、ここでは、簡単に、社会正義のキャリア支援、キャリアカウンセリングを行う上でこういうスキルがあると望ましいという行動・思考・態度のリストを社会正義コンピテンシーと呼んでおきます。

ナンシー・アーサーの社会正義コンピテンシー

コンピテンシーアプローチでは、具体的に、クライエントに何をするのか、何ができるのか、何をすべきなのかのリストを作っておきます。

リストを作ることで、クライエントに対応するにあたって、何をすべきかが分かります。ということは、足りない部分があれば、そこを少し強化しようということになります。また、常に心がけて注意しておこうということになります。

さらに、そういうリストがあると、カウンセラーの養成や教育をする時にも便利です。カウンセラーとしての能力の目安ですので、目安にしたがってプログラムを作ることもできれば、学習することもできます。

こういう研究は、多文化キャリアカウンセリングの領域で熱心に行われました。いろいろな文化の人と接する際に役立つコンピテンシーが大いに検討されました。

しかし、多文化キャリアカウンセリングのコンピテンシーを考えるうちに、多文化キャリアカウンセリングにもいろいろあるが、1つ共通して大切なスキル、コンピテンシーがあることが分かってきたのです。

それが、社会正義の視点であり、社会正義のスタンスです。

多文化的なアプローチをしても限界がある。クライエントが自分で自分の環境を打ち破れる場合ばかりではない。いや、むしろ、多文化的なアプローチを要するクライエントは、どうしてもマイノリティ、少数派であることが多いので、その圧力に負けて打ち勝つことができない。

本来、自己決定を重んじるカウンセリングとはいえ、クライエントが自分で何とかするのを支援するだけでは、まったく足りないということになったわけです。

こうして、キャリアカウンセラーの役割を大きく拡張した社会正義コンピテンシーが求められるに至りました。

以下に、ナンシー・アーサーによる「キャリア発達に関する実践家のための社会正義コンピテンシー」の全文を引用します[14]。

1　社会正義の問題とクライエントのキャリア発達の接点を模索する。
2　クライアントのキャリアに関する目下の問題に対するシステム全体の力（抑圧などを含む）

の潜在的な影響を検討する。
3　意識向上の取り組みを介入支援に適切に取り入れる。
4　潜在的な障壁を乗り越え，効果的なサービスにアクセスできるよう，組織の開発に関する戦略的な計画を立てる。
5　地域のコミュニティで様々な対象層の相談に乗り，キャリアサービスをどのように提供するのが最善で，ニーズに合っているかを知る。
6　クライエントのキャリア発達に系統だった影響を与えるために，様々なキャリア支援のレパートリーの中から選択を行う。
7　クライエントのニーズを受けて，教育，コーチング，組織のコンサルテーション，制度に対するアドボカシーなどを含む様々な役割を果たす。
8　個々のクライエント，組織，地域，広い社会システム全般など，様々なレベルで介入支援を行うために様々なタイプのアドボカシーのスキルを示す。
9　社会正義の問題に取り組むために，個別のケースのコンサルテーションやスタッフの開発を進める。
10　地域で活用できるリソースをよく知り，クラエイントが地元のリソースを活用する手助けをしたり，他のサービス機関に適切にリファーする。
11　キャリア発達のリソースやプログラムの理解を促進するために，予防的・教育的なプログラムを提供する。
12　組織文化の監査を行い，組織の方針や実践によって誰が除外されたり，十分な取り扱いを受けていないのかを検討する。
13 社会正義やキャリア発達と関連する地域の問題に取り組む特定の施策について地域における個人や組織と連携する。
14 キャリアリソースの不足を指摘し、サービスの改善を提案する。
15 支援の評価を行い、そのプロセスや結果を示す。
16 社会正義に基づいたキャリア支援のためのコンピテンシーを、非公式には実践を通じて、公式には業績レビューを通じて評価する。
17 社会正義とキャリア発達の問題に関する継続学習のワークショップ・プログラムに参加する（147ページ）。

社会正義コンピテンシーのポイント

前節で紹介した社会正義コンピテンシーは、一見して、翻訳調で読みにくく、ポイントが分かりにくかったと思います。半分は、筆者の翻訳が悪いのですが、もう半分はもともと抽象的な内容のために分かりづらい面があります。

そこで、以下に、少しずつ日本の環境や文脈に置き換えて、具体的にどういうことなのかを説明したいと思います。

まず、1ですが、ここでは端的に、社会正義の問題とクライエントのキャリア発達の接点を模索するように言っています。シンプルですが、クライエントのキャリアの問題をたんに個人の問題として考えるのではなく、社会正義の問題として考えることを宣言していると言えるでしょう。

次に、2ですが、クライエントのキャリア発達の問題を社会正義の問題として考えるにあたって、まずはクライエントを抑圧しているシステムの影響を考えるように言っています。「システム」という言葉が抽象的ですが、ここではクライエントを取り巻く制度、環境、組織のような仕組みを全部まとめて言っています。そして、そのシステムの「潜在的な影響」を検討するように言っています。

似たような指摘をしているのが、4と12です。例えば、4では「潜在的な障壁」という言葉でクライエントのキャリアに影響を与える障害や課題を指摘しています。また、12では、誰が除外されたり、不利益を被っているのかを見極めるために組織文化の「監査」を行うべきだと指摘しています。

2、4、12のどの項目も、社会正義のキャリア支援を志す以上は、クライエントを取り巻く制度、環境、組織の何がクライエントに大きな影響を与え、圧迫し、抑圧しているのかに敏感になり、検討する必要があると言っています。

その際、やれること、やるべきことは、いくつもあるようです。

例えば、3では「意識向上」、7では「教育、コーチング、組織のコンサルテーション、制度に対するアドボカシー」、8でも「様々なタイプのアドボカシー」、11では「予防的・教育的なプログラムの提供」、14では「サービス改善の提案」を挙げています。そして、こうした支援メニューを前提にして、6にあるように「様々なキャリア支援のレパートリーの中から選択を行う」ことになります。

ここでも、アドボカシーや提案は重要なキーワードであり、クライエントのために組織に向かって代弁し、中立てをし、環境全体を改善する提案をすることを重視しています。

また、教育的な介入がここに含まれているのも重要です。個別支援のキャリアカウンセリングとグループ支援のキャリア教育は表裏一体です。

キャリアカウンセラーは、カウンセリングルームで1対1の個別の相談支援を提供するだけでなく、組織や環境への働きかけも行えば、心理教育的な介入支援も提供する。そうした幅広い支援のレパートリーを常に手元に持っておく必要があるのです。

意識向上（コンシャス・レイジング）

さて、3に出てきた「意識向上」ですが、この用語は特に重視したい言葉です。これは、読み流すと、単に意識を高めると言っているに過ぎないですが（実際にそうなのですが）、もう少し深い背景があります。

この言葉は、解放の教育学、被抑圧者の教育学、批判的教育学の元祖であるパウロ・フレイレの「意識化」という言葉から来ています。

フレイレはブラジルの教育学者で、主著『被抑圧者の教育学[15]』がそのままフレイレが生涯、関心を持った研究テーマです。フレイレが育った地域は貧しい人々が多く、十分な教育を受けず、読み書きができないまま、自分を支配し、抑圧する文化に沈黙し、日々の生活を送るしかない人が多くいました。

この状況を何とかするために、フレイレは、自らの状況を、まずは自分で「意識化」しなければならないと考えたのです。自分が置かれている立場や状況は、本来、おかしいのではないかと、自分の現状を批判的な目で考え直すことを言います。

フレイレは、さらに、これを教え込むのではなく、対話によって成し遂げようとしました。教師が生徒に知識を教え込み、注入し、生徒の中に知識を貯えさせようとする考え方を、フレイレは「銀行型教育」と呼んで批判しました。そうではなく、教師と生徒の対話の中で、コミュニケーションによって、生徒本人に能動的に気づかせようとする「課題提起型教育」を重視します。

そして、この対話と本人の能動的な姿勢を強調することから、社会正義のカウンセリング論でも、好んでフレイレを引用しますし、したがって、社会正義のキャリア支援論にも入ってきていることになります。

ナンシー・アーサーは、これらの背景をよく知った上で、意識向上＝意識化の話をしています。特に、ナンシー・アーサーは、ジェンダーの研究者でもあり、ジェンダー研究ではコンシャス・レイジングという用語を使いますので、それもあって、キャリアカウンセリングに持ち込んでいます。

少し社会正義のキャリア支援論に引きつけて説明をすると、仕事が時間内で終わらず、かなり長時間にわたる残業で対応している若手社員がいたとします。仕事がこなせないのは、自分の力量不足と考えて寝る間も惜しんで頑張っていますが、次から次へと上司から仕事が降ってきます。だんだんと体に不調も感じてきましたし、もう限界だと感じてきました。この若手社員は、今の仕事を辞めて転職し、新たな道を考えたいと思ってキャリアカウンセラーを訪れたとします。

当然、この状況で、キャリアカウンセラー側では、クライエントの話を聞き、転職をするか否かの相談に応じる必要はあります。しかし、そもそも、今ある現場を批判的な目で考え直す余地がないのか、そういう視点から考えることを促すことができるでしょう。

現状に対して、多少なりとも批判的な視点を持ち、この状況はそもそも会社の何かがおかしく、何か適切な支援と介入があれば、十分に現場を変えていくことができるのではないか。そのように考えていくことができます。そうしたことが実際に可能であるか否かはともかく、自分が単に会社を辞めて転職しなければならないと思い込んでいる状況に対して、別の見方を提供することができます。

地域（コミュニティ）

社会正義コンピテンシーでは、他に目立つ語句として、「地域」があります。例えば、5では地域で様々な対象層の相談に乗って、クライエントが求めるサービスやニーズを把握するように言っています。10では、地域で活用できるリソースを熟知して、クライエントに対する情報提供や、クライエントのリファーを適切に行えるようにするように言っています。13では、地域の問題に取り組むために、地域の個人や組織と連携するように求めています。

社会正義のキャリア支援論の源の1つは、別の章でも述べたとおりコミュニティ心理学です。普通、カウンセリングと言えば、個人を対象とするのが一般的ですが、そうではなく、個人を取り巻く環境、組織、制度全体を取り扱うのがコミュニティ心理学です。この個人を取り巻く環境、組織、制度を全部、ひっくるめてコミュニティと呼んでいます。

ですから、コミュニティ心理学に影響を受けている社会正義のキャリア支援も、当然に、環境、組織、制度を全部まとめてコミュニティと呼んでいるわけです。それをここでは「地域」と呼んでいます。

今現在、日本のキャリアコンサルタントの活動も、どんどん個人から組織、環境、地域へと拡大しています。

例えば、今は、地域の自治体や関連機関で就労支援に従事しているキャリアコンサルタントも多くなっています。文字どおり、地域での活動を拡大させているのが、昨今の日本のキャリアカウンセリングの実態でもあるのです。

ですので、ここで「地域」という言葉で関連づけて言われている「地域のニーズと求められているサービスの把握」「地域のリソースの熟知」「地域との連携」は、実際に日本でも重要になりますし、この点にきちんと注意を払うことが日本の社会正義のキャリア支援論でも求められます。

そして、先ほど、説明した「意識向上」も本来は、この文脈で捉えられる考え方です。自分の置かれた現状をおかしいと思い、何らかの変化をもたらしうると考える。それを、もちろん自分だけで突き詰めていっても良いのですが、本当は、もっと幅を広げて、1つの組織内、制度内、環境内で変化・変革を考えていくということが重要になります。

スタッフ開発・継続学習・評価

9の「個別のケースのコンサルテーションやスタッフの開発」ですが、日本のキャリアコンサルティングの文脈で言えば、これはキャリアコンサルタントの集まりでよく行われている事例検討会やケースカンファレンスのことを言っていると捉えてよいでしょう。

それは、単なる事例検討会ではなく、社会正義の問題に取り組むための事例検討会です。例えば、個人の内面の問題で収まらない、社会文化的な背景や広がりがある事例を取り上げて、みなで検討します。

また、17の「社会正義とキャリア発達の問題に関する継続学習のワークショップ・プログラム」も同じです。日本のみならず、どの国でも、カウンセラーは専門家である以上、継続的に学習していくことが義務づけられています。その際、社会正義の要素が入った事例や課題を取り上げて検討することが、コンピテンシーの1つとして規定されているということになります。

例えば、社会正義とキャリア支援に関する研修で行われるワークとしては、次のようなものがあります。[16]

ワーク「Stories to Tell」
（ア）今までに話を聞いたクライエント、関わった支援対象者の方などで、今回のテーマの「社会正義」のキャリアカウンセリングと関連がありそうな事例を教えください。
（イ）その時、うまくいったことは何でしたか。逆に問題や障壁になったことは何でしたか。
（ウ）これから「社会正義」のキャリアカウンセリングでは、どのような方法、手段、スキルが必要となりそうですか。今後、必要なことを教えてください。（10ページ）

右のようなワークを用いて、まずは一人ずつ考え、次にグループで話し合い、最後に全体で共有するというグループワークを行います。こういうワークが、今現在、社会正義のキャリア支援の研修として世界中で行われています。

まず、（ア）では、自分の身近の事例から「社会正義」のトピックと関連がありそうな事例を見つけ出します。

これは、私も日本で何度か研修としてやったことがありますが、少しの時間ではなかなか「社会正義」のキャリアカウンセリングの事例は出てきません。ただ、面白いことに少し時間をかけると、自分からというよりは、「○○さん、○○さんがこの間、話していた事例、この社会正義っていうのと関係があるんじゃないの」といった形で、他人から指摘される形で出てきます。

1個か2個出てくると、それが「社会正義」と関わりがあるなら、この間、聞いたあの事例もそうなんじゃないのか、ということは、私のこの事例も「社会正義」と無関係ではないだろうといった調子で、どんどん出てきます。

キャリアカウンセラーが取り扱っている事例は、もともとが社会と密接に絡み合っていることが多いです。そうである以上、社会の歪みや矛盾がクライエントに大きな影響を与えているキャリアカウンセリングの事例は、一般に思われている以上にあります。

ただ、まだ現段階では、（イ）の「うまくいったこと」「問題や障壁」、（ウ）の「今後、必要なこと」のような掘り下げまでは、なかなか日本の現状では進むことができません。研修などで取り上げても、そこで話が止まってしまいます。ただ、もうすぐ日本でも、こういうワークを自然にやれるようになる日が来るでしょう。

社会正義のキャリア支援のトレーニングの必要性

ナンシー・アーサーは、これまでのキャリアカウンセラーの訓練プログラムには、社会正義の観点が足りなかったので、今後は十分に含めるべきだと述べています。

ただし、社会正義の考え方や実践は、先進国のキャリアカウンセラーの間でも十分に熟知されているわけではありません。

ただ、その重要性そのものはキャリアカウンセラーの誰もが認識しています。

例えば、ナンシー・アーサーの2009年の研究[17]では、カナダのキャリア支援者151名に「社会正義」とは具体的にどのような実践かをたずねました。その結果、次のようなものが挙がりました（複数回答）。

アドボカシー　31％
平等　29％
文脈の影響を考慮すること　29％
自己実現　26％
平等な機会　23％
包摂（インクルージョン）　23％
平等なアクセス　18％
クライエント中心のリソース（の提供）　10％
教育　8％
政策を改善すること　8％（26ページ）

一方で、社会正義のキャリア支援を進める上で何が問題になるかもたずねています。その結果、次のようなものが挙がりました（複数回答）。

時間がない　78％

財政面でのリソースがない　72％
専門的な影響力がない　58％
トレーニングの機会がない　42％
同僚のサポートがない　32％
現状を変える危惧　28％
上司のサポートがない　28％
組織の予算を失うリスクがある　27％
仕事を失うリスクがある　26％
興味がない　12％（29ページ）

時間や予算が足りない、同僚や上司のサポートがないなど、日本人もよく理解できる項目が並びます。「専門的な影響力がない」は、自分が担当するポジションでは社会正義の観点を取り入れる権限がないということを言ったものでしょう。

その他、組織で働き仕事をするキャリア支援者として、現在行っている支援サービスの内容を変えて、その結果、組織の予算を失ったり、あるいは仕事そのものを失ってしまう危惧も言われています。ただし、こうした困難はありながらも、現在、社会正義のワークショップや研修は世界的に行われており、世界中のキャリアカウンセラー、キャリア支援者が参加しています。

そこでは、例えば、本書でも紹介した次の内容のものが取り上げられることが多いです。日本で、社会正義論のワークショップや研修を考える際にも参考にしてください。

- ＯＥＣＤのキャリアガイダンスの定義・目的（labour market goals, learning goals, social equity/social justice）
- ワッツの４つのイデオロギー（コンサバティブ、リベラル、プログレッシブ、ラディカル）
- 正義の３タイプ（応報的正義、分配的正義、承認的正義）
- ヤングの５側面（搾取、周辺化、無力、文化帝国主義、暴力）
- フーリーの５つのクエスチョン（私は何者か、世の中はどのように動いているのか、私は世の中のどこに属するのか、私は世の中の他の人とどう生活していくのか、私は世の中を変えることにどう取り組むのか）
- ＡＣＡカウンセラーのための社会正義フレームワーク（クライエントのエンパワメント、クライエントのアドボカシー、組織間の連携、システムに対するアドボカシー、情報発信、社会的・政策的なアドボカシー）

注

(1) Pope, M., & Pangelinan, J. S. (2010). Using the ACA advocacy competencies in career counseling. In Ratts, M. J., Toporek, R. L., & Lewis, J. A. (Eds.) ACA advocacy competencies: A social justice framework for counselors (pp.209-223). Alexandria, VA: Amerrican Counseling Association.

(2) 井上孝代編著（２０１３）．臨床心理士・カウンセラーによるアドボカシー：生徒、エイズ、吃音・精神障害者、性的・民族的マイノリティ、レイプ・DV被害児（者）の声を聴く　風間書房.
(3) Gale, T., & Densmore, K. (2000). Just schooling: Explorations in the cultural politics of teaching. Buckingham, UK: Open University Press.
(4) Ibid.
(5) Zunker, V. G. (2006). Career counseling: A holistic approach. Belmont, CA: Thomson/Brooks Cole.
(6) Blustein, D. L., Chaves, A. P., Diemer, M. A., Gallagher, L. A., Marshall, K. G., Sirin, S., & Bhati, K. S. (2002). Voices of the forgotten half: The role of social class in the school-to-work transition. Journal of Counseling Psychology, 49, 311-323.
(7) Pope, et. al. (2010). op. cit., p.210
(8) Ibid., p.211
(9) クララ・E・ヒル（藤生英行監訳）（２０１４）. ヘルピング・スキル第2版：探求・洞察・行動のためのこころの援助法　金子書房.
(10) Ibid., p.61参照
(11) Ibid., p.55参照
(12) Ibid. なお、引用中、ヘルパーとはカウンセラーを含む対人支援職全般を示す。
(13) OECD (2000). Follow-up of the thematic review on transition from initial education to working life: Policies for information, guidance and counseling services: Making lifelong learning a reality. Paris: OECD, p.7.
(14) Arthur, N. (2005). Building from diversity to social justice competencies in international standards for career development practitioners. International Journal for Educational and Vocational Guidance, 5, 137–148.
(15) フレイレ・P（三砂ちづる訳）（２０１１）. 被抑圧者の教育学：新版　亜紀書房.
(16) Lewis, J. A., Ratts, M. J., Paladina, D. A., Toporek, R. A. (2011). Social Justice Counseling and Advocacy: Developing new leadership roles and competencies. Journal for Social Action in Counseling and Psychology, 3 (1) 5-16. を元に一部改変。

(17) Arthur, N., Collins, S., McMahon, M. & Marshall, C. (2009). Career practitioners' views of social justice and barriers for practice. Canadian Journal of Career Development 8, 22-31.

第5章 3つの可能なプラクティス② ―エンパワメント―

1 キャリア支援における「エンパワメント」

「エンパワメント」の意味

エンパワメントという言葉は、いろいろな意味で使われます。領域によって意味が違うので混乱します。ですから、社会正義のキャリア支援論では、どういう意味で「エンパワメント」という言葉を使っているかが大切です。

意味と言っても、英単語としては難しくありません。パワーは「力」で、エンをつけると動詞になるのでエンパワーは「力をつける」となります。それにメントがつくと名詞になるので、要するにエンパワメントとは「力をつけること」です。

さて、ここまでは良いのですが、ではどういう「力」をつけようとしているかに話を進めると難しくなります。

キャリア支援では、どういう力をつけることをエンパワメントと呼んだら良いでしょうか。第3章で、キャリアカウンセリングは、より一般的なカウンセリング研究全般の中では、社会正義を実現する有力な手段の一つと考えられていることを説明しました。

なぜ有力な手段なのかと言うと、カウンセリング研究全般で考えた場合、キャリアカウンセリングは「自己決定の手段により多くアクセスできる」ようにする相談支援だからです。

ですから、社会正義のキャリア支援論で言う「エンパワメント」とは、自己決定をする力をつけることだと言えるでしょう。特に、不利な立場にある人や周辺的な立場の人に自己決定の手段により多くアクセスできる力が得られるよう支援することです。

DVからシングルマザーになった女性のエンパワメント

キャリアカウンセリングがエンパワメントの有力な手段となるさらに重要な理由として、キャリアカウンセリングは、他のどの領域のカウンセリングと比べても、「自分の将来」が話のポイントになるということがあります。

例えば、以下の事例はDV（ドメスティック・バイオレンス）から別居してシングルマザーになった事例です。

一時保護をへて、診断書もあったので生活保護を受けることができ、母子家庭生活支援施設に入所しました。離婚調停は不成立だったため、これから裁判になります。法テラスに相談して弁護士さんを紹介してもらい、弁護士料も借りることができました。（中略）
母子生活支援施設は2DKで、お風呂とトイレは別。子どもたちのレクリエーションもあり、学習室で宿題も見てくれます。また臨床心理士が週1回話を聞いてくれます。
DVによって、子どもと命以外のほとんどすべてを失ってしまいました。ここまで来るのは大変でしたが、助けを求めてなんとかやってこられました。
しかし、今後のことを考えると不安です。夫婦そろっていて共働きだったときでも子育てと仕事の両立は大変だったことは知っています。母子生活支援施設を出てから家賃を払い、自分で自立していくことになると、子どもをきちんと育てられるのでしょうか[1]（13～14ページ）。

この事例では、配偶者からのDVを受けた女性は、まずは、自治体が設置する配偶者暴力相談支援センター等で提供する一時保護を利用しました。そこで、家を出る相談に乗ってもらい、その後の生活に関する支援を受けました。

また、生活保護を受けることもできました。さらには離婚その他の様々な原因で子どもを育てることが困難になった母子家庭の母親と子どもが一緒に入所して生活できる施設である、母子家庭生活支援施設に入所しました[2]。

あわせて、離婚に向けて法テラスにも相談しました。法テラスは「国が設立した法的トラブル解決の総合案内所」であり、無料で法律相談を提供しています[3]。

ただし、ここでの一番のポイントは、いろいろな支援を受けて、様々なサービスを利用して、ある程度の生活の基盤を整える見通しがついた時、最後の最後に、本人にとって重要になるのが「自分の将来」であるということです。

「自分の将来」で大事なことの第一は生活の経済的な基礎を確立することであり、具体的には仕事を探すことだということになります。

つまり、ここに来て、本人の将来や仕事の相談支援を行うキャリアカウンセリングが、前面に出てくることになります。

「アンカー」としてのキャリアカウンセラー

この女性には、最初の一時保護から始まって、様々な専門機関や専門家がリレーのように支援にあたりました。

各機関には、相談に乗る相談員がいます。診断書をもらうには医師も関わります。生活保護を受ける際も、職員に専門的な相談にのってもらったことでしょう。母子生活支援施設では、子供の勉強やレクリエーションを見てくれる専門家もいます。ここでは、臨床心理士も話を聞いてくれました。いろいろな専門家が入れ替わり立ち代わり相談や支援を提供してくれましたが、最後の最後にリレーのアンカーのように現れてくる専門家が、仕事や職業の相談に乗るキャリアの相談の専門家です。

世の中にはたくさんの専門家がいますが、最終的に、自立して生活できるように手助けをするのは、キャリアカウンセラーなのです。

この点は、私が、いろいろな機会で特に強調する点でもあります。

世の中で困っている人や弱っている人は大勢います。その支援にあたる人もたくさんいます。どの支援も、入り口は様々です。また、支援を受ける人も様々です。

ですが、ゴールは常に同じで、本人の自立です。そして、その自立の具体的な手段として就職があります。

ここで例に出したシングルマザーに限らず、ニートやひきこもりの若者、不安定就労の若者、復職を願う専業主婦、病気治療のため一時的に仕事を離れた人の復職、生活保護受給者、外国人など、対象者を問わず、およそどのような支援も、最終的には、何らかの形で仕事を得ることが支援の1つのゴールです。

就職の支援を専門とし、そこに至る道筋をつけることを専門とするキャリアカウンセラーは、いつも最後の最後のゴールの支援を行う担当者です。

だからこそ、キャリアカウンセラーは、エンパワメントの専門家として、より一般的なカウンセリング全体から期待されることになります。キャリアカウンセリングはあらゆる支援の最終到着点となるのです。

キャリアカウンセラーは支援の「アンカー」として責任と誇りを持つべきでしょう。

社会正義とメンタルヘルス

では、キャリアカウンセラーは、エンパワメントに向けて、具体的にどのような支援を行うことが可能でしょうか。

まず、本書で何度か登場した社会正義論の第一人者ブルースティンが真っ先に挙げるのは、日本で言う場面設定・協力関係の構築です。

場面設定とは、キャリアカウンセリングとしての場面を作ること、つまり、相談に乗る雰囲気や体勢を作ることです。同時に、クライエントとの間に協力的な関係を作ります。カウンセリングの初歩として、どのような教科書にも書いてあることです。

そして、ここでもベースとなるのは、いわゆる傾聴・受容・共感です。

社会正義のキャリア支援の対象層は、少数派・周辺層のクライエントで、弱い立場にあります。そのため、クライエントは心理的に弱っているか、裏返しで、激しく怒っている場合があります。自らの境遇に腹を立て、その理不尽さに憤っていることも一般的です。

例えば、ブルースティンは、低い社会階層出身のクライエントの特徴を挙げています。そうしたクライエントは、まさにその階層ゆえに、①コントロール感が低い、②ストレスを経験している、③自尊感情が低いなどの特徴があるとしています。

結果的にブルースティンは、メンタルヘルスとキャリア支援の統合の重要性を、常に指摘します。

> 貧困その他の様々な周辺化の現状と悪戦苦闘しているクライエントは、いくつものストレッサーに直面しがちであり、数々のメンタルヘルス上の問題を抱える。貧困層や労働者階級のクライエントは、より恵まれた層よりもレジリエンスは十分ではないと考えざるを得ない。その上、貧困によって生じる緊張は目下の問題をより悪化させ、かつ新たな問題を生じさせると、私たちは考えている[4]（251ページ）。

貧困に限らず、社会の中心から外れて、様々な意味で少数派として周辺層として生活するクライエントは、それだけでストレスフルな状況に置かれていると、ブルースティンは述べます。そのため、社会の中心にいるより恵まれた層のクライエントよりも、メンタルヘルス上の問題を抱えやすくなります。実際、ブルースティンは、失業者が再び雇用されることでメンタルヘルスが改善したという研究をよく引用します[5]。

レジリエンスと自尊感情

加えて、そうしたクライエントは、レジリエンスも十分ではないと、ブルースティンは指摘します。「レジリエンス」は、心理学の用語としては、精神的なストレスやその他の問題、不利な状態・状況に対応し、跳ね返すぐらいの意味です。

つまり、もともとストレスを抱えがちなのに、目下の問題に対応する力も出ないという状況に置かれやすいのです。結果的に、目下抱えている問題は悪化し、かつ新たな問題が生じるといった状況に追い込まれやすくなります。

このように心理面で弱っており、メンタルヘルス上の問題を抱えるために、なおさら傾聴・受容・共感が必要となります。

日本の研究でも同じです。図表5-1は、生活保護受給者・正規就労者・非正規就労者の自己効力感、キャリア意識（関心性、自律性、計画性）、自尊感情、抑うつ傾向を示したものです[6]。グラフから、生活保護受給者は、総じてキャリア意識が低いですが、特に自尊感情が低く、抑うつ傾向が極めて高いのが分かります。

ひとたび無力感、空虚感、敗北感に包まれてしまった場合、そこから脱して生活を立て直すことは容易ではありません。

その理由を、キャリア心理学の古い学説は、自尊感情が高い者は自分とあった職業を自信を持って選べるが、自尊感情が低い人はそれができないためだと述べています[7]。

つまり、自尊感情が低い人は、いわば捨て鉢になっており、そのため自分にあった職業を選ぶことに関心が向きません。自分の生活をコントロールしているという実感が持てず、自分が何をなすべきかという明確な指針を立てられません。結果的に、就労行動をはじめ生活全般が自暴自棄なものになりやすくなります。

逆に言うと、社会正義論の立場からキャリア支援を考えた場合、エンパワメントの具体的な支援目標を、ひとまずクライエントの自尊感情の向上に定めることが有効である可能性が高いのです。

自尊感情を高めることにより、自分の生活をコントロールしているという感覚を高める。それが結果的に自律的な就労行動その他の行動に波及していき

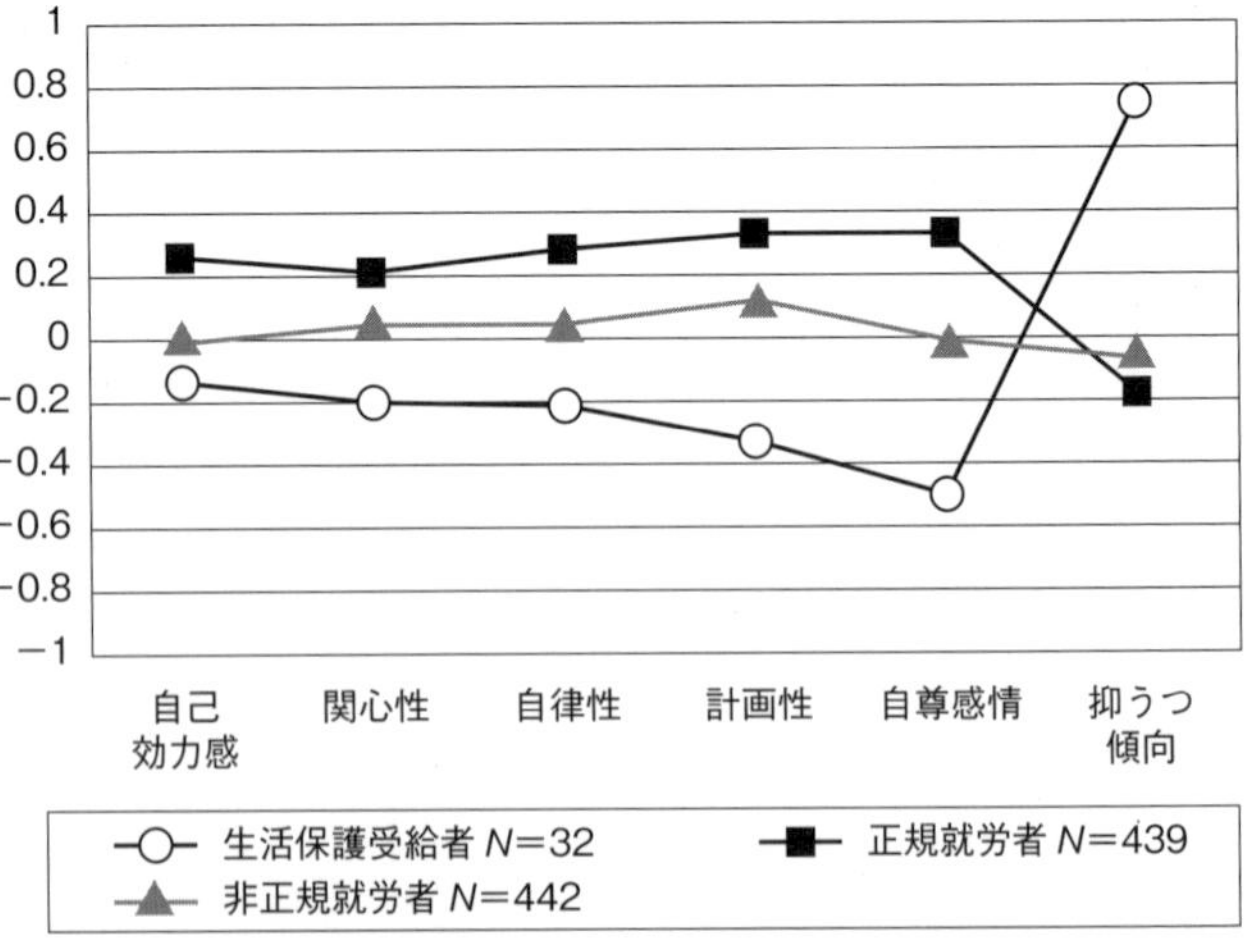

図表5-1　生活保護受給者他のキャリア意識・自尊感情・抑うつ傾向

ます。

こうして、自尊感情を高めることで就労行動を促進させ、就労行動を促進させることで、今度は自尊感情が高まるという、良い循環に入っていくことができます。

社会正義のキャリア支援論でエンパワメントを考える際には、まず自尊感情に着目することが第一歩となるでしょう。

2 エンパワメントと自尊感情

キャリア支援が自尊感情に与える影響

自尊感情と就労行動の良い循環を作り出そうという観点から、これまでにキャリア支援が自尊感情に与える影響を検討した例も多いです。

例えば、代表的なものとして2003年に報告されたニュージーランドの研究があります[8]。この研究では、キャリア支援を受けた4000人の1年後の状況について調査を行いました。その結果、約8割がキャリア支援によって仕事に関する変化があったと回答しました。そして、自尊感情は4割弱が高まったと回答しました。

その他、キャリア支援によって自尊感情（または自信）が高まったという研究はたくさんあります[9]。これらの研究の共通点は、適切な支援によって将来の指針が得られたことが、自尊感情を高める結果につながったという点です。

実際、将来の目標や自分のやりたいことが明確であるほど、自尊感情は高いのが一般的です（図表5-2上）。これは、企業の中心に位置する正社員であるか、それとも一時的に無職で何もしていない状態にあるかで違いがありません。むしろ現在、無職であっても将来の目標や自分のやりたいことが明確である場合、将来の目標や自分のやりたいことが明確でない正社員よりも、自尊感情は高いくらいです（図表5-2下）。

つまり、自尊感情が低い状態でも、適切なキャリア支援を行うことで、将来の目標を見つけたり、

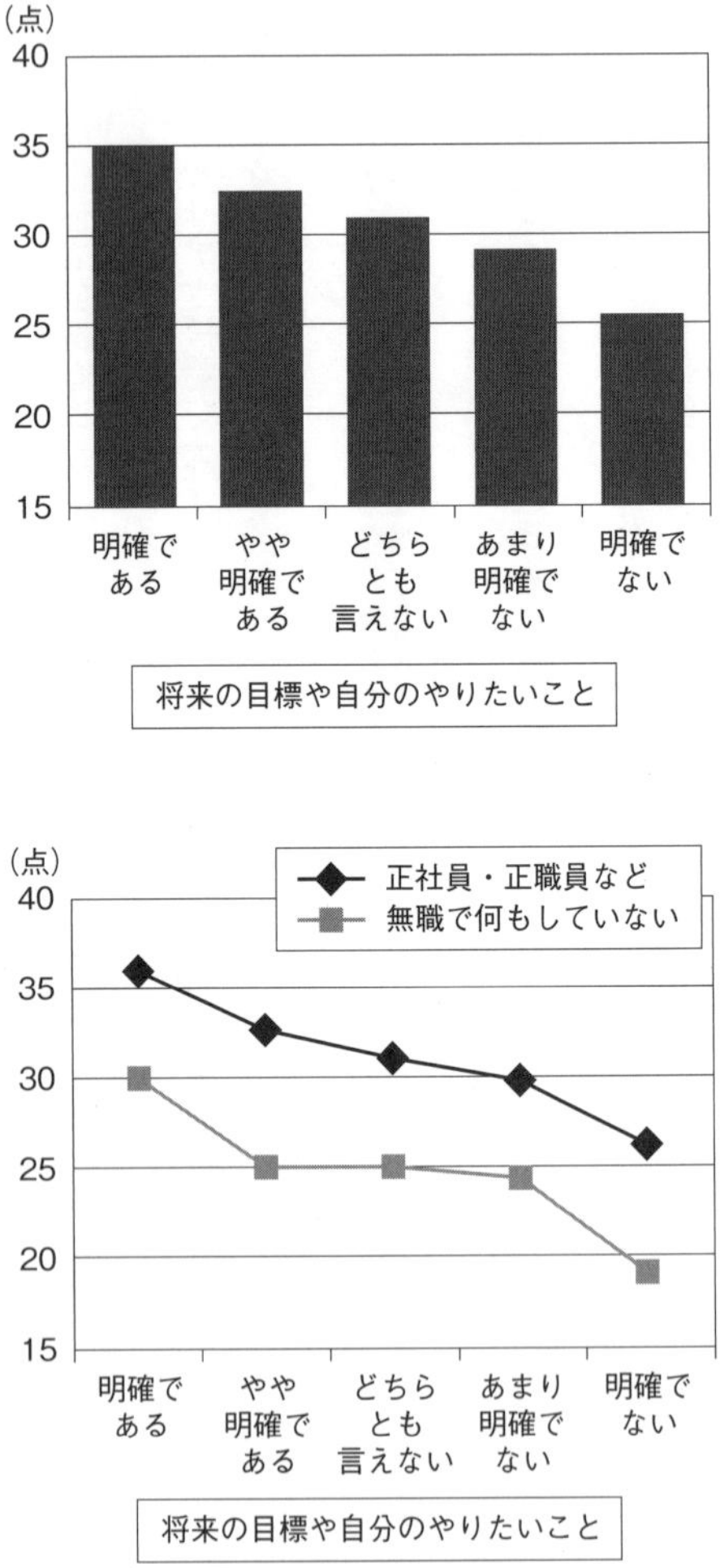

図表5-2　将来の目標や自分のやりたいことの明確さ別の自尊感情得点の違い

見つけさせたりすることで、自尊感情を高めることができるわけです。

個別相談による将来目標の明確化

こうして社会正義のキャリア支援では、その初期段階で自尊感情を高めることが、とても有効な支援になります。

自尊感情を高める手法は、いくつか考えられます。

第一に、右では、適切なキャリア支援を行うことによって、将来の目標や自分のやりたいことを明確にすることが1つのプロセスになることを説明しました。

1対1の綿密なキャリアカウンセリングで自分の将来の職業生活に明確な輪郭を与え、将来に対する展望・目標・計画などを明らかにすることで、最終的に自尊感情を高めることができます。

第二に、その過程で個別のカウンセラーなりキャリアコンサルタントなり、支えとなる人間がマンツーマンでつくということそのものが多大な意味を持ちます。

キャリアカウンセラーは、クライエントの話を聞き、課題となっている事柄を共に考え、具体的な行動に向けた方向づけを行います。その間、クライエントに対して、ときに明確に、ときに潜在的に期待をかけ続けることになります。

こうして期待をかけられることによって、低下した自尊感情は次第に回復します。具体的に、第一線のキャリアカウンセラーが行うポジティブな言葉がけとしては、次のようなものがあります。「大丈夫ですよ。安心していいですよ」「今まで、よく頑張ってきましたね」「今まで頑張ってこられたのだから、ここで少しゆっくり考えましょう」「（何か得意なことを話してもらって）よく知っていますね」「あなたが、人よりも少し得意だと思うこと、何でも良いので3つ教えてください」等。特に、クライエントに得意なことを話してもらったり、教えてもらったりすると、話のとりかかりとして有効です。

第三に、同じようなことですが「リフレーミング」は、キャリアカウンセリングのプロセスのあらゆる局面で行うべきでしょう。リフレーミングは、カウンセリング全般で一般的に使われる用語です。マイナスの意味を持つ言葉にプラスの意味づけをして、物事を新たな視点から見直そうとする技法です。

自分の性格を「何かと怖がりでチャレンジしないタイプだ」と考えている場合、それを「自分は物事を慎重に判断するタイプだ」と言い換えることが、典型的なリフレーミングです。

社会の矛盾や葛藤は、立場の弱い、少数派・マイノリティのクライエントや、周辺的・縁辺的な人々に、問題として現れます。そうした自らの境遇や環境、立場をネガティブに話すクライエントには、どうポジティブに言い換えて、考えることができるのか、例を示す意味でも積極的にリフレーミングをしていきます。

第四に、自尊感情の回復のためのプログラムもしくはテクニックは、右で示した以外にも、心理学の領域では数多く検討されています。

臨床心理学、社会心理学、健康心理学などの心理学の各専門領域で、自尊感情の向上・維持に関する知見は膨大に蓄積されています。そうした研究の中には、日本ですぐに活用可能な形で自尊感情の向上プログラムを公表しているものも多いです[10]。

世間一般に考えられているよりも、自尊感情を高める技法・プログラムは開発が進んでいます。可能な限り、若年者の就労支援やキャリア支援に取り込んでいきたいです。

グループ支援による自尊感情の回復

自尊感情を高めるキャリア支援と言った場合、グループによる支援の可能性も大きいです。グループ支援では、グループ内のメンバーで互いに受容されているという感覚を交換できることが多大なメリットとなります。

特に、グループのメンバーを特徴や境遇の似た人どうしとすることで、自分と似た環境、自分と似た事情を抱えている者で互いに受容しあうプロセスが生じます。それは、親や友人といった身近な存在とはまた違った受容感を与えます。

これは、グループ支援の1つの淵源である「ＡＡ」などのアルコール依存症者のグループミーティングなどと同じです。

ブルースティンも、グループ支援の有効性について次のように述べています。

> 構造化されたグループ支援によって社会階層の問題に焦点を当てることは効果的である。キャリア支援の効果研究にも示されているとおり、グループ支援は個別支援と同等に効果的であり、場合によっては、むしろグループ支援の方がより効果的であることもある。さらに、同じ困難に直面している人からの支援によって、孤独感や孤立感を減らす手助けになる[11]（250ページ）。

ブルースティンは「構造化されたグループ支援」に着目します。グループ支援の方が、場合によっては、個別支援よりも有効だからです。特に、クライエントの孤独感や孤立感を減らせるからです。なかでもキャリア支援では、ジョブクラブ型のサポートがよく知られています。

ジョブクラブとは、特徴の似た対象者でグループを組ませ、グループで就職活動を行わせる支援です。日本では、以前、中高年を対象に「キャリア交流プラザ」などで行われていました。ジョブクラブ型の支援には成功例が多く[12]、数あるキャリア支援の技法の中でも特に有効な技法です。

ジョブクラブ型の支援が有効である理由の1つとして、行動に焦点を当てた支援だということがあります。

ジョブクラブでは、ルールを厳格に守って求職活動を行う規律面を重視します。ルールを守り、規律正しい生活を送ることで生活全体に秩序と規律を取り戻し、生活全体のコントロール感を高めます。このことで自尊感情を回復させることができます。

ジョブクラブ型の支援は必ずしも自尊感情回復やエンパワメントの手段として位置づけられてきたわけではありませんが、新たに社会正義のキャリア支援の観点から、可能性のある有効な技法として注目したいです。

3 エンパワメントと自己効力感

キャリア自己効力感

ここからは、自己効力感をターゲットとしたエンパワメントを見ていきます。

1970年代にバンデューラが提唱した「自己効力感」という心理学の基礎概念は、社会正義のキャリア支援論を考えていく際にも重要です。

自己効力感は、自分がある行動をうまくやれるという感覚です。普通の日本語で言えば、おおむね「自信」と言っているのと同じです。心理学上の細かい議論はありますが、要するに、自分はうまくやれる、うまくキャリアを作っていけるという自信をつけることが、エンパワメントを考える際に、極めて重要だということです。

自己効力感がキャリアの領域に取り込まれた1980年代以降、世界中で膨大な量の研究が行われました。これら膨大な研究論文では、一貫して、自己効力感が高い人は、①粘り強く努力することができ、多少の困難に直面した際にも耐えることができる、②自分の能力をうまく活用してよりいっそうの努力を重ねることができるということを明らかにしてきました。

また、キャリア自己効力感が、数多く研究された背景には、人のキャリア行動をよく予測できることが繰り返し示されてきたということがあります。

例えば、以前、私が行った研究では、事前に大学4年生の就活前のキャリア自己効力感を測定し、その数ヶ月後にどのくらい内定がとれたかを検討しました。その結果、自己効力感が高い学生の方が数ヶ月後、内定を獲得した割合が多かったのです[13]。こうした研究が数多く示されました。

さらに、自己効力感を高めることそのものは、比較的、容易であることも示されてきました。自己効力感を高める方法には、難しい言葉で「遂行行動の達成」「代理的経験」「言語的説得」「情動的喚起」の4つがあります。

自己効力感の4つの源泉
遂行行動の達成
代理的体験
言語的説得
情動的喚起

それぞれ難しい言葉ですが、内容はそれほど難しくありません。

最も効果的なのは、実際に似たような経験をしてみることです（遂行行動の達成）。当初、不安に思っていたことでもやってみれば意外に何でもないと思うことは多いです。また、実際にやってみて気づくこともあり、自信もつきます。ただ、実際に経験してみることが難しい場合には、話を聞いたり、見たりすることでも良いとされています。実際に自分で体験したのと準じる影響があるとされます（代理的経験）。実際に、自らの苦しい状況を跳ね返し、自分でキャリアを作り上げていった例などを見聞きすることによって、自分にとって参考になる「モデル」が得られます。実際に体験したり、モデルを見聞きするのが難しければ書籍やインターネットなどで読むことでも、ある程度、自己効力感は高まるとされます（言語的説得）。そして、こうした活動を通じて、就職活動に対する不安や自信の無さが取り除かれれば（情動的喚起）、自己効力感は高まります。

自己効力感の4つの源泉①――遂行行動の達成、代理的体験

これらのうち、「遂行行動の達成」「代理的体験」「言語的説得」「情報的喚起」は、それぞれ学校に

通う子ども・若者のキャリア教育のバックボーンになっています[14]。

しかし、その応用範囲は必ずしもキャリア教育にとどまらず、成人のキャリア支援にも適用できます。

まず「遂行行動の達成」ですが、これは一言で言えば「やってみる」ことですので、いろいろな形の経験、体験を含む支援がこれに該当します。

例えば、ハローワークで取り扱っている「トライアル雇用」なども、求職者の側から見れば「やってみる」機会を提供する制度です。働いた経験が少ない求職者が1ヶ月から3ヶ月間程度、試行的に（トライアルで）働いてみる制度です。細かいルールはいろいろありますが、仕事や企業について理解を深めることができます。もちろん、自己効力感も高めることができます。

また、生活保護受給者に対する就労支援にはいくつかのステップがあります。ハローワークを利用した一般就労が少し困難な方には、中間的就労や就労体験の機会を提供するような枠組みがあります。例えば、釧路市の生活保護受給者の自立支援プログラムは「釧路モデル」としてよく知られています。釧路市では、ハローワークとの連携によるインターンシップ、農場や公園、介護施設などでのボランティア活動など、様々な形で「やってみる」機会を提供しています[15]。もともと、釧路モデルは少しずつ段階をふんで進む「スモールステップ」で、利用者の自尊感情を高めることをねらいとしていたことでも有名です。

さらには、メンタルヘルスの問題で休職した労働者の職場復帰支援の中で「試し出勤制度」というものもあります。これは正式な職場復帰の前に試しに出勤してみる制度のことで、休んでいた労働者の不安を和らげることができます。厚生労働省から発行されているパンフレットには、次のような事例も載っています。

> 試し出勤中は、身の回りの整理や読書などに限定し、業務については一切しないようにして、正式な復職に備えて、職場の雰囲気になれることを優先条件とした。職場の管理監督者には、試し出勤中の出社及び退社時間並びに眠気やコミュニケーション等の状況について、産業医に報告してもらうこととした。試し出勤の経過は良好で、眠気もなく、集中力も維持できた。また、Aさんは当初、対人関係には不安があるとのことであったが、実際には本人が危惧していたほどの同僚等とのコミュニケーションの問題もなく、試し出勤を終了することができた(16)（8ページ）。

この事例を見てもわかるとおり、試し出勤は「やってみる」ことを中心とした支援であり、職場でこれからもうまくやれるという自己効力感も高まったことが読み取れます。

「代理的体験」は「見てみる」ことです。成人や一般の求職者を対象とした就労支援のメニューでは、直接、職場見学を中心に据えたものは、まだ数少ないです。逆に言えば、成人を対象とした職場見学型の就労支援のメニューは未開拓で今後、さらに検討してみる価値があると言えます。

ただ、先に説明したジョブクラブ型の支援の中に、「代理的体験」で説明できるプロセスがあります。ジョブクラブ型の支援ではグループを作って一緒に就職活動をしますが、同じグループにいる立場が似た人間が頑張っている姿を見て、それをモデルにして自分もやれそうだという感触をつかみます。

いわゆる「モデリング」ですが、マイノリティのクライエントが不利な状況を跳ね返して将来に向けて立ち向かう姿をモデルにすることも、社会正義のキャリア支援論のモデリングの適切な例になるでしょう。

自己効力感の4つの源泉②―言語的説得、情動的喚起

「言語的説得」は自己効力感研究のそもそもの成り立ちから言って、言葉による正の強化、すなわちポジティブなフィードバックと関わりがあります。ここでは大まかに「ほめられる」と解釈しておくことにします。

これも、現場のキャリアカウンセラーが自然に行っていることですが、クライエントの言動に対してポジティブにフィードバックしうるものについては、確実にフィードバックします。先に自尊感情の節でも述べましたが、自尊感情や自己効力感の源泉として、ほめられることに勝るものはありません。

例えば、非主流派のマイノリティのクライエントは、基本的に、それまでの人生でほめられた経験が多くはありません。主流の文化で評価されるため、主流派の文化と異なるマイノリティはいつも潜在的に批判され、否定されていると感じます。ですから、社会正義のキャリア支援論では、ほめること、賞賛すること、ポジティブなフィードバック、コンプリメントといったことを、より重視する必要があります。

特に、社会正義のキャリア支援論が対象とする少数派のクライエントに対する支援では「スモールステップの原則」を重視します（先ほど「釧路モデル」の説明でもでてきました）。ひきこもり、ニート、不登校など、これまであまり活動的に過ごしてこなかったクライエントに、いきなり就職に向

けた支援を行っても、少しハードルが高すぎます。ですから、いくつもの小さなステップを作って、少しずつ階段を一段一段昇るように支援するのが原則になります。

その際、重要なのは、ほめる機会を増やしているのだという認識です。単に進みやすいようにスモールステップにしているというだけでなく、一つ一つこなすたびに、クライエントのことをほめることができるというのが重要になります。確実にこなせるような小さな課題を何個も作って、それを何度も達成させて、何度もほめる。そういう機会を作って、ゆっくりと自己効力感をつけていくということがねらいです。

「情動的喚起」は「落ちつくこと」です。就労支援の分野には、まだ十分に取り入れられていませんが、将来、特に有望な分野です。例えば、臨床心理学では既に一般的に議論されていますがマインドフルネス、瞑想、呼吸法といった直接、情動をコントロールするような技法です。こうした技法は、もっと就労支援、キャリアカウンセリングの分野に取り入れられるべきです。

特に、ブルースティンも強調するように、マイノリティのクライエント、社会的に劣位の状態に置かれたクライエントは、日常的にストレスにさらされ、緊張しています。まずは、そのストレスや緊張を解くことに焦点を合わせた支援は、今後、極めて重要な研究領域になっていくでしょう。

実際、社会正義のキャリア支援論の先行研究でも、そうした研究が無いわけではありません。例えば、ブルースティンが第二著者になっている論文に、不安定な雇用形態で働く労働者に対して、マインドフルネスベースのストレス介入を行うことによって、不安や心理的な苦痛を減らすことができたという研究もあります[17]。

今後、有望な研究領域と言えるでしょう。

4 エンパワメントとスキル

スキルの重要性

さて、ここまでは、自尊感情、自己効力感、メンタルヘルスなどの心理面の話が中心でしたが、キャリア支援でエンパワメントといった場合、スキル形成の問題も十分に考える必要があります。

まず基本的に、日本以外の先進諸国では、例外なく「スキル」を重視します。労働者のスキルに限って言えば、おそらく日本が世界の先進国の中でも最も軽視しています。

スキルに関する海外のキャリア支援研究の語り口は、とてもシンプルです。学校や訓練機関でスキルを身につける。スキルを身につければ就職できる。スキルを磨けば磨くほど賃金を多くもらえる。

およそキャリア支援やキャリアカウンセリングをテーマに論じるくらいの先進国であれば、この一連のつながりがまったく迷いや疑問なく当然であると受け止められています。

ですから、欧州のスキル政策に関する公的機関の報告書では、人をまるでスキルの乗り物のような口ぶりで記述している場合があります[18]。

例えば、労働市場で受給のバランスが崩れている場合、つまり、こっちでは人が余っているのに、あっちでは人が足りないということが生じている場合、普通、私たちは人と職業のミスマッチのように、人と職業があってないという言い方をします。

これを「必要なセクターに適切にスキルが配分されていない」という言い方をしたりします。

また、もともとはバリバリ働いていた専業主婦や定年退職者に、その力を十分に発揮してもらえる対策を立てようという時、普通、私たちは専業主婦の復職を支援しよう、定年退職者に継続して活躍の場を提供しようといったニュアンスで話をします。

これも、「活用されていない不活性なスキルを活性化する」のような言い方をします。

よく生物学のトピックで「人間は遺伝子の乗り物である」という言い方をしますが、まさに人間はスキルの乗り物であると捉えていて、スキルに焦点を当て、スキルを活性化させ、スキルを十分に必要な場所に行き渡らせる。そのために学校や訓練機関では「労働市場で活用しうるスキルベースを作る」といった言い方をします。

日本の文化では、このような物言いが受け容れられるか分かりませんし、真似すべき言い回しかどうかも定かではありませんが、いずれにしても、これくらい「スキル」というものを重視しているというのはお分かりいただけるかと思います。

社会正義のスキル論

さて、ここまで先進各国は「スキル」を重視しますので、キャリアで問題が生じている時、その基本的な解決方法はスキルの習得だと自然に考えます。

そのため、職業訓練の重みが、日本よりもはるかに大きいです。

例えば、日本でもキャリアの棚卸しをしますが、日本では、これまでにどのような業務や仕事を体験したか、どのような経験があるかに焦点を合わせることが多いです。

その点、他の先進国では、その人にどのようなスキルがあるのかに焦点を合わせます。新たな仕事に就く、そのために新たなスキルを付加する、そのためにスキルチェックを受ける、そのためにキャリア支援を受けるという道筋が、一本道として想定されています。

ブルースティンは、こういうスキル開発によるエンパワメントは、十分に恵まれたバックグラウンドを持たない対象層にこそ有益であると述べています。

理由は、端的に言って、それまで十分な教育や訓練を受けられなかったからです。貧しい社会経済環境で育ったクライエントは、そもそも十分な教育訓練を受けていない。だから、どこかで適切に教育訓練を受ける必要がある。ここでも、人のキャリアの問題をスキルの問題としてシンプルに捉える見方で貫徹しています。

ブルースティンは次のように述べています。

> それゆえ、キャリア支援の重要な役割として、クライエントが教育訓練のリソースに積極的にアクセスできるようにし、仕事上のスキルやアカデミックなスキルを高め、クライエントの選択肢を広げるようにすることも含まれる。
>
> さらに、クライエントが新しいスキルにアクセスできるようにするのに加えて、カウンセラーはクライエントが現在持っているスキルの評価も行う。そうしたスキルは容易に他領域に転換しうるものだからだ[19]（250ページ）。

社会正義のキャリア支援論であればこそ、クライエントのスキルを高めるために、学校や訓練機関に行けるよう手助けする必要があります。仕事や就職、職探しに焦るのではなく、きちんと勉強してもらう。ちゃんと訓練してもらう。そうして、それまで十分に積み上げてこられなかったスキルを少しでも取り戻します。

その中には、仕事に直接役立つスキルだけではなく、アカデミックなスキル、すなわち普通の学校の勉強も含まれます。それは、読み書き計算のような基礎スキルが、どこの職場でも求められるということもさることながら、学歴をつけるということは、どのような場合でも、何歳からであっても、そこから先の人生をやり直すための重要な一歩になることが多いからです。

アメリカのキャリアカウンセリング論では、よく出てくる話ですが、高校中退の求職者がいれば、何歳からでも高校卒業の学歴をつけさせようとします。

読み書きが苦手であれば、英語を学習することからはじめます。計算が苦手ならば計算練習からはじめます。ここには、何歳からでも、どこからでもやり直せるというアメリカの健全な楽天主義が感じられます。

こうして目に見える形で少しずつ努力を積み上げていくことが、クライエントの自尊感情や自己効力感につながり、やがて自らの将来の選択肢が広がっていきます。

ですので、ブルースティンは、キャリアカウンセラーはクライエントが持っているスキルの評価も行えなければならないと言っています。そして、クライエントが持っているスキルが何に活かせるのかを考えることができなければならないと言っています。人が持つスキルは、案外と、いろいろな仕事に活かせるからだとも述べています。

日本におけるスキルと職業訓練

ここまで述べたスキルに関する議論は、日本で、どのくらい通用するものでしょうか。まず、日本では「スキル」の問題があまり重視されないという特徴があることは前提として押さえておかなければならないポイントです。

その最大の理由は、よく言われるように、概して日本はメンバーシップ型の雇用になっていて、ジョブ型の雇用になっていないためです。

そのため、人柄、態度、意欲のようなパーソナリティが重視されて、その人が何ができるか、どういう技能・技術があるかといったスキルが重視されません。

では、日本ではスキルはまったく無意味なのかと言えば、本当はそんなことはないのです。

例えば、２０１５年1月に全国のハローワークで新規求職申込みをした人のうち、ハローワークを通じて職業訓練を行った人と、職業訓練を行わなかった人の就職率を比較しました。その結果、約10％程度、職業訓練を受講した人の方が就職率が高いという結果が示されました[20]。

傾向スコアマッチングという特殊な統計手法を用いて、職業訓練を受けた群と受けなかった群の属性や特徴を均質化し、一定にした後の結果なので、実験を行った時と同じような厳密さで検証した結果です。

ですので、10％程度といっても、その差は大きく、逆に言えば、職業訓練を受けてスキルを身につけることによって、その人の属性や特徴を問わず、おおむね10％は就職率が高くなるとも言えるのです。

さらに興味深い結果として、職業訓練の効果は、就職後の賃金にも影響を与えました。特に、前職の賃金が高くなかった層で賃金に与える影響は大きく見られました。職業訓練を受けた人の方が、約6千円、就職後の賃金が高くなりました。これも、厳密な統計的な検証の結果なので、金額としては少ないようにも感じられますが、職業訓練受講者の属性や特徴によらず、総じて賃金をアップさせたという意味で重要な結果となります。

結局、ここで言いたいのは、日本でも、就職する際に、事前に職業訓練を受けていれば、就職率も就職後の賃金もアップするという事実です。しかも、必ずしも賃金が高くはない層で賃金アップの効果がみられたということです。

日本でも、スキルと職業訓練と就職の間には密接な関連があると言えるでしょう。

日本の職業別有効求人数および求人倍率

では、就職にあたって、どのような職業訓練を受けるのが良いのでしょうか。いろいろ考え方がありますが、基本的には求人数が多く、求人倍率が高い職業になるでしょう。

図表5-3は、平成30年の日本の職業別有効求人数と職業別有効求人倍率（どちらも常用・除パート）を表にしたものです。有効求人倍率とは、求職者（仕事を探している人）一人について何件の求人があるかを示したものです。ここでは3倍以上の職業を示しました。つまり、一人に対して3件以上、求人がある職業です。

表から、今、いちばん求人倍率が高いのは「建設躯体工事の職業」であることが分かります。具体的には、型枠大工、とび工、鉄筋工などです。

それぞれ高度な技術や経験を要する仕事であるので、当然、公的な職業訓練のコースもたくさんあります。技能を伸ばせば、それを証明するための資格もたくさんあります。有効求人倍率は、仕事を探している人一人につき11件もあるので、スキルを身につければ就職にそのまま結びつく可能性があるわけです。

他にも、「建設の職業」「土木の職業」「電気工事の職業」など、建設・土木関係の仕事はたくさんあります。体が丈夫でものを作るのが好きで得意でもある場合、スキルを身につけることは、本人の就職先を広げます。将来の選択肢

	有効求人数	有効求人倍率
建設躯体工事の職業	244,587	11.18
保安の職業	612,565	7.59
建築・土木・測量技術者	688,095	6.18
医師、歯科医師、獣医師、薬剤師	119,047	5.89
建設の職業	360,463	4.98
土木の職業	464,033	4.83
生活衛生サービスの職業	343,274	4.40
外勤事務の職業	7,638	4.15
採掘の職業	2,836	3.78
機械整備・修理の職業	383,511	3.67
販売類似の職業	65,519	3.49
運輸・郵便事務の職業	53,622	3.40
電気工事の職業	221,257	3.37
介護サービスの職業	1,428,930	3.33
社会福祉の専門的職業	870,818	3.05
医療技術者	300,881	3.01
自動車運転の職業	1,043,946	3.00

図表5-3　平成30年の職業別有効求人数および職業別有効求人倍率
（出典：厚生労働省）

を増やすという意味で、そのままエンパワメントにつながります。

「建設・土木・測量技術者」「医療技術者」「医師、歯科医師、獣医師、薬剤師」などは、大卒かそれ以上の学歴が求められる職業になります。逆に言えば、もともとは勉強が得意だったクライエントにとっては、勉強して、大学に行って、技術者や医療関係で必要な資格を取り、就職するという道筋が開けます。

求人の絶対数で言えば「介護サービスの職業」「自動車運転の職業」などは、そもそも求人の数が多いので、就職しやすい職業ということになるでしょう。介護の資格、運転免許などが無ければ、訓練を受けて、資格を取得し、少しずつスキルを身につけて生活を切り開いていくことになります。

ちなみに、これらの職業は人手不足が続く現在の状況だけに限りません。求人倍率がもっと低い時にも、例えば、5年前、10年前にも似たような職業が並びました。その時々で、有効求人数や有効求人倍率の数値そのものは大きくなったり、小さくなったりしますが、ここに挙げた職業は、だいたいこの10年、20年、常に人が足りない職業でした。

これらの仕事を目指したからといって、必ずしも、その後の人生が楽に過ごせるわけではありません。どのような仕事についても、嫌な思いもすれば、辛い思いもします。対人関係の問題もあれば、職場の嫌な出来事にも遭遇することでしょう。

しかし、有効求人倍率が高い職業、有効求人数が多い職業は、まずは一歩踏み出す際の1つの目標になります。

自尊感情や自己効力感などの意識面でのケアに、ある程度、目処が立った後は、スキルを身につけ、間口の広い就職先を目指すことが、現実的なエンパワメントの手段ということになるでしょう。

ライフスキルの重要性

「スキル」というと、仕事をこなし、業務を行うための「職業スキル」を、普通、思い浮かべます。しかし、それ以外に重要なスキルとして「ライフスキル」があります。これは普段の生活を送る上で必要になるスキルです。つまり、日常生活を送るためのスキルです。

例えば、どんなものがあるかと言うと、次のようなものです。

「食事を決まった時間に取る」
「部屋をこまめに掃除する」
「定期的に適度な運動をする」
「貯金する」
「社会人としてのマナーを守る」
「なすべきことを一生懸命やる」
「将来の計画を立てる」
「パソコンでメールのやりとりをする」

食事、掃除、運動、貯金、マナー、努力、計画、メールなど、普段の生活を送る上で大切な生活のためのスキルを、ライフスキルと言います。

外国のキャリア支援論では、このライフスキルに注目することがあります。[21]

なぜ、ライフスキルを重要視するかと言うと、これが仕事をこなす上での重要な職業スキルに結びつくからです。例えば、食事を決まった時間に取るのは、定刻どおりに動き、作業をこなすという職業行動に結びつきます。掃除は、直接、掃除の仕事というのがあります。コンスタントに運動することも、お金を貯めていくことも、何らかの意味で、職業スキルと結びつけて考えることができます。ですから、ライフスキルを十分に持っているということは、職業により密接に関わるスキルに転用できる基礎的なスキルを持っているということになるのです。

そこで、仕事を探している人のスキルを、職業スキルに限定せず、ライフスキルまで含めてアセスメントをして、その人が本来持っているスキルを最大限探し出そうとするわけです。

こういう海外のスキル論は、先ほども言ったように、人をスキルの乗り物のように捉えている面があります。人が持っているスキルを、タオルを絞って一滴の水分も無駄にしないように活用する方策を考えます。スキルが眠っていて、死蔵されている状態は、とてももったいないと捉えるのです。

では、社会正義論とライフスキルの話はどう結びつくでしょうか。実は、働くことから長く離れている生活保護受給者は、ライフスキルに自信がないという結果が、私たちの調査結果から示されています[22]。

これは生活保護受給者の方すべてではありませんが、なかには、職業から長く離れることによって日常生活そのものが十分に秩序だったものではなくなり、結果的に、普段の生活を規則正しく送れなくなっている人が含まれている可能性を示唆します。

そのため、長く職業から離れている場合には、まずは生活全体を規則正しいものにすることによって、ライフスキルに自信を取り戻し、職業スキルにつながるスキルの基盤を作り上げてく支援が重要になります。

HOPEプロジェクト

具体的にスキルの支援を組み込んだ事例として、社会正義のキャリア支援論では、ノースダコタ大学カウンセリング教室による「HOPEプロジェクト」という有名な取り組みがあります[23]。

ステージ1：個人
自己探索、目標設定、志望明確化の活動。1対1の相談。アセスメント。
福祉から職業に就くセルフエフィカシー。価値観探索。
目指す仕事で必要なスキル・知識の特定。
→日常生活で用いているスキルの検討。

ステージ2：グループ
目標達成のための具体的な行動の確認。
「バリアログ」。グループディスカッション。
バリアを乗り越えるためのアイディアや方法をみんなで考える。
→互いに発表し、アドバイスする。

ステージ3：スキル
実際にスキルトレーニング（職業訓練）。
いわゆるソフトスキル、コミュニケーションスキルを重視。

あわせてグループワークも継続。
↓具体的な障壁と乗り越え方をみんなで話し合う。
育児・保育、介護、交通手段（運転免許）、家、メンタルヘルスなど。

ステージ4：行動

職場体験、インターンシップ、トライアル雇用、アルバイトなど。
就職に向けて応募の仕方、応募書類の書き方など。
履歴書の書き方、面接の受け方。（301～302ページ）

このプロジェクトでは、はじめのステージ1の段階で、通常のキャリアカウンセリングや自己探索をしたり、目標設定をしたり、志望を明確化したりしています。1対1の相談を行ったり、アセスメントを行ったりする中でそうしたことをするわけです。

また、セルフ・エフィカシー（自己効力感）や価値観にも焦点を合わせています。

その上で、仕事で必要なスキル・知識を特定する作業も行うのですが、ここで「日常生活で用いているスキルの検討」が出てくるのが分かります。

ステージ2では、グループ活動をおもに行います。みんなでグループディスカッションをして、バリアになっていることをどう乗り越えるかを互いにアドバイスしあったりします。

そして、ステージ3で、再び、意識的・自覚的にスキルに焦点を合わせます。ここではいわゆる職業スキルのトレーニングの他に、ソフトスキル・コミュニケーションスキルを重視しているのがポイントです。

ステージ4では、就職活動の仕方に関するスキルに焦点を当てます。具体的な就職活動の進め方を就労支援の取り組みの中に明確に位置づけています。

このように、このHOPEプロジェクトでは、ここまで本書で論じてきた様々な要素が組み合わされて1つの就労支援のプログラムを作っているのが分かります。

なお、このHOPEプロジェクトの名前は、「Honoring Occupational and Personal Empowerment」の頭文字をとったものです。「職業と個人のエンパワメントを讃える」。もともとが職業的なエンパワメントのプログラムでもあります。

当初は、大学付近の街角で寝泊まりするホームレスに対する心理的支援の活動から発展したものと言われています。このプロジェクトが、社会正義のキャリア支援論の文献でよく引用されるのは、こうした背景を持っているからです。

ただ、実際、効果的であることも知られており、全体で30〜36時間のプログラムのうち、最初のステージ1だけでベック抑うつ質問票（BDI）で抑うつと判定される参加者が、40%から16%に減少したというデータも出されています。

5 キャリア支援における様々なエンパワメント

セルフ・アドボカシー

社会正義のキャリア支援論には「セルフ・アドボカシー」という言葉があります。

このセルフ・アドボカシーですが、もともと次の章で詳しく見る「アドボカシー」の概念が先にあり、それを自分が自分で行うという意味でセルフ・アドボカシーと言います。

アドボカシーは、誰かのかわりに誰かが代弁し、申し立てをして、環境の改善を図るものです。ですので、自分の立場を自分で説明し、主張し、自分で環境変化を起こすことをセルフ・アドボカシーと言っています。

日本のカウンセリング心理学でよく知られた言葉としては、「アサーション」（自己主張）に近いでしょう。

アサーションは、家族心理学者の平木典子によって日本でも広く知られていますが、平木は早い段階で日本に産業カウンセリング・キャリアカウンセリングを紹介した研究者でもありました。

平木によるアサーションの有名な定義は「自分も相手も大切にする自己表現」です[24]。自己表現を身につけて、自分のことを適切に主張することは、キャリア支援においても、とても重要でしょう。

仮に、セルフ・アドボカシーとアサーションで、あえて違いを挙げるとすれば、そこに社会正義の考え方がどの程度、濃厚にあるかです。

もちろん、アサーションにも、自らの権利擁護、立場の主張という考え方は含まれています。ただ、それをより強調したのがセルフ・アドボカシーだと言えます。

社会的に不利益を受けている人間が、自ら主張することを通じて、社会、制度、仕組みを改善していこうとする。この点を十分に意識しているか否かが、アサーションとセルフ・アドボカシーを分ける境目だと言えるでしょう。

もっとも、この話は、いわゆるアドボカシー、それを自分でやるセルフ・アドボカシー、アサーションをあえて区別するならばという話です。どれも重なり合い、密接に関連し合っています。話を整理すると、自分の現状はおかしいという意識を持ち、自分が置かれた社会・組織・集団・制度を少しでもより良いものにするためにアサーションを行い、自らの立場を主張することがセルフ・アドボカシーです。それを本人の周りの誰かが代弁し、代わりに申し立てをすることが、普通の意味でのアドボカシーということができるでしょう。

そういう意味では、セルフ・アドボカシーは、エンパワメントとアドボカシーの中間に位置して、両者をつなげる考え方と言えるでしょう。

情報支援

エンパワメントの具体的な方策を考える際には、情報支援の意義を改めて強調して考える必要があります。

情報支援とは、キャリア支援の中でも、情報提供や情報整備を中心とした取り組みです。昔からある伝統的な取り組みであり、古くて新しい手法だと言えます。[25]新しいというのは、2000年代にヨーロッパでキャリアガイダンスに新たな関心が向けられた時、先進各国の関心が最も寄せられたのが情報支援だったからです。具体的には、インターネット上の情報を整備し、必要とする利用者に自分で閲覧してもらい、自分で必要とする情報を入手してもらうアプローチが注目されました。

ここでは、情報支援とエンパワメントについて3つのポイントを指摘します。

第一に、情報を提供するとは、すなわちクライエントの選択肢を広げることだという点です。その際、重要なのは、クライエント自身でさえ、どのような情報を自分は知るべきで、どのような情報が重要なのかは自覚できていない場合があるということです。

その点、情報支援は、世間一般に思われているよりも1対1の個別相談、いわゆるカウンセリングと表裏一体の面があります。

今、この時代に、クライエントに提供できる情報は山のようにあります。それを全部、提供することはできませんし、提供したところでクライエントは混乱します。

そこで、クライエントが、今、知る必要がある情報、クライエント自身も自覚していなければ、重要だとも思っていないが、今、情報提供をすれば、クライエントの選択肢を格段に広げる可能性がある情報を、取捨選択して提供する必要があるのです。

第二に、エンパワメントの支援は、最終的には本人の自発的・自主的・自律的な行動をいかに促すことができるかが大きなテーマです。

その点、情報支援は、結局は、自分で情報を探す必要があります。結果的に、自分にとって有益な情報を入手できた場合には「自分で探せた」という達成感が得られます。この「自分で探せた」という達成感が、自尊感情の回復に大きく影響します。

ですので、アメリカの初学者向けのキャリアカウンセリングの教科書では、たとえ、キャリアカウンセラー側で知っている情報でも、あえてクライエントに探すように求める場合があると言っています。

クライエントにどこを調べれば良いかを伝えて、自分で調べてみるように促せば、自発的・自主的・自律的な行動を促すことにつながるからです。本人の中にある、自分で自分のキャリアを何とかしたいという気持ちを引き出すことができます。

これは、ハローワークの窓口の職員も用いる手法で、やはり求職者の方に、一度は自分で求人を検索して、管内の求人状況や賃金水準、その他、基本的な求人情報を見ることを勧めます。求職者自身に自発的な情報収集を先に行ってもらい、それをベースに話を進めた方が、求職者本人にとって納得感があり、その後の職業相談がうまく回っていくことが、経験的に知られているのです。

ちなみに、こういう情報支援のあり方を、「動機づけ的な情報支援」という言い方をすることがあります。

第三に、情報支援に関しては、情報機器の使用をめぐる情報格差に配慮して、パソコンだけでなくスマートフォン等も含めた様々な端末を利用した情報提供の検討が必要です。

一方で、無視できない重要性を持っているのが、自治体や公的機関が折に触れて行う紙媒体による広報、さらには公共スペースに設置された掲示板を用いた情報提供です。

情報支援といった時、多くの人は電子媒体を使うことをイメージします。しかし、チラシ、掲示板、パンフレット、小冊子などの媒体も重要です。こういう媒体でしか情報にアクセスできない人もいるからです。予算が許す限り充実させる必要があるでしょう。

エンパワメントと自己責任論

最後にエンパワメントの位置づけについて補足します。

エンパワメントは「自己責任」をクライエントに過度に求めるものではないか、社会正義論はそういうことを批判する考え方ではなかったのかという批判が、日本国内のみならず海外においても常にあります。

この点については、「自己責任と非自己責任」「自分と他人」の2次元で4つの領域を作って考える必要があります（図表5-4）。

自分の人生を自己責任で切り開くことは大切です。自分の人生を自分で切り開けているというコントロール感、自己統制感、有能感を持つことはとても重要だからです。

これを自分には責任がない、自分の人生が悪いのは社会のせいだ、世の中のせいだ、制度やシステムのせいだと考えると、一時的には楽になります。

しかし、自分でできそうなことは自分でやると決めなければ、人生をコントロールできていないという無力感のために、抑うつ、憂鬱、絶望感などネガティブな心理的問題を引き起こしやすくなります。

これは、発達心理学、臨床心理学、社会心理学など、ありとあらゆる心理学の領域で出てくる知見です。

ですので、自分の人生を自己責任で切り開きたいという気持ちを支援することは重要な支援となります。そして、自分の人生を自己責任で切り開く支援をするのが、ここで言うエンパワメントです。

しかし、ここが本当に重要ポイントなのですが、他人が他人に向かって「自分の人生を自己責任で切り開け」と強く求めたり、そうしない人をバッシングしたり、責めたりするのは、かなり問題です。

「自己責任論」を問題視する人というのは、概して、自己責任を自分のこととして引き受けることと、自己責任を盾に取って他人を責めることの区別をつけていません。少し太ってきたのでダイエットしようと自分が決意することと、太ってきた人にダイエットしろと他人が責め立てることでは、同じ自己責任論でも天と地ほどの違いがあります。

同様に、生活保護受給者自身が自分の現状は自分で立て直すと本人が自己責任論で頑張ろうと決意することと、他人が「生活保護受給者自身は自分の現状を自分で立て直せ」と自己責任論で責めることには、真逆と言って良い違いがあります。

従来、この両者を、ともに自己責任論として混ぜこぜにして一緒くたに扱ってしまう議論が、とても多すぎました。

ここを区別せず、すべての自己責任論は問題だと全否定してしまうと、苦境に立たされている本人が頑張る根拠がなくなってしまいます。自分のことを自分の責任ではないと思う状態をアパシー（無気力）と言います。この時、人はなかなか立ち直れません。差別を受け、不利益を被っている場合、そこから抜け出したいのであれば、自分で責任を持って立て直すのだと決意しなければなりません。自分に責任が無い原因で劣位の状況に追い込まれた場合であったとしても、いや、だからこそ、いつかどこかの段階で自ら道を切り開くと決心しなければなりません。

実際、自己責任論を公に批判するような人も、世間に意見したり書物を出版したりするほどの人物なのですから、若い頃、頑張ったに違いないのです。人生のある時期に、何もかも自己責任だと思い定めて努力したに違いないのです。自分は自己責任で努力しながら、人にはそれを勧

	自分	他人
自己責任 （本人の責任だ）	○ エンパワメント	× バッシング
非自己責任 （本人の責任ではない）	× アパシー （無気力）	○ アドボカシー

図表5-4　エンパワメントと自己責任論

めないというのは、おかしな話です。

本人自身は自己責任で頑張る一方で、他人は、自己責任で頑張っている人の努力が報われるように、社会、制度、環境を含む外側のシステムを改善していくことを考えます。

苦境に立たされた他人を支援するにあたっては、自己責任論を盾にとってビシビシ責め立てるのではなく、その人の外側の環境を整えて、各方面に申し立てをしたり、働きかけをしたりすることが重要になります。これが、ここで言うアドボカシーです。

クライエント自身が自己責任で自分の人生を切り開けるように支援するのと同時に、それを見守る側はクライエントの頑張りが報われるように環境を少しでも整えていく。本人のエンパワメントを支援し、かつ環境に向けたアドボカシーを行うということを、本書ではそのように捉えているのです。

注

(1) 宇都宮健児・猪股正・湯浅誠（２００７）．もうガマンできない！ 広がる貧困―人間らしい生活の再生を求めて 明石書店．

(2) ＷＡＭＮＥＴ「独立行政法人福祉医療機構」が運営する福祉・保健・医療の総合情報サイト参照。http://www.wam.go.jp/content/wamnet/pcpub/top/

(3) 法テラス（日本司法支援センター）https://www.houterasu.or.jp/index.html

(4) Blustein, D. L., Kozan, S., Connors-Kellgren, A., & Rand, B. (2015). Social class and career intervention. In Hartung, P., Savickas, M. L., & Walsh, W. B. The APA handbook of career intervention. Washington vol.1, D. C.

：APA.

(5) 例えば、Swanson, J. L. (2012). Work and psychological health. In Fouad, N. A., Carter, J. A., & Subich, L. M. (Eds.) APA Handbook of counseling psychology. Washington, D. C.：APA, 3-27.

(6) 下村英雄・坂柳恒夫・浦上昌則（2016）．生活保護受給者・雇用保険受給者の自己効力感・成人キャリア成熟度その他の意識—社会正義の視点からのアプローチ　日本キャリア教育学会第38回研究大会研究発表論文集　100～101ページ．

(7) Korman, A. K. (1966). Self-esteem variable in vocational choice. Journal of Applied Psychology, 50, 479-486.

(8) Maguire, M., & Killeen, J.(2003). Outcomes from career information and guidance services. Paper prepared for the OECD Career Guidance Policy Review, Paris.

(9) 詳しくは、以下の文献を参照のこと。下村英雄（2012）．若者の自尊感情と若年キャリアガイダンスの今後のあり方　ビジネス・レーバー・トレンド（2012年5月号）　4～9ページ．以下、この節の結果は、本文献を参照のこと。

(10) 野村総一郎・中島美鈴（監訳）（2009）．もういちど自分らしさに出会うための10日間—自尊感情をとりもどすためのプログラム　星和書店．岡本正子・上田裕美（2009）．自己肯定・自尊の感情をはぐくむ援助技法〈青年期・成人期〉　生活書院．など。

(11) Blustein, et al. (2015). op. cit.

(12) Azrin, N. H., & Besalel, V. A.(1980). Job club counselor's manual: A behavioral approach to vocational counseling. Baltimore: University Park Press.（津富宏訳（2010）．キャリアカウンセラーのためのジョブマニュアル—職業カウンセリングへの行動主義的アプローチ　法律文化社．）、日本労働研究機構（1991）．就職援助技法「ジョブクラブ」（日本労働研究機構資料シリーズNo.10）日本労働研究機構．など。

(13) 下村英雄（2009）．キャリア教育の心理学　東海教育研究所．若松養亮・下村英雄（2012）．詳解　大学生のキャリアガイダンス論—キャリア心理学に基づく理論と実践　金子書房．など。

(14) 詳しくは、下村英雄（2009）．キャリア教育の心理学　東海教育研究所．を参照のこと。

(15) 釧路市ホームページ「釧路市自立支援プログラムの取り組み状況」より。https://www.city.kushiro.lg.jp/kenfuku/fukushi/seikatsuhogo/0005.html（2019/2/16検索）
(16) 厚生労働省／中央労働災害防止協会（２０１０）．改訂　心の健康問題により休業した労働者の職場復帰支援の手引き　中災防．
(17) Jacobs, S., & Blustein, D. L. (2011). Mindfulness as a coping mechanism for employment uncertainty. The Career Development Quarterly, 57, 174-180.
(18) OECD (2012). Better skills, better jobs, better lives: A strategic approach to skills policies. OECD Publishing.
(19) Blustein, et al. (2015). op. cit.
(20) 労働政策研究・研修機構（２０１９）．職業訓練及びキャリアコンサルティングの統計的手法による効果検証（労働政策レポート No.12）労働政策研究・研修機構．なお、職業訓練受講者（N=18,666）の就職率は82・5％、職業訓練非受講者（N=12,060）の就職率は73・9％でした。
(21) OECD/Statistics Canada (2005), Learning a Living: First Results of the Adult Literacy and Life Skills Survey, OECD Publishing.
(22) 労働政策研究・研修機構（２０１３）．成人の職業スキル・生活スキル・職業意識（労働政策研究・研修機構調査シリーズ No.107）.
(23) Juntunen, C. L., Cavett, A. M., Clow, R. B., Rempel, V., Darrow, R. E., & Guilmino, A. (2006). Social justice through self-sufficiency: Vocational psychology and the transition from welfare to work. In Toporek, R. L., Gerstein, L. H., Fouad, N. A., Roysircar , G., & Israel, T. (Eds.) Handbook for social justice in counseling psychology: Leadership, vision, and action. (pp.294–310). SAGE.
(24) 平木典子（２０１２）．アサーション入門―自分も相手も大切にする自己表現法　講談社．
(25) この節は次も参照のこと。下村英雄（２０１３）．職業情報とキャリアガイダンス―その政策的・理論的・実践的示唆　ビジネス・レーバー・トレンド（２０１３年２月号）　29-33．労働政策研究・研修機構．

第6章 3つの可能なプラクティス③ ―アドボカシー―

1 ブラウンのアドボカシー論

アドボカシーの本質

アドボカシーの問題を考えるにあたって、少し古い外国文献を紹介しましょう。

アドボカシーでは、時に、カウンセラーは、クライエントの匿名性の保護から現実の人間関係の段階へと一歩踏み出て、組織とクライエントの間の力関係を変えることが求められる。アドボカシーは、カウンセリングやコンサルテーションと同じく、エンパワメントの1つである。つまり、クライエントに力を与えることに関わる。しかし、カウンセリングとは違って（コンサルテーションとは同じだが）、通常はクライエントを助けるための間接的な手法となる。そして、カウンセリングともコンサルテーションとも違うのは、アドボカシーでは、しばしばクライエントにかわって主役になるということである[1]（5ページ）。

これは、ノース・カロライナ大学の名誉教授デュエイン・ブラウンによる「アドボカシーによるエンパワメント」と題された1988年の論文の一節です。

なぜ30年前の論文を紹介するかというと、古い文献の方が、キャリアカウンセリングにおけるアドボカシーとはそもそも何かという特徴が把握しやすいからです。また、キャリアカウンセリングの研究者で、これほどアドボカシーに言及した研究者はブラウン以後もあまりいません。

ブラウンの議論には、キャリアカウンセリングの問題を考える際に誰もが疑問に感じる基本的な問題がいくつか取り上げられています。

例えば、右の引用では、「カウンセラーは、クライエントの匿名性の保護から現実生活の人間関係の段階へと一歩踏み出て」という点が目を引きます。

アドボカシーの話を目にする人がよく疑問に思うのが、カウンセラーの守秘義務との関連です。カウンセラーは守秘義務を守らなければならないのは言うまでもありません。しかし、カウンセラーがクライエントの問題について、あれこれしゃべるのは、守秘義務を破ることにならないのかというわけです。

ここで、ブラウンは、匿名性の保護から一歩、現実の人間関係へ踏み出すのだと明言しています。つまり、匿名性の保護をふまえた上で、したがって、現実的にはクライエントに何らかの承諾を得た上で、人間関係の調整を行うと言っています。

守秘義務を極めて厳格に考えて相談室の1対1の関係にこだわり続けるのではなく、外に向かって調整に動くのがアドボカシーだと言っていることになるでしょう。

また、引用の最後で言うように、アドボカシーは「クライエントにかわって主役になる」という点も大きな特徴です。

この点について、普通はキャリアカウンセラーは黒子であり、主役はクライエント、尊重すべきはクライエントの自己決定と習うので、少し驚く記述かもしれません。

しかし、ブラウンは、クライエントにかわって主役になると、はっきり言っています。つまり、アドボカシーは、クライエントのかわりにキャリアカウンセラーが何らかの対応をするという点で、相談室内でのカウンセリングとは違った特徴を持つ活動になります。

さらにもう1点、ブラウンが言っているのは、こういうアドボカシーは前節で取り上げたエンパワメントのための手段であるということです。

クライエントに力を与える、パワーを持たせるために、必要に応じて、カウンセラーはこのような行動をとることができると言っていることになるでしょう。

ブラウンの社会正義論

ブラウンは、ブルースティンと同様、アメリカ東海岸の有名なキャリアカウンセリング研究者であり、かつ社会正義のキャリア支援の論者としても知られています。

例えば、ブラウンは、自らの編著[2]の冒頭で、有名なマーチン・ルーサー・キングの言葉「私には夢がある」を引用しつつ、「我々は経済的な平等を目指すことで、社会正義という理想を推進することができる（1ページ）」と述べます。その上で、キャリア支援が貧困や社会の不平等を是正するものであることを強調しました。

ブラウンは社会正義のキャリア支援を明確に訴えます。以下に他の箇所も抜粋します。

> キャリア発達の初期のリーダーたちは、社会正義や迫害などに関心が高かった。彼らは自由に焦点を当てた。そして、それは経済的な平等から生じると考えていた。有意義な仕事に就かなければ、社会正義は十分には実現されないと理解していたのである[3]（1ページ）。

キャリア発達に関わる専門家、ここではキャリアカウンセラーその他の実践家をすべて含みますが、こうした人々はもともと社会正義に対する関心が高かった。そして、自由、経済的な平等、有意義な仕事によって、社会正義が実現されると考えていたと説きます。

その上で、ブラウンは社会正義を取り扱うスキルを持つ必要があると述べるのです。

> この本の残りの部分では、伝統的なスキルとともに社会的な意識を持ったキャリア発達の実践家に求められるスキルなどにも焦点を当てる[4]（5ページ）。

アドボカシーに役立つスキル

では、どのようなスキルが「社会的な意識を持ったキャリア発達の実践家に求められるスキル」なのでしょうか。

ブラウンは、真っ先に「伝統的なスキル」、すなわち、傾聴その他の基礎的なコミュニケーションスキルが重要なスキルになると述べています。

> カウンセラーになるためのプログラムに伝統的に組み込まれているコミュニケーションスキルは、カウンセリングやコンサルテーションに不可欠のものと考えられているが、それはアドボカシーの場面でも重要である[5]（9ページ）。

また、重要なものとして、法律や法案作成過程に関する知識も挙げています。アドボカシーの1つの目標は、法案などの制度設計に関わることにあるからです。

ただ、それ以外にも様々あるとブラウンは述べており、次の5つに整理しています。

> (1) 問題に注意を向けさせるためにメディアを使用すること
> (2) 人を組織すること
> (3) 説得的に書くこと
> (4) 問題について交渉すること
> (5) 適切に対決すること[6]（9ページ）

1点目が「メディア」であるのが興味深いです。テレビ、新聞、イベント、記者会見、記者発表、リーフレット、ポスターなど、いわゆるマスコミから身近なチラシに至るまで様々な媒体が例として挙がっています。

日本でも、キャリア教育の取り組みが成功する秘訣は地方の新聞の小さな記事で良いので、ともかくメディアに取り上げられることだと、よく言われていました。

例えば、職場体験プログラム1つとってもメディアに取り上げられることで、多くの人が知ることになります。多くの人が知ることで、職場を提供するなどの協力をしてくれる人も現れます。それまで関心のなかった保護者も、我が子の取り組みに関心を持ちます。

新聞に取り上げられると、それがある種の権威づけになり、優れた取り組みであることの証明になります。それを見て、また別のメディアが取り上げてくれます。そうして、また多くの人の目に触れ、次第に大きな社会的な動きへとつながっていきます。

つまり、メディアに取り上げられることは、社会全体に向けたアドボカシーへとつながっていくことになるのです。

ところで、このブラウンの論文が書かれたのは1988年です。ですので、当時は無かったもので、今ならばより効果的に活用できるものがあります。

インターネットやSNSなどの情報媒体です。今は、ホームページ、ブログ、その他の情報媒体で、個人が情報発信をすることが容易になりました。また、あるイベントや会合を告知したり、募集したりすることも簡単になりました。

その意味では、社会正義をベースとしたアドボカシーの実践は、昔に比べれば、格段に易しくなったと言えるでしょう。人々の問題に注意を向けさせるためにメディアを使用する可能性は、大幅に現実的なものになっています。

人を組織すること

「人を組織すること」とは抽象的ですが、ブラウンは少し具体的に説明しています。例えば、自分たちの活動に同情的な発言力のある人物を見つけること、また、協力が得られそうな集団・組織・グループを見つけること、アドボカシーに必要なリソースを得ることなどを挙げています。ですので、資金獲得（ファンドレイジング）、キャンペーン、サポートしてくれる人を見つけることも含まれます。

要するに、味方になってくれる人を見つけるということに尽きるでしょう。

例えば、発達障害を持つ人の就労支援のためのキャリアカウンセリングを考えるとします。そのための仕組みを立ち上げたいと考えたとします。キャリアカウンセラーである自分の力だけではどうしてもうまくいきません。

そのため、まずはいろいろな人に話をしてみます。キャリアカウンセラーの集まり、勉強会などで発言をしてみます。発達障害の就労支援に関心を持つ人か、あるいは関心を持つ人を知っている人に出会うかもしれません。

また、情報機器やメディアを使って情報発信をすれば、誰か関心がある人が連絡してきてくれるかもしれません。発達障害の就労支援に関する書籍の著者や研究者などに連絡をとってみることもできるかもしれません。

自治体や公的機関で相談に乗ってくれる人がいるかもしれません。ともかく、身近な人から順に一人、二人と仲間を集めていくことで、少しずつ人を組織していきます。

こうして同志を集めて、アドボカシーに必要なリソース、パワーを獲得していきます。

こういう考え方は、企業なり、学校なり、組織にキャリアカウンセリングを導入していく時にも有効です。組織内で味方を見つけ、仲間を見つけていくということです。

例えば、ある数百人規模の企業でキャリアカウンセリングの仕組みを立ち上げるとします。しかし、たいていは社内の人が全員賛成してくれるわけではありません。

カウンセリングのような心理的な取り組みに漠然と反感を持つ人が、どこの組織にも常にいます。キャリアカウンセリングの仕組みを組織に導入する時、むしろ、反対する人や批判的な人がいないことの方が珍しいです。

その際、反対派や批判的な人を説得しようとするのは、得策ではありません。この壁は、通常、とても分厚く、容易なことでは説得できないからです。ここに労力や時間を使っても、あまり有益ではありません。

そうではなく、むしろ協力してくれる人、賛同してくれる人を見つけるべきです。

組織内で力のある人物は複数名います。力のある賛成派の人を見つけて説明し、賛同してもらい、まずは、その人物の影響力の範囲内で活動をはじめ、実績を作りながら、少しずつ活動を大きくしていきます。

また、人を巻き込むと言っても、反対派を説得しなければならない状況は多くはないものです。むしろ味方を見つけ、仲間を見つけて、小さな範囲で良いので活動をはじめ、その後、その実績をもって、少しずつ反対派や批判する人たちを取り込んでいきます。

なお、「人を組織する」スキルも、基本的に、キャリアカウンセラーが習得する傾聴、受容、共感といった対人スキルと何ら変わるものではありません。こうした対人スキルを駆使して、人を組織するのが、キャリアカウンセラーらしいところだと言えるでしょう。

コンフロンテーション

賛成派を見つけて賛同してもらい、まずは小さな範囲から始めてみるというのが、アドボカシーの原則になります。しかし、時にある局面では、反対派の人に向き合い、コンフロンテーションを行わなければなりません。

コンフロンテーションをどのように訳すかは難しいです。「直面化」と訳すこともありますが、この話の流れからは、もう1つの訳し方である「対決」の方が合っています。

文字どおり、反対派の人と対決して、何らかの譲歩、支援、関心、賛同を引き出します。この時、ブラウンが指摘する原則は次の3つです。

1　両者が、目下の問題を互いに明確に定義する機会を持てる時に対決する。
2　相手に脅威を与えない方法で、こちらの感情を伝える。
3　敵対する相手の考え方を十分に理解すべく最大限の努力をする[7]（10ページ）。

1つめは、具体的に何が問題かがはっきりしている時に、対決するということです。

逆に言うと、抽象的な立場や主義主張、思想のような曖昧なもので対決しないということです。そういうことで対決しても、らちが明かず、話にならないからです。

2つめは、こちらの主張や意見を伝えるというよりは、こちらがどう思っているかを伝えるということです。

今、こちらが、困っているのか、心配しているのか、怒っているのか、不安に思っているのか、ともかく、どう感じているかを伝えます。こちらの感情を伝えるだけなので、こちらの言い分を相手に押し付けるということではありません。

さらに加えて、相手を批判したり、責め立てたり、責任を追究したり、圧迫したり、恐怖を与えたり、脅したりしないように話します。

3つめは、その上で、相手がどう考えているかを理解するようにします。まずはこちらの感情を伝えますが、それをどう受け取るかは相手次第です。

相手が何を問題だと考えて、それに対してどのような感情を感じているのか。それを理解しようとします。

このように、思いのほか、対決場面での交渉は自他の感情を取り扱うものだということが分かります。そのため、ここでも、傾聴、受容、共感といった基礎的なスキルが役立つことになります。

「勝ち負けがつくやり方」を避ける

しかし、対決と言っているわりには、相手に脅威を与えないようにするとか、相手の物の見方を理解するなど、甘すぎるのではないかと思う人もいるかもしれません。

この点について、ブラウンは次のように言っています。

あらゆる交渉ごとでは、可能な限り、勝ち負けがつくやり方（win-lose approach）を避けるべきである。つまり、両者が自分の目標をそれぞれ達成できる解決を工夫しようとすべきである(8)（10ページ）。

つまり、交渉だからといって、相手を言い負かし、やりこめ、こちらの言い分を相手に一方的に認めさせるということを目標とすべきではないと言っています。

これは、道徳的・倫理的にそういう悪いことはしてはいけないと言っているのではなく、現実的・実利的に考えて、そう言えるでしょう。

というのも、1回の交渉でみごと「勝ち」を収めたところで、その後、相手が意見や考え方をすっかり変えるとは限らないからです。全面的に協力してくれるとも限りません。その場の交渉で相手を言い負かしても仕方がないのです。

特に、組織に所属する担当者は、組織内のコンフリクト、葛藤、揉め事を、潜在的に組織の脅威とみなす傾向があると、ブラウンは指摘しています。

企業、行政、学校を問わず、どのような組織も、外部からやってきて想定外の要望を言う人間に危機感を抱き、まずは防衛的になります。ですので、ことさら、これは脅威や危機ではないと示す必要があります。

例えば、今、持ち込んでいる話は、相手が実現したいと思っている目標を達成できることでもあると示さなければなりません。相手から最終的に協力を引き出すために交渉をしています。相手から協力を引き出すためには、相手にとってもメリットや利益があるものでなければなりません。

そうは言っても、相手に強く主張して、譲歩を求め、妥協させ、こちらの言い分を認めさせる必要がある場合があるのではないか。「勝ち負けがつくやり方」にならざるを得ない場合があるのではないか。そのように感じる人もいるかもしれません。

ブラウンは、そのように感じる場合は、問題の立て方に間違いがあると言います。

そもそもがクライエントの問題を解決するために、その代弁をすべく、アドボカシーを介入支援の方策の1つとして選択したわけです。

その問題を解決するにあたって、クライエントのかわりに誰かを追究し、問い詰め、言い負かすことが本当に必要なのかどうか。

それよりは、むしろ、相手も協力しやすい形で問題を整理し、相手にもメリットのある提案をし、互いの目標を達成できる形で、問題を立てることができないのかどうか。

そういうことをじっくりと考えるのが、アドボカシーという支援を選び取る場合に考慮すべきことになります。

2 アドボカシーから組織・環境への働きかけ

アドボカシーと日本の組織風土

アドボカシーは、日本語としては「組織への働きかけ」「環境への働きかけ」と呼ばれてきたものと、その機能や目的が似ています。

むしろ、日本的な組織風土の中では、クライエント個人の個別相談による支援を超えた人間関係の調整、さらには組織全体への支援としてアドボカシーを捉える方が、具体的なイメージが湧きやすいかもしれません。

例えば、キャリアコンサルティングに関する公的な報告書では、最初期の報告書から、既に「組織への働きかけ」の言葉が出てきます[9]。この中で「組織への働きかけ」を次のように記しています。

> 組織への働きかけ能力とは、キャリア・コンサルタント〈標準レベル〉が、キャリア・コンサルティングの過程でキャリア形成を促進するうえでの組織課題を発見し、組織に対する働きかけ（環境介入）に取り組むことについて、適切な援助ができる能力である[10]（17ページ）。

まず、組織への働きかけの能力とは、キャリア形成を促進する上での「組織課題を発見し」、「組織に対する働きかけ」に取り組むことだと明記しています。「組織に対する働きかけ」は別の言い方では「環境介入」であることも明記しています。

> 個人の主体的なキャリア形成を推進するに当たって、個人が属する組織の側にも問題があり、それを解決・改善するために組織に対して働きかけることが必要な場合がある[11]（17ページ）。

なぜ組織への働きかけ（環境介入）が必要になるかと言うと、個人の主体的なキャリア形成を推進するにあたって、組織の側に問題がある場合があるからです。その解決・改善のために組織に対して働きかけることが必要になります。

まずもって個人の主体的なキャリア形成の推進という目的があって、次にその障壁となる組織の問題の改善を働きかける。

この順序は、アドボカシーの捉え方そのものです。

いかに環境に働きかけるのか

では、具体的に、組織への働きかけとは何をすることなのでしょうか。

具体的には、課題を発見し、それを解くための情報を収集し、解決方法を策定し、組織の意思決定システムを理解して組織に働きかけることができること[12]（18ページ）。

厚生労働省のキャリアコンサルティングの報告書では、①課題を発見し、②課題を解くための情報収集を行い、③解決方法を策定し、④組織の意思決定システムを理解して、組織に働きかけることだと述べています。

アドボカシーと組織・環境への働きかけを同じように見る本書の視点からは、右の①から④は、すなわち日本的なアドボカシーの1つのプロセスと解釈できます。

また、別の報告書では、熟練キャリアコンサルタントの特徴として「キャリア形成支援のためのリソースを組織化し、関係者と効果的に連携していること、すなわち、人的ネットワークの構築に努めていることである[13]」として、「的確なリファー」と「環境への働きかけ」の2つをポイントとして挙げています。

そのうち、環境への働きかけについては次のように述べています。

キャリア・コンサルタントの役割は、クライアントとの1対1の関係だけに収まらない。キャリアの問題を解決するに当たっては、環境要因が大きな意味をもつとの認識の下、問題の本質を把握して、積極的に関係機関・部署等に働きかけ、効果的なクライアント支援を図っていくことが求められる[14]（24ページ）。

ここで言う環境要因の重要性の認識は、何度も出てきたとおり、社会正義のキャリア支援論で繰り返し強調されるポイントです。

その上で、①問題の本質を把握し、②積極的に関係機関・部署等に働きかけることも、日本におけるアドボカシーの具体的な内容ということになるでしょう。

さらに、これを受けて、２００６年のキャリアコンサルティング実施のために必要な能力体系の見直しの際には、「環境への働きかけの認識と実践」が次のように示されました。

個人の主体的なキャリア形成は、個人と環境（地域、組織、家族等、個人を取り巻く環境）との相互作用によって培われるものであることを認識し、相談者個人に対する支援だけでは解決できない環境の問題点の発見や指摘、改善提案等の環境への介入、環境への働きかけを関係者と協力して行うことができること[15]（10ページ）。

ここでは、①環境の問題点の発見や指摘、②改善提案、③関係者と協力することを、リストアップしておくことができるでしょう。

厚生労働省の報告書にみるアドボカシー

厚生労働省のキャリアコンサルティングの報告書は、キャリアコンサルティング・キャリアカウンセリングに関わる各界の専門家が集まり、何度も会議を繰り返して議論を行い、その結果をとりまとめたものです。

そうした報告書から、組織・環境への働きかけに関する記述を集約・整理した場合、結局のところ、以下のようなリストを、日本的なアドボカシーと考えておくことができるのではないでしょうか。

① 環境の課題・問題点の発見
② 情報収集
③ 問題の本質の把握および解決方法の策定
④ 関連機関・関連部署・関係者への提案・働きかけ・協力

こうしてまとめると、当たり前のことを並べているように見えますが、逆に言えば、アドボカシーがけっして奇をてらった活動でもなければ、新奇な行動でもないことを意味します。

普通のことを言っているのです。クライエントが困っている環境があれば、そこに課題や問題点を発見し、情報収集をし、問題の本質を見極め、解決方法を考え、関係者に協力を求める。キャリアカウンセラーが行うアドボカシーを、こうして日常的な活動に取り入れていくことが重要になるでしょう。

なお、2011年の能力体系の見直しでは、「環境の問題点」に「環境（例えば学校や職場の環境）の問題点」のようにかっこ書きが加わりました。

さらに、注記として次のような記述が付け足されました。

「環境への働きかけの認識と実践」について、（中略）標準キャリア・コンサルタントとしては、1対1での個人に対する相談支援を基本的な役割としつつ、必要に応じて相談者個人に直接影響を及ぼす範囲での学校や職場等の環境への働きかけ（例：教員や職場の上司への助言）を行うことが期待されるものである[16]（114ページ）。

ここまで述べたことが、必ずしも、会社や企業などばかりを対象とした話ではなく、学校や教員にも等しく通じる話であることは、確認しておきたいポイントです。

各領域で活動するキャリアカウンセラーが等しく関心を持つべきだと言えるでしょう。

3 アドボカシーから組織開発へ

組織開発とシステム論

さて、こうした組織への働きかけ、環境への働きかけは、部署間、部門内、部門間、組織内、組織間へとあらゆるレベルに転用して、活用していくことが可能です。

どこの組織でも、基本的にぶつかりあう部門どうしでは、葛藤が生じやすく、そのためストレスもかかり、日々の業務のイライラを募らせやすくなります。そこで、両者のわだかまりを解き、葛藤を解きほぐし、対立構造をなくそうという考えが生まれてきます。

問題が起こってから、その問題を解決するのではなく、双方の主だった人間どうしを1つの部屋に呼んで、その葛藤や対立構造を緩和して、問題を発生させないようにする介入支援が考えられます。

こうして、ここから先は、おもに企業領域のキャリアカウンセリング・キャリアコンサルティングで「組織開発」として関心が持たれている分野に接合していきます。

組織開発そのものについては、関連する優れた書籍が多く発行されているので、そちらをご参照ください。

ここでは、企業内キャリアカウンセリングと組織開発の関連性を詳しく考察した日本でも数少ない論考である高橋浩の論文[17]をもとに、キャリアカウンセリング、組織開発、社会正義の三者がどのように関連するのかを以下に整理して示します。

まず、高橋は、企業内キャリアカウンセリングを「個別面談」と「個を超えた支援」に二分します。個別面談が一般的な1対1の普通の意味でのキャリアカウンセリングです。それに対して個を超えた支援が、ここで取り上げる組織開発やアドボカシーと接点を持ってくることになります。

高橋によれば、個を超えた支援には「上司への支援・介入」「職場への介入」「経営者へのアプローチ」「その他の活動」があります。

いわゆる普通のカウンセリングである個別面談が、いかに「個を超えた支援」、「上司への支援・介入」に発展していくかについて、高橋は以下のように述べています。

> 上司―部下間の環境理解や相互理解のギャップに起因する問題は往々にしてあり、時としてクライエント一人では解決が難しい場合がある。職場をシステム論の視点で捉えると、職場というシステムを構成する部下と上司との環境理解・相互理解のズレが、職場内の誰かの悩み・問題として現れる、と考えられる。それは部下に現れる場合もあるし上司に現れる場合もある。そして、この問題の原因は、特定の個人に問題があるというよりも、職場システムを構成する上司―部下間の関係性に問題があると考えられる[18]（93ページ）。

ここでは「システム論」という重要な言葉が出てきます。専門用語として難しい議論がある用語ですが、心理学では、古くから「家族療法・家族カウンセリング」の重要な考え方として知られてきました。

例えば、楡木（2008）は、家族カウンセリングのシステム理論を紹介して、次のように述べています。

家族内で相互に影響を与えあっていて、ある問題が生じ、しかもそれがある時間つづいているということは、その問題を継続させている仕組みができあがっているということになる。（中略）家族のなかで機能不全が起きているのは、システムがお互いに影響を及ぼし合っている関係のどこかが滞っているからである。つまり、家族内にコミュニケーション障害が起きているためである[19]（186ページ）。

「家族」という言葉を、そのまま「職場」に変えても、十分に話が成り立ちます。職場も、相互に影響を与えあっています。そして、そこで問題が生じたとすれば、その問題を継続させる仕組みがあるということになります。

つまり、職場で機能不全が起きているとすれば、それはシステム内の関係のどこかが滞って、障害が起きているためです。

こういったシステム理論をもとに、高橋は職場全体を1つのシステムとして捉えて、支援・介入していく方向を探るわけです。

キャリアカウンセリングと組織開発の接点

高橋は、クライエントに対する個別の面談から、上司部下間の互いのギャップを解決する個を超えた支援、さらには職場全体の問題として考えることができると述べています。

職場全体を1つのシステムとして捉えた場合、あるクライエントの悩みの原因は、必ずしもクライエントだけの個人の問題ではなく、むしろ職場全体のズレ、悩み、問題があり、それがたまたま誰かの問題の症状として現れてきたと考えることができます。

したがって、職場全体に介入することで問題が解決する場合があります。

高橋は、さらに個人から組織、組織から経営層へと話を広げています。次は、高橋が着目する事例です。

年代別の必須面談に関しては、傾向分析をして、本人の了承のもと、一部の情報を上司へ報告しています。（中略）

年代別の傾向を分析して、その結果について、経営層に報告しています。例えば、11年目社員であれば、「リーダーの役割をこなすことが課題だと思っている」、「幹部職になるためには、コスト管理や要員管理も必要」、「できれば幹部職ではなく、技術をやっていきたい」、45歳であれば、「組織に貢献したい」、「ＩＴが好きなので続けていきたい」、「変わりたい自分がいる」、「できれば安定していたい」などの思いもあり、世代における傾向を分析しています。（中略）

自分の部下のキャリア情報を聞くことは、幹部職にとっても気づきになるようです。部下のキャリア情報を見ながら、「えっ、こんなこと考えたのと。知らなかった」という方もいらっしゃれば、「あ、聞いているから知っています。自分の認識と合っていたからよかった」という方もいらっしゃいます[20]（97ページ）。

これは、年代別で必ず個別面談を行うようにしている企業に関する事例ですが、情報を上司や経営層に報告しています。もちろん、これは個人を特定できない形で行います。

こういうことを行うことで、高橋は「この情報に基づき、人事処遇制度および人材育成の改善や方針立案に活用することが可能になる」と述べています。

さらに、高橋は、こうした情報が組織全体に良い影響を及ぼすことを指摘しており、一例として「このように、キャリア情報を有効に活用すれば、従業員の能力発揮やモチベーションアップなど職場の活性化につながるであろう」と述べています。

最終的に、ここに高橋は、キャリアカウンセリングと組織開発の接点を見ます。ここまでの事例を紹介しながら、次のように高橋はまとめています。

このようなことがキャリア・コンサルタントに可能なのは、個別面談におけるインフォーマルな関係構築によって、従業員一人ひとりの事情や職場の実態が企業内キャリア・コンサルタントの所に集約されるからである。その内容は、公式な調査や通常の人間関係では知り得ないものであろう。そして、それはキャリア・コンサルタントが個の尊重に徹し、多くの従業員や管理者・経営者の信頼を獲得していることが前提である。このような貴重な情報は、もちろん守秘義務の範囲での利用であるが、組織活性化に大きく貢献するものとなり得るであろう。この意味でキャリア・コンサルタントは組織開発に資する活動をしているといえる[21]（98ページ）。

高橋が挙げているポイントは、(1)インフォーマルな関係構築、(2)情報の集約、(3)個の尊重、(4)信頼の獲得などです。結局、個別面談を行うことによって関係構築を行い、情報を集約できるが、その際、あくまで個を尊重することが大前提となる。しかし、こうした取り組みを行うことによって、管理者・経営者の信頼を獲得できる。結果的に、キャリアカウンセリングは組織開発へと向かう道筋を引くことができるわけです。

社会正義論とシステム論

では、ここまでの話と社会正義論はどう結びつくでしょうか。

ここでも、家族療法・家族カウンセリングおよびシステムズアプローチの考え方が参考になります。


（親が子供の成績が悪いと怒り、そのため子供は沈黙し、親はそれでいっそう怒るという）悪循環は、個人だけの問題というよりは、関係の問題であり、相互作用のつまずきや病理をもたらすことにもなりかねない。そして、それらは個人や社会の脆弱なところ、つまり未熟で幼い者、不利な条件下で過酷な負荷を受けている人々やシステムに表れやすい[22]（160ページ）。


第6章でも引用した平木が、システムズアプローチ（家族療法）を解説するなかで述べたものです。

これも家族だけでなく、人が集まる場所全般に広げて考えることができます。

つまり、人間関係で生じている悪循環は、関係そのものの問題です。そして、その関係そのものから生じる問題は、個人や社会の弱いところ、不利な条件下で過酷な負荷を受けている人々やシステムに現れやすいのです。

そして、このような見方から、家族療法では、システムや様々な関係の中で発生した矛盾や葛藤が問題や症状として出た人をクライエントとは呼ばずに、たまたまある特定の人に問題が出たものとして捉えて、特定された患者（Identified Patient、略してＩＰ）とよびます。

社会正義論が関心を寄せる社会全体の問題は、社会の中の様々なシステムや関係性の矛盾や葛藤を生じさせ、結局は、個人や社会の弱いところ、不利な条件下で過酷な負荷を受けている人々に生じます。つまり、社会全体のＩＰが、社会正義のキャリア支援論の対象者であるという言い方ができるわけです。

こうした考え方の流れから、クライエントの周りの人間関係や社会全体に向けて、少し積極的に申し立てをしたり、クライエントの立場や考えを代弁したりします。また、職場や組織のルールや決まりの調整をします。さらには、社会全体をより良いものへと変化させていく方策をとります。

これが社会正義のキャリア支援論で言うアドボカシーの活動となっていくわけです。

5 アドボカシーの困難と挑戦

アドボカシーの難しさ

アドボカシーの問題を考える際に難しいのは、政治の問題です。

アドボカシーでは、どうしても現在あるシステム、制度、規範が見過ごしている問題を取り上げ、そこに解決すべき課題があることを訴えます。

その際、公的機関、行政機関、政府は法律に基づいて動くため、たいていの場合、融通が利きません。その対応の遅さにはイライラさせられるかもしれません。また、組織の形も、「官僚制」というくらいなので、管轄が厳密に定まっており、取り扱う業務が決まっています。縦割り組織に起因する「たらい回し」にあって辟易としてしまうこともあるでしょう。

こういう事情から、アドボカシーを真剣に熱心にやろうとすればするほど、それは現状に対する糾弾や追及という形になりやすくなります。結果的に、街頭でのデモや座り込み、激しいシュプレヒコールなどはじめ、急進的な活動になりやすく、それゆえ、激しい政治性を帯びがちになります。

特に、世の中には過激な主張や行動をとる政治団体もあり、少数派や周辺層の問題に取り組んでいるうちに、そうした政治団体とも接点を持ちやすくなります。もちろん、そうした政治団体は悪意があって過激な政治行動を行うわけではなく、当然、信念があって、まさにそうしなければ解決できないと考えて、過激な政治活動を行います。

では、私たちキャリアカウンセラーは、政治と接点を持ちやすいアドボカシーの活動をどう考えていくべきでしょうか。

まず、政治的な活動に興味や関心があり、そうした機会があり、十分なやる気とエネルギーがあるのであれば、アドボカシーを政治的な活動として行うことにけっして異議を唱えるものではありません。

実際、アメリカの公民権運動も女性運動も、その初期段階では過激な政治活動を行い、そのことで、多くの人が運動の意義に気づき、運動が拡大した側面はあります。

しかし、政治的な活動が果たしてカウンセラーの専門性の範囲に入っているのかは慎重に考える必要があるでしょう。カウンセラーが、クライエントの権利を守り、各方面に調整を行うのは良いとしても、そこから先、何らかの政治的行動を行わなければ、社会正義のキャリア支援にならないのか疑問に感じる人もいるでしょう。

確かに、何かを訴えたり、提案したり、交渉したり、申し入れをする際に、強く相手を糾弾しなければならないわけではありません。むしろ一般的に言って、交渉事で強く相手を非難するように話をしていては、まとまるものもまとまらないでしょう。

キャリアカウンセラーは、その学習や訓練の過程で「傾聴」「受容」「共感」を学びます。これらはカウンセリングの基礎でもありますが、一般社会の人間どうしの普通のコミュニケーションの基礎でもあります。

アドボカシーも、こういう発想の延長線上にあると考えるべきでしょう。つまり、一般社会の普通のコミュニケーションとして、必ずしも強く相手を戒めたり、問い詰めたりする必要はないということです。相手を問い詰め、糾弾して、事態が良い方に向かうのであれば良いですが、多くの場合、そのやり方では、相手の協力は引き出せないでしょう。

アドボカシーに伴う政治的なイメージを払拭し、カウンセラーが本来、持つ基礎的なスキルに引きつけて解釈し直したのが、社会正義のカウンセリング論であるという言い方もできます。

非断定的であること

社会正義のキャリア支援論の注意事項として1つ重要なポイントと言えるのは、非断定的であるという点です。これはファービッシュという研究者が言っています[23]。

社会正義のキャリア支援論の根底には、社会的に不利益を受けている人、周辺に追いやられて声が聞き届けられない人、マイノリティとして十分に社会参加できない人を何とかしたいという思いがあります。人の苦境に対して義憤に駆られる気持ちがなければ、そもそも社会正義のキャリア支援論に関心を持つということもなかったでしょう。

しかし、だからと言って、ファービッシュは、誰かを断罪し、追及し、糾弾することには慎重であるべきだと述べます。

その理由は、そうした激しさが、かえって社会的な不正義を温存させる結果になることが往々にしてあるからです。どういうことでしょうか。

例えば、ある国の失業者支援で、キャリアカウンセリングと職業訓練が提供され、生活費が約10万円程度、3ヶ月間、給付される制度があったとします。

しかし、この制度には不備があって、職業訓練を受けて福祉関係の資格を取得するためには、最低4ヶ月のプログラムを受講しなければならないとします。

仮に1ヶ月、生活費の給付を延長してくれれば、クライエントにはやる気があるので、職業訓練を無事終了して資格取得にめどが立ちます。ですから、キャリアカウンセラーとしては、この融通の利かない制度に怒りを感じますし、何とかしたいと思うでしょう。

そこで、クライエントの代弁者として、役場まで出かけて行き、担当者にこの制度の不備を指摘し、ぎりぎり追及をするとします。

しかし、担当官も、いきなり窓口で怒鳴りつけられても、法律に定めのある制度のことです。自分が1ヶ月の生活費支給の延長を認められる仕組みにもなっていなければ、例外を認める権限もありません。制度がおかしいことは、担当官もよく知っているのです。しかし、どうしても制度上、例外を認めることができません。

担当官は、それでも粘り強く対応しますが、そのうち、つい「他にも仕事があるから、早く帰ってくれ」と、暴言とも取れる言葉を発してしまうかもしれません。

この言葉尻を捉えて、この担当官は何なんだ、このような暴言が許されるのかと、応援者や支援者が集まってきて、いずれ役所の外で大きなデモが行われるのかもしれません。大声で、暴言担当官を許すなと糾弾が行われるかもしれません。そして、役場や担当官は謝罪をしたり、メディアに対応するなど、大きな事件に発展するかもしれません。

しかし、ここまで大ごとになって初めて気がつくのです。そもそもの発端だったクライエントの職業訓練プログラムの件はどうなったのかと。結局、大騒ぎしても生活費支給の延長はできず、あと1ヶ月のところで途中で断念することになったのです。

場合によっては、激しい怒りや断罪、糾弾、追及といった激烈なアプローチが必要となることがあるのでしょう。そうした戦略にまったく意味がないとは思いません。

しかし、こうしたアプローチは、少なくともキャリアカウンセラーがとるアプローチではないでしょう。それは、もっと他の分野の実践家や専門家が用いるアプローチです。

キャリアカウンセラーとは、基本的には人の心理について勉強し、対人的なコミュニケーションの専門家であったはずです。私たちが習い覚えた対人的なコミュニケーションのスキルでは、相手に何らかの対応を求めるにあたって、一方的に、相手を追求し、問い詰め、叩き潰すことが正しいと言えるでしょうか。

そうではないでしょう。

実際、先ほどの例でも、担当官に丁寧に相談すれば、その仕組みの枠内では無理でも、別の部門では、一定の条件付きで、無利子あるいは低利で生活費の貸付を受けられる仕組みがありました。それと組み合わせれば、職業訓練プログラムを完了し、資格取得に向けて一歩踏み出せたかもしれません。そうすれは、その担当官は、次に同じような境遇の人が相談に訪れた時に、すぐに生活費の貸付という手があることを勧めるようになるでしょう。制度的に無理があったことでも、ここに、とても小さな社会正義の仕組みを実現できたことになるでしょう。

制度の不備を指摘し、担当官の融通の利かなさをあげつらい、大きな運動に発展させてもしかたありません。要は、クライエントのために役立つことの方が重要です。

ファービッシュが、「非断定的であること」と述べる裏には、右のような事態が想定されているわけです。

『静かなる革命』

ロジャースの本に『静かなる革命』[24]というものがあります。

この本には国際的緊張を緩和するためにロジャースが、晩年、手がけたピース・プロジェクトの話が書かれています。これは、ロジャースに端を発するベーシック・エンカウンター・グループを様々な集団間の緊張緩和・和解のために行ったものです。

『静かなる革命』には、オーストラリア、ハンガリーでの取り組みのほか、南アフリカ、ソ連での計画も書かれています。

その具体的な内容は、「たくさんの国の影響力のある人びとを募って、人間として出会う試み（208ページ）」であり、その目的は「議題を抜きにして個人として集う所にあった（208ページ）」のであり、「日常を離れた環境で、さまざまな国のリーダーたちが世界平和を語り、一人の人間として出会うプロジェクト（208ページ）」です。

どうして、こういう取り組みを、ロジャースが「静かなる革命」と呼んだのかについては、関連するもう1冊の本『人間の潜在力』に詳しく書き込まれています。ロジャースによれば「静かなる革命」とは、すなわち人間中心アプローチです。人間中心の価値観・考え方を持って人々が対話をすることによって、社会、組織、集団、職場、教室などにおける様々な権力関係を転換させ、人間本来の力を発揮させることができます。

政治的には、内面の感情に耳を傾けることにより、クライエントは反復して植えつけられてきた罪意識、恐怖、禁止などといった他人からの権力を減少させ、徐々に自己の理解と統制の力を広げてゆく。クライエントが自己を受容すればするほど、自己を支配する可能性はますます増大して行く。クライエントは、かつて経験したことがないくらい自分を所有するようになり、力強さの意識が成長してくる。クライエントが自己に気づき、自己を受容し、他への防衛感を減少し、開放的になればなるほど、ついには人間有機体にとって自然な方向へと成長し、変化する自由を見出していく[25]（16～17ページ）。

どのような集団でも、程度の違いはあっても、強い人と弱い人といった権力関係はあり、それによって人々は抑圧を感じます。それは、国や政府の圧政や、隣国や多文化との軋轢・紛争のような大がかりなものから、隣人や同僚に対するわずかな不快感に至るまで、幾重にもあります。

それを声高にぶち壊し、改革すると意気込み、大がかりな革命を目指すのではなく、内面の感情に耳を傾けることからはじめるわけです。その際、どうやって内面の感情に耳を傾けるのかと言えば、言わずと知れたロジャースのクライエント中心主義の3原則「自己一致（あるいは純粋性）」「無条件の肯定的関心」「共感的理解」になります。

ロジャース自身も述べるように、こうした3原則（人間中心のアプローチ、人間中心主義とも言っています）のような「一見無意味と思える基盤が、真に革命的な意義を持つ」ということが静かなる革命の意味です。何も大がかりな革命を起こそうというのではありません。

ちなみに『人間の潜在力』には、ロジャースの人間中心のアプローチを企業に適用した例も書かれています。これが、今はやりの組織開発の原初的な形の1つです。部門間・組織間の対立・葛藤、上司部下同僚間の軋轢など、様々な対立はもちろんあるわけですが、これを人間中心のアプローチで対応する話が書かれています。

ロジャースは、自らの人間中心主義アプローチを理論的に検討するのみならず、自分自身が運営するカウンセリングセンターで50人ほどのスタッフを12年間管理するなかで、組織の管理も結局は個人的感情が重要であることを認識します。

私は、管理問題においては個人的感情が絶大な重要性を持つことを見出した。スタッフはしばしば何か些細な問題を論ずるのに、数時間も（と思えたのかも知れない）費やしたものだ。それは、感受性の鋭いメンバーがその問題の根底にある感情――個人的憎悪、不安定の感情、二人の自称リーダーの競争、言い分が本当に耳を傾けられたことがなかった人の恨みのみから出たものであるとか――を感知し、指摘するまで続いたのである[26]（128ページ）。

組織の問題を議論するにあたって、それは一見、組織の管理について話しているように見えて、実際には個人的感情が絶大な重要性を持っている。このこと自体は、おそらく、誰しも気がついていたことだと思います。

しかし、ロジャースは、それこそが本質であるとして、個人的感情に焦点を合わせていきました。

一度、その感情がオープンにされると、それまで非常に重要に思えた問題が何事でもなくなった。他方、スタッフがお互いにオープン・コミュニケーションをし合うと、翌年の予算配分、調整役の選出、重要な政策の採用などの重要議題も、決定するまでにわずか数分間ですむということもあった[27]（128ページ）。

互いにわだかまる相互の感情的な対立がオープンにされると、問題が消失するか、あるいは短時間で解決できたとロジャースは述べます。

ロジャース自身、これがまるで理想論のように聞こえるのではないかと危惧していますが、そのため、いくつかの企業での実践事例を挙げています。ロジャースのこの本が今から40年以上前の1977年に書かれたものであることも注目に値します。

静かなる革命とは、つまり、カウンセラーとしてのスキルを活かして、まさに静かに、対人的なコミュニケーションのレベルで革命を起こすことです。

そして、これこそが、社会正義のキャリア支援論が目指す「革命」でもあります。

注

(1) Brown, D. (1988). Empowerment through advocacy. In Kurpius, D. J., & Brown, D. (Eds), Handbook of consultation: An intervention for advocacy and outreach (pp. 5-17). Alexandria, VA: American Association for Counseling and Development.

(2) Brown, D. (2007). Career information, career counseling, and career development (9th ed.). Boston, MA: Pearson Education.

(3)～(4) Ibid.

(5) Brown, D. (1988). op. cit.

(6)～(8) Ibid.

(9) 厚生労働省（２００３）.「キャリア・コンサルティングの効果的普及のあり方に関する研究会」報告書　中央職業能力開発協会.

(10)～(12) Ibid.

(13) 厚生労働省（２００５）.「キャリア・コンサルティング研究会」報告書（熟練キャリア・コンサルタントに係る調査研究）中央職業能力開発協会．23～24ページ.

(14) Ibid.

(15) 厚生労働省（２００６）.「キャリア・コンサルティング研究会」報告書（キャリア・コンサルティング実施のた

めに必要な能力体系の見直し等に係る調査研究）　中央職業能力開発協会．

⒃厚生労働省（２０１１）．「キャリア・コンサルティング研究会」報告書　三菱ＵＦＪリサーチ&コンサルティング．

⒄高橋浩（２０１５）．企業内キャリア・コンサルティングと組織開発　労働政策研究・研修機構（編）　業内キャリア・コンサルティングとその日本的特質―自由記述調査およびインタビュー調査結果（労働政策研究報告書No.171）．労働政策研究・研修機構．

⒅Ibid.

⒆楡木満生（２００８）．システム理論のアプリケーション　國分康孝監修　カウンセリング心理学事典　誠信書房．

⒇高橋（２０１５）．op. cit.
(21)Ibid.
(22)平木典子（２０１１）．システムズアプローチ（家族療法）　楡木満生・田上不二夫編　カウンセリング心理学ハンドブック　金子書房．
(23)Furbish, D. S. (2015). Social justice: A seminal and enduring career counselling ideal. In K. Maree & A. Di Fabio (Eds.), Exploring New Horizons in Career Counseling. Sense Publishers (pp. 281-296). Rotterdam, The Netherlands.
(24)Rogers, C., & Russell, D. (2002). Carl Rogers: The quiet revolutionary, an oral history. Roseville, CA, US: Penmarin Books.（Ｃ・Ｒ・ロジャース、Ｄ・Ｅ・ラッセル（著）畠瀬直子（訳）（２００６）．カール・ロジャース　静かなる革命　誠信書房．
(25)Rogers, C. (1977). Carl Rogers on personal power. New York, NY, US: Delacorte.（Ｃ・Ｒ・ロジャース（著）畠瀬稔・畠瀬直子（訳）（１９８０）．人間の潜在力―個人尊重のアプローチ　創元社．
(26)～(27)Ibid.

終章 社会正義の実践に向けて

1 スタンスの重要性

本書では、前半部分で社会正義のキャリア支援の理論、後半部分で社会正義のキャリア支援の具体的な実践を見てきました。

ただ、本書全体を通じても、今ひとつ具体的な何とか技法、何とかアプローチのような話にならないことにお気づきの方がいると思います。

それは、社会正義論は理論的なアプローチという面が強く、社会全体におけるキャリア支援のあり方、さらには、それにたずさわるキャリア支援者の価値観、態度、哲学を問題にする領域だからです。

つまり、キャリアを支援しようとする人の「スタンス」を問題にする領域だからです。

なぜスタンスが重要かと言うと、社会正義のキャリア支援では、具体的に何をやるかという以前に、そういう実践をする人はどうあるべきかが大事だからです。

キャリア支援は、始祖パーソンズから数えて既に１００年以上の歴史があります。この間、様々な実践、技法、手法が考えられてきました。長い年月を経ているので、およそ人が考えるやり方は、既に誰かが試しています。目新しい手法は、ほとんどありません。

ですから、考慮すべきは「新しい」技法や手法を知ることではなく、これまで積み重ねてきた実践を、今この時代にどのような考え方で行うかです。

職業適性検査にしても、これを、ある職業に就くための選抜に用いるのと、本人の適職を考えるために用いるのでは、まったく意味が異なります。

今度からは、これを社会正義の観点から解釈し、役立てようとするのです。本人の選択の幅を広げるために、今より少しでも収入が増える仕事に就けるように、そのために必要であれば何を勉強すれば良いかを見つけられるように、検査を用います。

キャリア支援では、具体的に何をやるのかそのものよりも、どのようなつもりでやるかの方が、よりいっそう重要です。

その時、社会正義のスタンスで人のキャリアを支援しようというのが、本書で何度も繰り返してきた社会正義論の基本的な主張なのです。

2 状態ではなくスタンス

本書で紹介したサルタナも、「社会正義」とは何らかの状態ではなく、それを目指す人のスタンスだと述べます。

私の考えでは、社会正義とは「ステイト」というよりは「スタンス」なのだ[1]（10ページ）。

少し噛み砕いて説明すると、社会正義には、実現すべき具体的なステイトつまり状態のようなものはないということです。これを達成すれば社会正義が実現されたと言える分かりやすい目標はないということです。

普通、キャリア支援で社会正義を目指すと言った時、人は、格差がまったくなくなって平等が実現し、貧困も差別も偏見もなくなった状態を思い浮かべます。

しかし、サルタナは、格差や不平等が完全になくなることはないと言います。人が社会の中で生きる以上、いかんともし難い差や違いが生じる。このこと自体はいたしかたない。その現実から目を背けてはいけないと言うのです。

この認識は、社会正義という理想の放棄とも受け取れます。投げやりな考え方のようにも思われます。

ですが、むしろ、これは現実主義だと考えるべきでしょう。絵空事のような非現実的な理想を追って社会全体をひっくり返す革命のようなことを志しても、そのような革命が実現することはないでしょう。仮にあったとしても、それは、また別の形の差別や格差、不平等を生じさせることでしょう。

だからと言って、格差や不平等をそのまま放置しておくこともできません。そうであれば、あとは、不断に、休むことなく、常にそれを正していくというスタンスで行動せざるを得ないでしょう。

いかんともしがたい差別、格差、不平等は生じてしまうのだから、不断にそれを取り除こうとする。やむを得ず生じた格差や不平等は、常に和らげ、解消する方向で考え続ける。それは最終形として社会正義を目指すというよりは、むしろいつまでも絶えることなく社会正義を目指す、そういう心構えで常日頃、活動するということになるでしょう。

こうして、サルタナは「スタンス」を重視するように主張することになります。避けがたい格差、不平等、差別、偏見がある。であるならば、私たちは、常に、そうしたものをより少なく、より小さく、より軽くする方向で日々の実践を続けていくべきだ。それが私たちの社会正義ということになるでしょう。

3 「認識において悲観的、行動において楽観的」

サルタナは、さらに加えて、社会正義のキャリア支援論のスタンスについて示唆に富む言葉を紹介しています。

> 認識において悲観的、行動において楽観的[2]（9ページ）

この言葉は、もともとは有名な政治哲学者グラムシの言葉です。この言葉を、サルタナは、社会正義のキャリア支援を考える際のキャッチフレーズに採用しています。

この言葉はかなり有名なアフォリズム（警句）であり、いろいろな学問領域で引用され、その領域の問題関心や文脈に沿った形で理解がなされています。

サルタナが言わんとしていることは次のようなことです。

私たちが社会正義に関心を持つのは、今、私たちが住む社会に問題を感じるからです。ところが、現状でも、いや大丈夫、まだ何とかなる、問題はないと考える見方も成り立つかもしれません。

ここで、サルタナは、現状認識をする際には楽観的な見方をすべきではないと言うのです。仮に、楽観的に見てしまった場合、まったく問題がないということになり、何もせずに現状維持するということになるからです。

したがって、現状を見る目はあくまでシビアに、冷静に、悲観的に、今、目の前にある状況をかなり深刻な問題として見るべきだと、サルタナは述べます。

その上で、打つ手はいくらでもある。対策も立てることができる。われわれの社会には、有用で建設的なやり方が無数にある[3]。そのように、私たちがやれることについては、楽観的に捉えるべきです。

これを逆に「認識において楽観的、行動において悲観的」と捉えた場合、当初は解決すべ問題があることを、なかなか認めず、しかし何かのきっかけで問題だと分かった時には、自分たちにやれることなど何一つないと打ちひしがれることになるでしょう。

このような考え方をしたら、問題解決はどんなものでもうまくいきません。

現状の問題を認識する際には、極めてシビアに、悲観的に見る。そのことで、問題の深刻さや根深さを思い知る。しかし、そこで留めずに、私たちにやれることはいくらでもあると考え、みなで知恵を出し合い、工夫をする。完全に解決することはないのかもしれないが、極力、それを目指していく。

サルタナが、グラムシの有名な格言を引用して伝えたかったことは、おおよそ以上のような内容のる事柄です。確かに、これは社会正義のキャリア支援を考える上で重要な態度であり「スタンス」であると言えるでしょう。

4 「理想論」の重要性

社会正義論に対しては、所詮、理想論ではないかという指摘も受けます。

これについては、まさに、社会正義論とは、その理想論にこそ主眼があると答えることができるでしょう。

サルタナの話にもあったとおり、スタンスを重視するとは、社会正義の理想を共有するということでもあります。

キャリア支援を行うにあたって、私たちが理想とすることとは何でしょうか。いろいろあります。そのいちばん古いマッチング理論の理想は、人の個性と人が就く職業の特性がマッチすることです。その人にあった職業で働き、力を発揮できることを理想とします。これを社会の側から見た場合には、いわゆる適材適所という理想を掲げていることになります。適した人材が適したポジションにつくこと、ミスマッチがないことが理想です。

キャリア発達理論は、人がやりたいことをやるということが理想になります。長期的な目標を立てて、自分が思ったようにキャリアや職業生活を積み上げて、自分が生きたいように生きる。マズローやロジャースとも共通する自己実現の理想が色濃く滲んでいるのがキャリア発達理論です。

現在、主流のキャリア構築理論の理想は何でしょうか。いろいろな考え方がありますが、変化に対応していく、そのために自分でキャリアを作り上げるという理想を持っています。何らかの最適解を想定できない時代に、ではどうすればうまくキャリアを作り上げていけるのか、それを考えることを理想としていると言えるでしょう。

社会正義論とは、こうした歴代のキャリア理論の理想に、さらに加えて、社会を良くする、環境に働きかける、世の中の社会正義を実現するという理想を提案する議論です。

何度か繰り返すとおり、実際に何をやるかという点で言えば、キャリア支援にそれほど目新しい実践があるわけではありません。それをどのようなつもりでやるのか、そこに大きな違いがあります。

社会正義論は、個人の支援を行うのは当然のこととして、その背景に社会問題が根深く関わっていることを重視します。

キャリア支援にたずさわっている人であればこそ知り得た問題意識・現状把握・現実認識を、適切に社会や組織にフィードバックし、それによって、より住みやすい社会や環境に少しずつ変えていく活動に関わっていこうとします。

もちろん、キャリア支援に関わるキャリアカウンセラーの全員がそうすべきだというのではありません。また、社会正義のキャリア支援に関心を持つのであれば、四六時中、社会正義のことだけを考えろというのでもありません。

キャリア支援に関心を持つものとして働き、活動する中で、社会正義の視点が重要だと思われるクライエントに接した時、あるいは、そうしたクライエントと接するようなポジションを得た時、その下支えとなる理屈立てが、社会正義のキャリア支援論として揺るぎなく存在しているということが重要なのです。

キャリア支援を勉強した人が、組織内で然るべきポジションを得た時に、今の自分ならば、社会正義に向けた環境整備ができると気づくかもしれません。その時、キャリア支援者の職分の1つに社会正義の重視があると主張する理屈があるという、そのことが重要になるのです。

5 先行する社会正義のキャリア支援の実践

ただ、社会正義論は理想論に過ぎないという論点については、まったく逆の印象を持つ方もいると思います。

つまり、社会正義論で論じているようなことは、もう既に、社会の各所で実践が行われていることではないかというものです。

確かに、本書で紹介した社会正義論から、時代は進み、今ではLGBT、外国人、生活困窮者に対するキャリア支援など、既に実践が先行している領域がたくさんあります。

例えば、2017年にキャリアコンサルタント3273名に調査を実施した際、得意分野・専門分野についても回答を求めました(4)。その結果、若年者、女性、人材育成、中高年、大学生、非正規雇用社員などの主たる領域の他に、「その他」として次のような回答が寄せられました。

発達障害者、障害者雇用、生活保護受給者、母子家庭等就業支援、ひとり親家庭、シングルマザー、メンタルヘルス、病気を持つ方、療養中、難病患者、がん患者者、HIV感染者、受刑者、刑務所出所者、外国人、留学生・帰国子女、ニート、引きこもり、不登校、中退者支援、LGB

T、性的マイノリティ

キャリアコンサルタントが実に多様な領域で活躍しているのがお分かりいただけると思います。
この点だけをとっても、社会正義論はまったくの理想論ではなく、むしろ現実のキャリア支援を後追いしているとさえ言えるのですが、これら先行する実践と、本書で説明した数多くのキャリア理論群との関係についても述べておくこととしましょう。

これは、キャリア理論では、昔から本当によくあることですが、まず、通常、学術的な研究として先進的なキャリア理論が提起されます。例えば、ＬＧＢＴのキャリア支援に関する学術的な研究の最初のピークは１９９０年代の前半です。この頃、当時の最先端の研究としてＬＧＢＴのキャリア支援が研究されました。

この第一フェイズはまだ研究段階で、あくまで研究者間で語られているに過ぎません。しかし、やがて社会の側が追いついてきます。ＬＧＢＴのキャリアの問題があるということが、社会全体で知られるようになります。

ひとたび知られるや否や、ものすごい速さで現実は先に進み、理論や研究に追いつき、追い抜いていきます。ＬＧＢＴのキャリア支援を行う団体やＮＰＯ、企業が現われ、現実に即した有意義な実践、ニーズのある実践を積み重ねていきます。実践が理論に追いつき、追い抜く、この段階が第二フェイズです。

そうしている間に、先進的な取り組みを行う団体や企業が、有意義な実践を積み上げていきます。試行錯誤をして効果のある実践を蓄積し、どうすればうまくいくかというノウハウを積み重ねていきます。

この段階で、学術的な研究は社会の速さについていけず、現実に置いていかれます。例えば、LGBTのキャリア支援は現実社会でそのニーズが理解されるようになった、ちょうどその頃に、むしろ学術的な研究は下火になっていきました。学術的に語るべきことが一巡し、学術的なテーマとして定着したためです。

実践が理論を完全に置いてきぼりにしてしまった段階が第三フェイズです。この段階では、理論と実践の乖離が起きています。

こうなった時に、学術的な研究は次のサイクルに移っていきます。この理論と実践の乖離をどうすれば埋めることができるかという問題が、理論的な研究の最前線に躍り出てきます。理論と実践を結びつける様々な研究がなされていきます。

こうして、以前の理論に、数々の有意義な実践を加味して進化した新たな理論が唱えられることになります。新たな第一フェイズが始まります。先行する理論を実践が追い抜き、引き離すことで、次なる新たな理論が生み出されるのです。

今、最前線のキャリア理論として知られるキャリア構築理論も、企業で働く社会人に特に人気があるプランド・ハップンスタンス理論も、すべて、右に書いたプロセスをたどって、理論と実践のせめぎ合いの中から、生まれてきたキャリア理論です。

ですから、今は、先行する理論群がある一方で、社会正義のキャリア支援論として解釈できる有意義な実践がものすごいスピードで積み重なっている段階、すなわち、ちょうど第二フェイズの段階だと考えることができます。

6 さらに社会正義論を知りたい場合には

社会正義論の話をすると、もっと本格的な「社会正義論」の話に興味や関心を持つ方がいます。

本書が依拠している社会正義のキャリア支援論は、政治哲学や社会思想・教育思想などの研究者からアイディアやヒントを得ています。例えば、社会正義のキャリア支援論の研究者たちが好む研究者として、アマルティア・セン、ジョン・ロールズ、パウロ・フレイレなどがあります。

センは、人のケイパビリティ（潜在能力）とそのための教育の重要性を指摘し、人間の安全保障を説いたアジア初のノーベル経済学賞受賞者です。ロールズは、１９７０年代に正義論を刷新し、現在に至るリベラリズムに影響を与えたアメリカの政治哲学者です。フレイレは、対話を通じて自らの置かれた現状を「意識化」して解放を考える被抑圧者の教育学で知られるブラジルの教育学者です。

こうした偉大な研究者の著作から重要部分を参考にして、キャリア支援に持ってきた場合、何が言えるかを議論するのが社会正義のキャリア支援論です。ですので、その根源である社会正義論そのものには深く立ち入らないことが普通です。

ただ、もっと社会正義そのものについて考えたい方は、是非、元になっている研究者たちの哲学や思想にも挑戦していただきたいです。

とはいえ、原著やその翻訳を読む必要はないでしょう。今は、一般向けに優しく解説している本はたくさんあります。

まずは、中山元『正義論の名著』（ちくま新書）、神島裕子『正義とは何か―現代政治哲学の６つの視点』（中公新書）、仲正昌樹『集中講義！　アメリカ現代思想―リベラリズムの冒険』（NHKブックス）などが入門書として最適です。この本を手に取ってくださった方であればサンデルの「ハーバード白熱教室」などもテレビでご覧になったことがあるでしょう。当然ながらマイケル・サンデル（鬼澤忍訳）『これからの「正義」の話をしよう』（ハヤカワ・ノンフィクション文庫）はじめ、サンデルの一連の日本語訳された著作もお薦めです。

これらの本で、本格的な正義論をご覧いただくと、どうして、社会正義のキャリア支援論では、「社会正義」そのものを厳密に定義しないまま、いろいろな意味を含めてざっくりと「社会正義」と呼ぶのかも分かっていただけると思います。「社会正義」とは何かということだけで、膨大な議論があるためです。

そこで、入門書で「正義論」のだいたいのところを見た後は、個別の論者の著作に移ります。ですが、ここでも、今は、専門の先生方が日本語で翻訳したり、解説してくださっている良書がたくさんありますので、そちらを中心に紹介します。

例えば、アマルティア・センであれば、キャリア支援に関心を持つ心理・教育畑の私からは、アマルティア・セン（東郷えりか訳）『人間の安全保障』（集英社新書）、アマルティア・セン（大石りら訳）『貧困の克服―アジア発展の鍵は何か』（集英社新書）などが、講演録であったり、薄い新書であることもあって簡単で分かりやすいです。教育の話も出てくるので、なお身近に感じます。

フレイレは、主著であるパウロ・フレイレ（三砂ちづる訳）『被抑圧者の教育学』（亜紀書房）が読みやすく、その対話的な活動がいわゆるカウンセリングにも似ている面があるので、心理系の人にとってもすっと入ってきます。記述の端々が、熱い情熱に満ちており、読んでいて、元気が出たり、感動したりすることが多い著作です。フレイレを解説しつつ、議論を分かりやすく説明している里見実『パウロ・フレイレ「被抑圧者の教育学」を読む』（太郎次郎社エディタス）もお薦めです。

難しいのはロールズで、その主著「正義論」を手にとろうとしても、高価で、分厚く、難しいので、本格的な研究者以外にはお薦めできません。また、ロールズは、その議論を叩き台として、その後、大きく研究や議論が発展しているので、大元のロールズだけを読んでも意味がありません。なので、先に挙げた入門書だけで十分かとも思われますが、特にロールズに特化した入門書である川本隆史『ロールズ―現代思想の冒険者たちSelect』（講談社）を挙げておきます。

注

(1) Sultana, R. G. (2014). Pessimism of the intellect, optimism of the will?: Troubling the relationship between career guidance and social justice. International Journal for Educational and Vocational Guidance, 14, 5-19.

(2) Ibid.

(3) 若きクランボルツは、１９６９年の著作で「われわれの社会には、有用で建設的なやり方が無数にある」と言いました。クランボルツが偶発理論を言い出す前からの私の大好きな言葉で、就職したての頃からの20年来の私の座右の銘です。状況がいかに悲観的であっても、打てる手はいくらでもある。何度もこの言葉に励まされました。Krumboltz, J. D., & Thoresen, C. E. (1969). Behavioral counseling: Cases and techniques. New York, Holt, Rinehart, and Winston.

(4) 労働政策研究・研修機構（２０１８）．キャリアコンサルタント登録者の活動状況に関する調査　労働政策研究報告書 No.200　労働政策研究・研修機構．

おわりに

ここまで、社会正義のキャリア支援論について、その概略を説明してきました。

結局、私は社会正義のキャリア支援をどうしたいと言っているのでしょうか。現時点で期待されることを整理してまとめれば、次のとおりです。

第一に、多文化・社会正義のキャリア支援という研究領域・実践領域があるのだということを、キャリアカウンセラー・キャリアコンサルタントの皆さんを中心に、今よりも大勢の方に知っていただきたいと思います。いずれは、キャリアカウンセラー・キャリアコンサルタントの皆さんが、自分たちの職責・職分の1つに、社会正義の実現があるということを当然の常識と考えるようになればと思います。

第二に、キャリアカウンセラーになるまでの基礎的な学習、さらには資格取得後の継続的な学習のいずれにおいても、社会正義のキャリア支援の理論と実践というものを一定の時間をかけて学ぶようになればと思います。そこで学んだことを活かして、実際のキャリア支援の場面では、社会正義のスタンスによるキャリア支援を少しでも実現すべく、各自がいろいろな工夫をし、皆で広めていければと思います。

第三に、キャリアカウンセラー・キャリアコンサルタントの皆さんの中で、多文化・社会正義のキャリア支援にご関心を持った方は、さらに深く掘り下げていただければと思います。現在、「社会正義」の言葉は、キャリア支援・キャリアカウンセリングに関する海外の書籍や文献ではごく一般的に用いられています。そのうち本書で紹介できたのは、ごく一部です。さらに追究したいと考えた方は、是非、海外の文献などに挑戦し、さらに多くのことを日本に紹介して、実践に役立てていただければと思います。

社会正義のキャリア支援の取り組みの地道な普及・実践によって、私たちは、今よりももっと多くの人の助けになることができるでしょう。

社会の片隅にいて様々な事情から苦境に立たされ、打ちひしがれる多くの人々が、再びやる気を取り戻し、必要なスキルを身につけ、少しずつ自分の可能性を広げ、自分の人生を切り開く。必ずしもキラキラしたキャリアや華々しい人脈を誇る大金持ちにはなれなくとも、できる範囲で収入を増やし、やりがいを持って働く。そして、仲の良い友人と連絡をとって毎回同じ話をして食事をすることや、ＴＶのバラエティ番組を見ながら小さな家族と夕食をとることが、最大とは言わずとも日々の楽しみであるような、ごく普通の職業生活と日常生活を送る。

社会正義のキャリア支援が目指す理想とは、遠大なようでいて、実に素朴なものでしょう。ごく普通の仕事に就き、ごく普通の生活を送ることが、現状で描きうる最高の夢である人は数多くいます。キャリアカウンセラー・キャリアコンサルタントとして学んだ様々な知識やスキルを、私たちは多くの領域で役立てることができるはずです。

社会正義の視点は日本でも徐々に広がりを見せており、これまで様々な会合で社会正義についてお話をする機会をいただきました。本書が完成したのも、社会正義のキャリア支援について多大な関心をお寄せいただき、様々な機会に示唆をくださり、議論させていただいた多くの方のおかげがあってのことです。

左に、社会正義のキャリア支援論に対するご関心を、直接、お伝えくださったり、会合にお招きくださった皆様のお名前を順不同で挙げ、感謝の気持ちを表したいと思います。

杉本和夫氏（日本産業カウンセラー協会前中部支部長）、藤田廣志氏（MCC東海代表）、若栗幹衛氏（ロビンズ倶楽部TOKYO代表幹事）、渡邊淳次郎氏（日本キャリア・カウンセリング研究会）、三村隆男先生（早稲田大学）、高野慎太郎先生（自由学園男子部）、京免徹雄先生（筑波大学人間学系）、岡部敦先生（札幌大谷大学）、秋本久美子氏（ハローワーク池袋）、西澤肇氏（日本産業カウンセリング学会前理事）、萩原信一先生（前日本進路指導協会）、坂柳恒夫先生（愛知教育大学）、浦上昌則氏（南山大学）、木村周先生、末廣啓子氏（目白大学）、江川裕子氏、小倉克夫氏（日本キャリア・コンサルタント協会理事長）、三谷晃一氏（同前理事長）、佐藤美礼氏（同理事）、上坂浩史氏（同理事）、劔持勝氏（CC研）、大原良夫氏（日本キャリア開発協会理事長）、佐々木好氏（同事務局長）、春原洋子氏（同）、古山善一氏、鎌田義夫氏（雇用問題研究会）、小林幸夫氏、鈴木明子氏（大阪情報コンピュータ専門学校）、佐渡治彦（カリエーレ・コンサルタンツ代表）、浅野浩美氏（栃木労働局）、土田恵介氏（ACCN東北支部長）、大泉多美子氏（ACCN東北支部）、新目真紀氏（職業能力開発総合大学校）、高橋浩氏（ユースキャリア研究所）、奥博史氏（高齢・障害・求職者支援機構）ほか、大勢の方に社会正義のキャリア支援論にご関心をお寄せいただき、有益なご示唆をいただきました。ありがとうございます。

また、最後に、本書の出版をお許しいただいた株式会社図書文化社、編集の労をとっていただいた同社出版部大木修平氏、および本書企画段階から趣旨内容に大いに賛同してくださった同社出版部東則孝氏に心より感謝申し上げます。

【著者】

下村英雄（しもむら・ひでお）

労働政策研究・研修機構キャリア支援部門主任研究員。日本キャリア教育学会会長。日本産業カウンセリング学会監事。

1969年青森県生まれ。筑波大学大学院博士課程心理学研究科修了。博士（心理学・筑波大学）。

主著に，『成人キャリア発達とキャリアガイダンス：成人キャリア・コンサルティングの理論的・実践的・政策的基盤』労働政策研究・研修機構（平成26年度労働関係図書優秀賞），『キャリア教育の心理学：大人は，子どもと若者に何を伝えたいのか』東海教育研究所，『経験資本と学習：首都圏大学生949人の大規模調査結果』（共著）明石書店，『キャリア・コンストラクション ワークブック：不確かな時代を生き抜くためのキャリア心理学』（共著）金子書房，ほか多数。

社会正義のキャリア支援
—個人の支援から個を取り巻く社会に広がる支援へ—

2020 年 2 月 10 日　初版第 1 刷発行［検印省略］

著　　者　下村英雄©
発 行 人　福富　泉
発 行 所　株式会社 図書文化社
〒 112-0012　東京都文京区大塚 1-4-15
TEL 03-3943-2511　FAX 03-3943-2519
http://www.toshobunka.co.jp/
装　　丁　中濱健治
印刷・製本　株式会社 Sun Fuerza

ISBN 978-4-8100-9742-9　C3011